Carolyn Dunster

TROCKENBLUMEN

VOM SAMEN BIS ZUM ARRANGEMENT

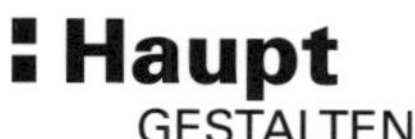

1. Auflage 2021

ISBN 978-3-258-60232-5

Aus dem Englischen übersetzt von Martina Simonis, D-Baden Baden, und Anne Taubert, D-Berlin
Lektorat der deutschsprachigen Ausgabe: Frauke Bahle, D-Merzhausen
Satz der deutschsprachigen Ausgabe: Die Werkstatt Medien-Produktion GmbH, D-Göttingen
Umschlaggestaltung der deutschsprachigen Ausgabe: Tanja Frey, Haupt Verlag

Fotografien: Ida Riveros
Layout: Charlie Smith Design

Die englischsprachige Originalausgabe erschien 2021 unter dem Titel *CUT & DRY – A modern guide to sowing, growing and drying flowers* bei Laurence King Publishing Ltd, UK-London.

Printed in China

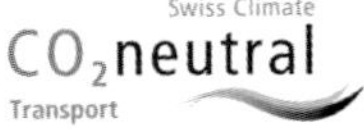

Um lange Transportwege zu vermeiden, hätten wir dieses Buch gerne in Europa gedruckt. Bei Lizenzausgaben wie diesem Buch entscheidet jedoch der Originalverlag über den Druckort. Der Haupt Verlag kompensiert mit einem freiwilligen Beitrag zum Klimaschutz die durch den Transport verursachten CO_2-Emissionen.

Diese Publikation ist in der Deutschen Nationalbibliografie verzeichnet.
Mehr Informationen dazu finden Sie unter http://dnb.dnb.de.

Der Haupt Verlag wird vom Bundesamt für Kultur mit einem Strukturbeitrag für die Jahre 2021–2024 unterstützt.

Wir verlegen mit Freude und großem Engagement unsere Bücher. Daher freuen wir uns immer über Anregungen zum Programm und schätzen Hinweise auf Fehler im Buch, sollten uns welche unterlaufen sein. Falls Sie regelmäßig Informationen über die aktuellen Titel im Bereich Gestalten erhalten möchten, folgen Sie uns über Social Media oder bleiben Sie via Newsletter auf dem neuesten Stand!
www.haupt.ch

Carolyn Dunster

TROCKENBLUMEN

VOM SAMEN BIS ZUM ARRANGEMENT

Perfektes Styling für Blumen, Gräser,
Früchte, Moose und mehr

Haupt Verlag

INHALT

STYLING

PROJEKTE

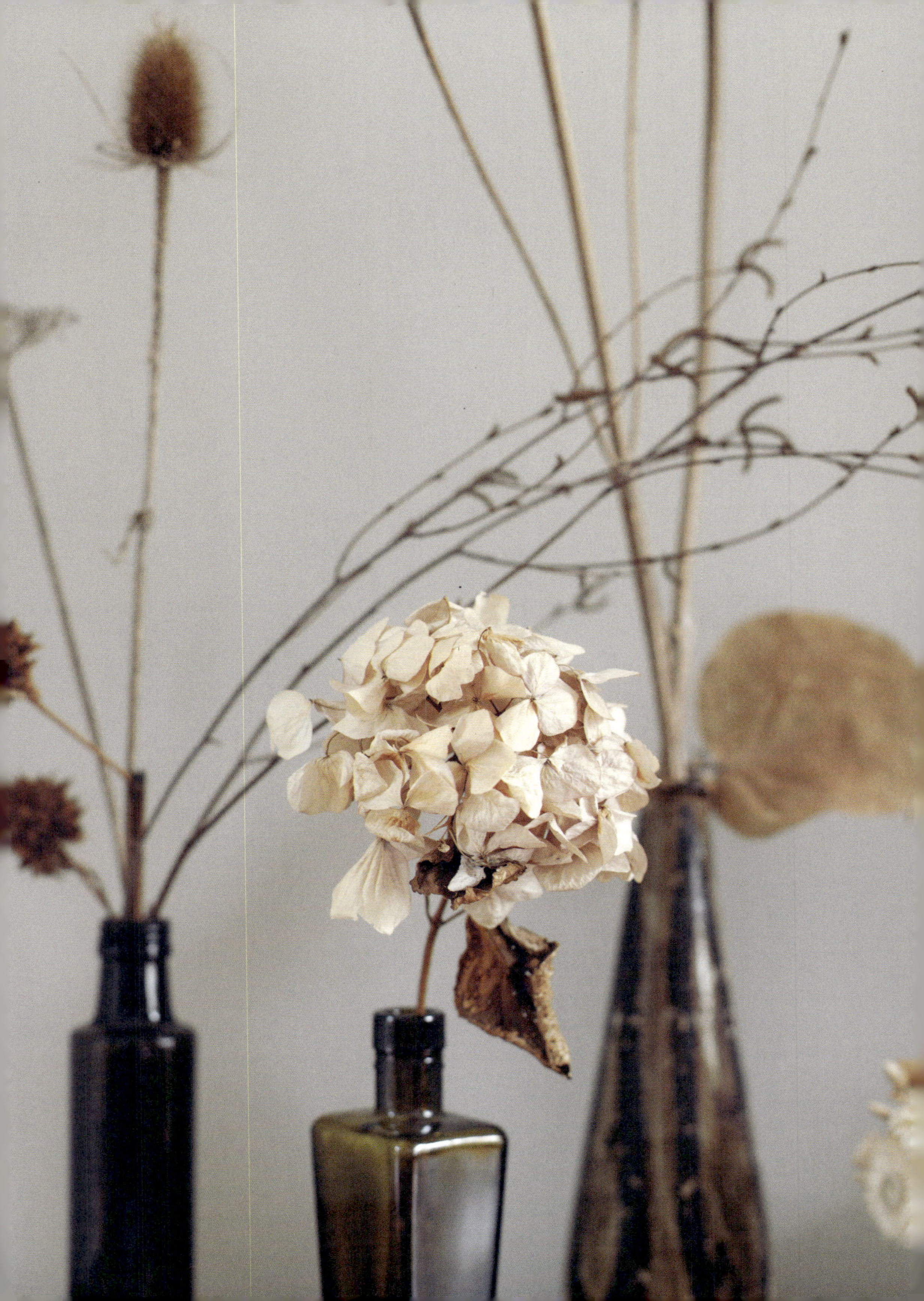

Zeitlose Schönheit: Trockenblumen als moderne Dekoration

Blumen waren schon immer etwas, für das ich mich begeistern konnte – meine frühesten Kindheitserinnerungen hängen mit Blumen zusammen. Als Kind war ich am liebsten draußen und meine Lieblingsbeschäftigung bestand darin, Marmeladengläser mit bunten Potpourris von Blüten aus dem elterlichen Garten zu bestücken. Schon damals machte mich die Vergänglichkeit der abgeschnittenen Blumen tieftraurig – kein Wunder, dass ich lernen wollte, wie man Blumen presst und trocknet, um sie haltbar zu machen.

Blüten und Pflanzen zu pressen und zu trocknen ist ein seit Jahrtausenden praktizierter Brauch, der in der jüngeren Vergangenheit aus der Mode gekommen ist. Angesichts der großen Auswahl an frischen Schnittblumen und deren ganzjähriger Verfügbarkeit, aber auch aufgrund unserer permanenten Jagd nach Neuem und Anderem, haben wir das Trocknen von Blumen aus den Augen verloren. Derzeit beobachte ich allerdings mit Freude, dass umweltbewusste, kunsthandwerklich orientierte Floristen und Floristinnen auch wieder zu Trockenblumen greifen. Diese Entwicklung dürfte in Zusammenhang mit der gestiegenen Nachfrage nach saisongerechten, regional angebauten Blumen stehen. Trockenblumen sind ideal, um Angebotslücken in Vegetationspausen zu schließen. Auch frische Blumen, die etwa aus Gestecken und Gebinden übriggeblieben sind, können weiterverarbeitet werden. Damit leisten Trockenblumen einen direkten Beitrag zu mehr Nachhaltigkeit in der Blumenindustrie.

Erwiesenermaßen spielt der tägliche Kontakt mit der Natur eine bedeutende Rolle für unser Wohlbefinden. Wenn wir aber in urbanen Umwelten leben und Vollzeitbeschäftigungen nachgehen, kann der Zugang dazu bisweilen schwierig sein. Dabei ist es so einfach, sich mit jahreszeitlichen Dekorationen aus einigen gesammelten Blüten und Beeren oder ein paar gefundenen Zweigen und Samenständen ein schönes Stück Natur in die Wohnung zu holen – ganz ohne Pflegeaufwand und kostenlos. „Getrocknet" muss also nicht grau und verstaubt bedeuten und so kommt es nicht von ungefähr, dass Trockenblumen ihr altmodisches Image in letzter Zeit abgeschüttelt haben. Die Idee zu diesem Buch entstand während eines Urlaubs auf der griechischen Insel Tinos, als ich mich zum ersten Mal in meinem Leben inmitten großer Flecken wild wachsendem Strandflieder *(Limonium sinuatum)* wiederfand. Um diese Blume hatte ich zu Hause stets einen Riesenbogen gemacht, auch wenn sie sich hervorragend als Trockenblume eignet. Ich habe ihre starren Stängel, die sich jeder natürlichen Bewegung verweigern, nie gemocht, genauso wenig ihre ausgedörrten papierartigen Blüten. Aber sie in ihrem natürlichen Lebensraum zu beobachten, hat mich umgestimmt. Mit einem Mal gefiel mir, wie sich ihre leuchtenden Farben gegen das lebhafte Blau des Meeres und des Himmels behaupteten und wie die geflügelten blattlosen Stängel ein Wellenmuster bildeten, wenn sie dicht beieinanderstanden. Überhaupt spürte ich in diesem Urlaub die Wertschätzung, die die Menschen dort den Blumen entgegenbrachen: Auf einer Insel wird jede verfügbare Anbaufläche für Obst und Gemüse genutzt. Trotzdem schmückt der Strandflieder die Tische in Tavernen und ziert in Form von Kränzen viele Türen. Auf Schritt und Tritt begegneten mir auch andere Schnittblumen, die in getrocknetem Zustand das heiße Klima als schöne Willkommensgeste aushalten. Wieder zu Hause angekommen, beschloss ich, selbst Strandflieder zu pflanzen. Sein botanischer Name *Limonium* kommt vom griechischen Wort *leimon*, das Wiese bedeutet. Salzwiesen sind der natürliche Lebensraum dieser Pflanze, weshalb sie auch als Meerlavendel bezeichnet wird. In meinem urbanen Gärtchen, meilenweit vom Meer entfernt, hatte sie zwar Anlaufschwierigkeiten, aber für die Ernte von ein paar Stielen reicht es inzwischen. Ich gebe sie gerne zu anderen Blumen, Samenständen und Gräsern hinzu, die ich alle selbst trockne. Die folgenden Seiten werden Ihnen zeigen, dass daran nichts schwierig oder aufwändig ist.

Die Pflanzennamen

In den meisten Fällen verwende ich den deutschen Namen der Pflanze, gefolgt von ihrem botanischen Namen. Der schwedische Botaniker Carl Linnaeus stellte im Jahre 1735 ein Klassifizierungssystem für Pflanzen auf, das heute noch weltweit Anwendung findet. Während meiner Ausbildung zur Gartendesignerin war das Auswendiglernen der Pflanzennamen Teil des Unterrichts. Ich dachte damals, ich würde die Namen nie im Kopf behalten, aber je mehr ich mit Pflanzen arbeite, desto mehr bleiben die Bezeichnungen haften, und das ist ebenso spannend wie das Erlernen einer fremden Sprache!

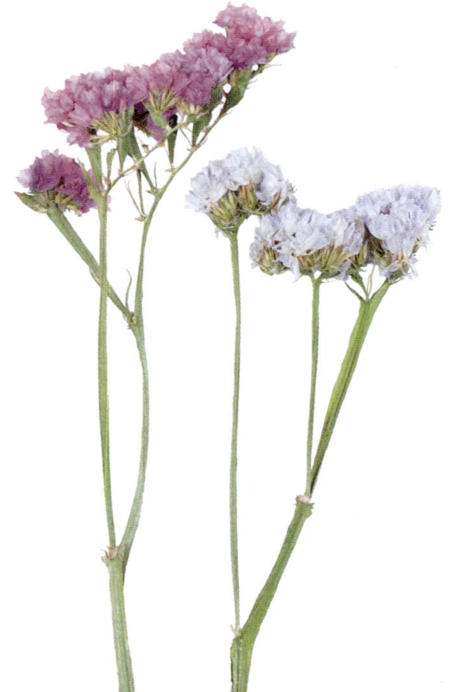

Links Getrockneter Strandflieder – eine wunderbare Erinnerung an naturbelassene griechische Wiesen.

Seite 9

Oben links Der rosa Wiesen-Knöterich ist ein guter Bodendecker und bildet reichlich Blütenstiele zum Schneiden und Trocknen.

Oben rechts Sterndolde *(Astrantia)* und Akelei: zwei Favoriten im Bauerngarten, die üppige Blütenfülle hervorbringen.

Unten Mein kleiner Stadtgarten ist voller Blumen, die ich zum Trocknen verwende.

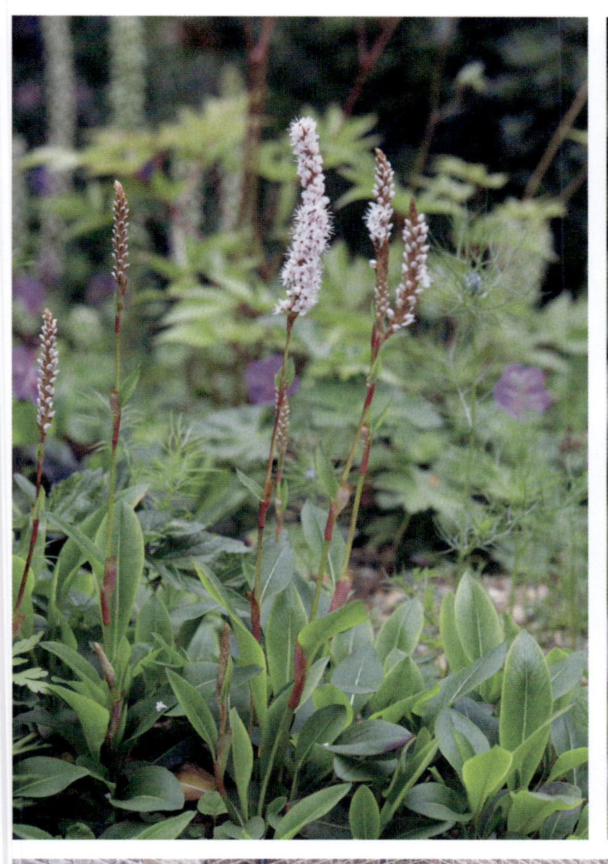

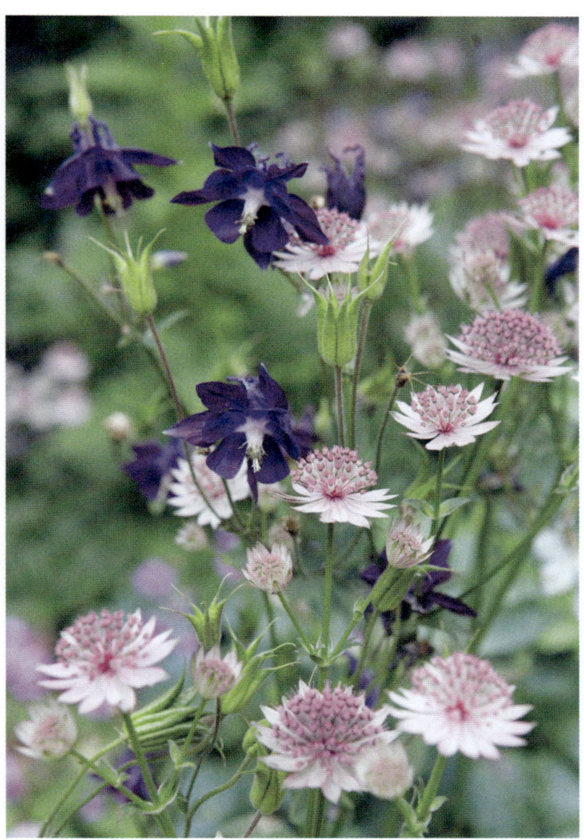

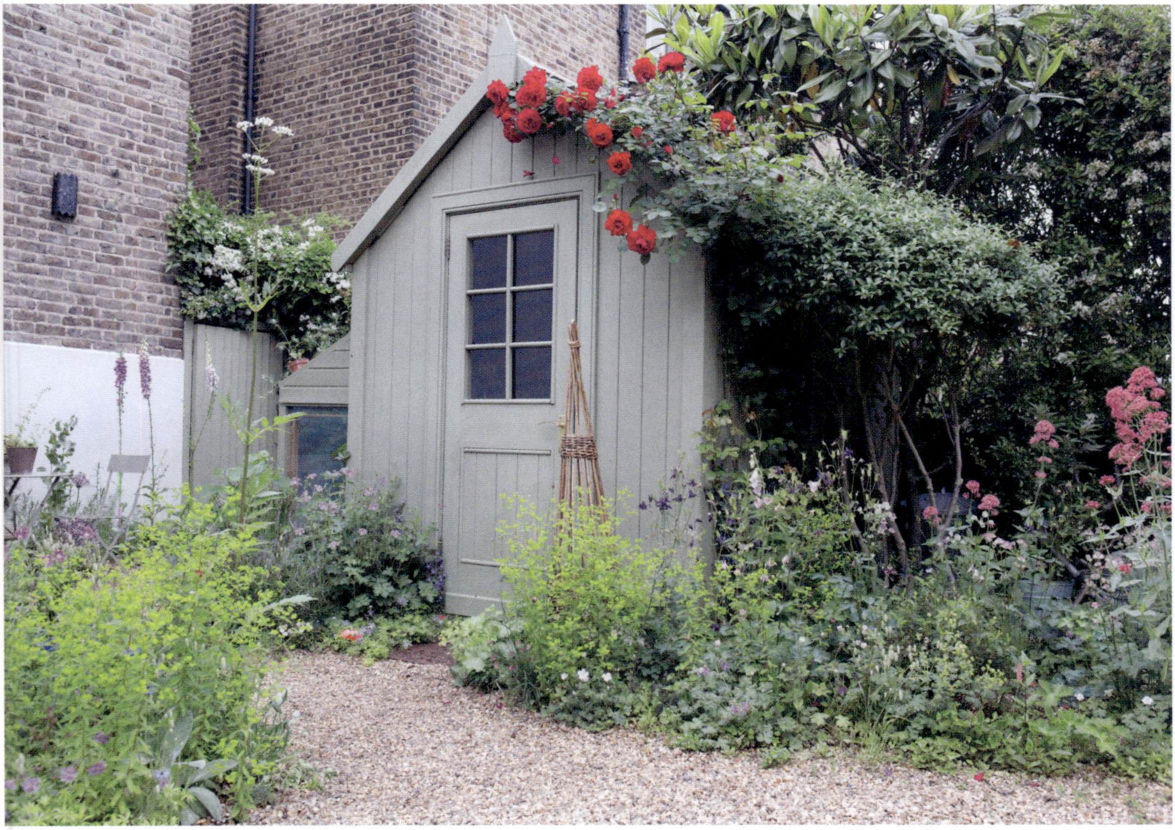

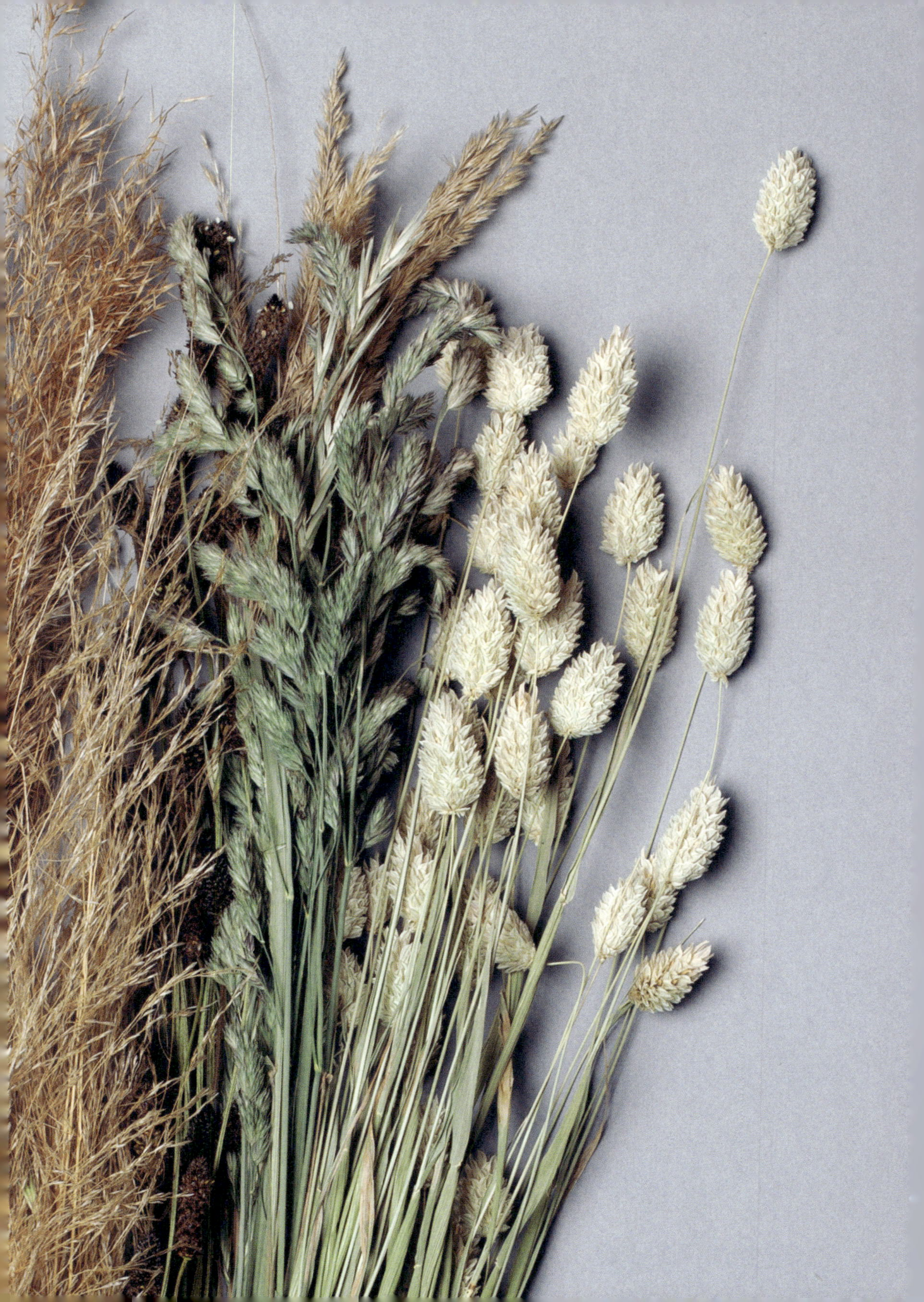

Die schönsten Pflanzen zum Trocknen

Haben Sie einen Garten, eine Parzelle oder ein paar Töpfe auf dem Balkon, dann werden Sie dort mit Sicherheit einige Pflanzen finden, die sich zum Trocknen eignen. Unter den richtigen Bedingungen lassen sich eigentlich alle Pflanzen trocknen. Allerdings bewahren manche dabei Farbe, Form und Struktur besser als andere. Der Schlüssel zum Erfolg liegt daher im Experimentieren!

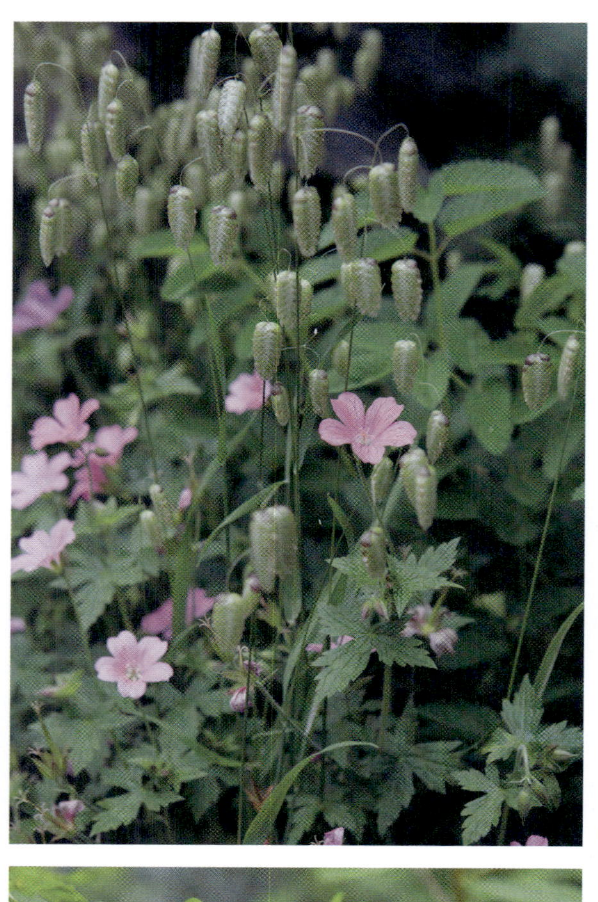
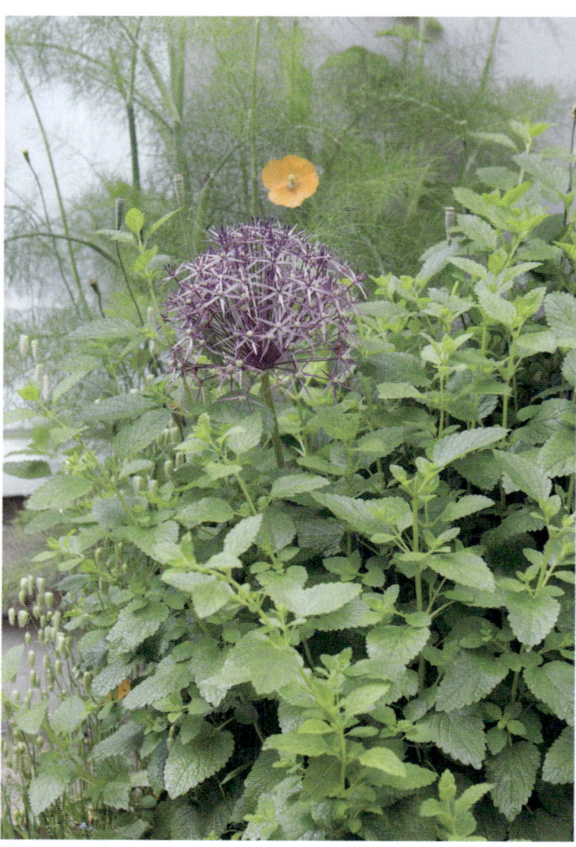
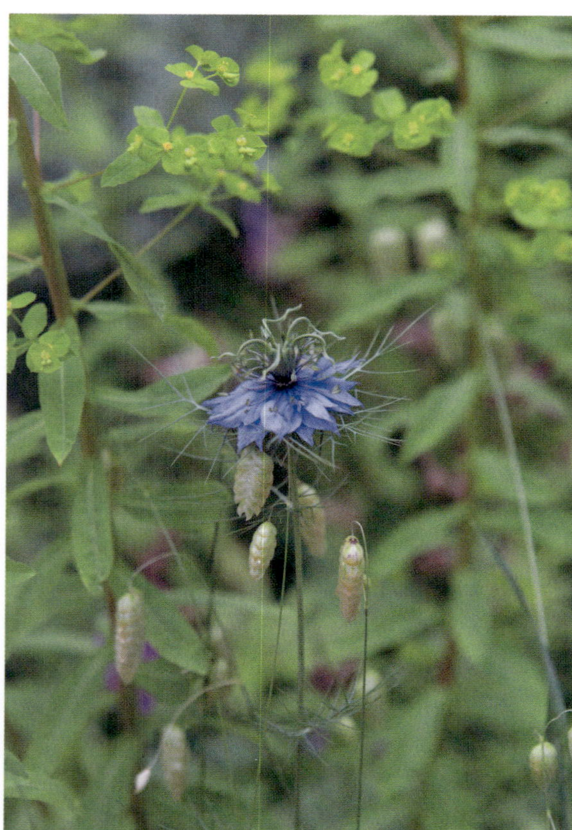
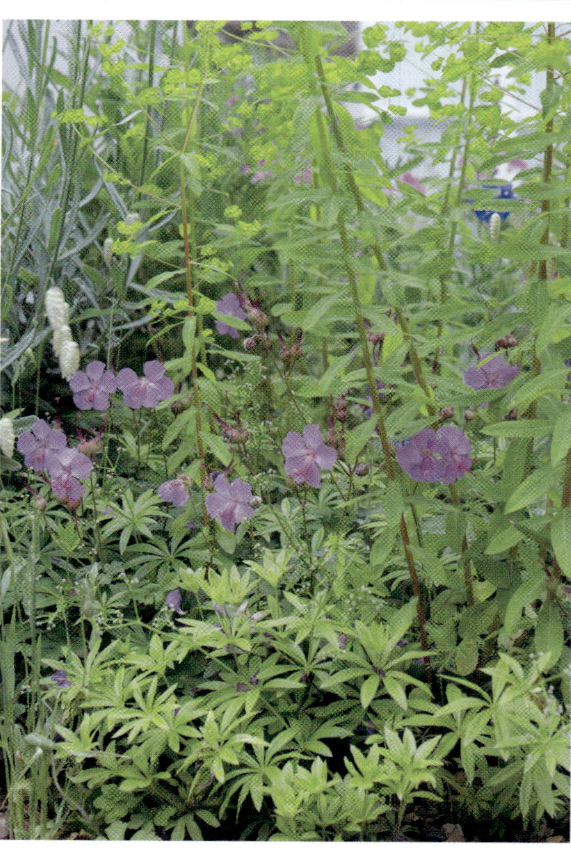

Pflanzen auswählen

Indem wir Pflanzen trocknen, überlisten wir ihre naturgegebene Vergänglichkeit. Durch den Entzug der Feuchtigkeit aus Blütenblättern, Laub und Stängel gelingt es, sie fast unbegrenzt lange zu konservieren. Wir sehen sie dadurch mit anderen Augen und müssen anders mit ihnen umgehen, da sie zart und zerbrechlich werden – was ihre Schönheit keinen Deut mindert.

Als Faustregel gilt, dass sich alle trockenheitstoleranten Gartenpflanzen zum Trocknen eignen. In diesem Kapitel finden Sie all diejenigen Pflanzen, die ich selber mit gutem Erfolg ausprobiert habe. Falls der eigene Anbau von Blumen für Sie eine Option ist, finden Sie im nächsten Kapitel Informationen zu geeigneten Arten. Außerdem erhalten Sie in diesem Buch eine Fülle an Informationen darüber, wo und wann Sie in der freien Natur Ausschau halten müssen. Zum Beispiel können Sie im Herbst hübsches Laub von den Gehsteigen aufsammeln oder die Wiesen und Wälder nach Samenkapseln durchstreifen. Auch im Blumenladen oder Supermarkt gekaufte frische Blumen oder ein geschenkter Strauß sind einfache und bequeme Lösungen, um einen Vorrat an Trockenblumen anzulegen.

Wenn Sie den Aufwand des Trocknens gänzlich vermeiden wollen: Es gibt etliche Bezugsquellen, bei denen Sie Trockenblumen fertig kaufen können. Auch damit haben Sie eine solide Ausgangsbasis für eigene Projekte, allerdings ist das Angebot in der Regel begrenzt und derartige Ware sieht nie so gut aus wie etwas, das Sie selbst getrocknet haben.
Ich habe die Pflanzen in Gruppen aufgeteilt und für jede Pflanze die beste Trocknungsmethode angegeben. Die Einzelheiten finden Sie im Kapitel über Trocknungsmethoden (siehe Seite 100–123). Wenn Sie immer mal wieder aus jeder Pflanzengruppe die eine oder andere Anregung aufgreifen, werden Sie für Ihre eigenen langlebigen Gestecke und Sträuße bald eine große Vielfalt an Material zur Verfügung haben. Natürlich sind meine Empfehlungen keineswegs allumfassend. Da wir dafür weder viel Geld ausgeben, noch viel Zeit investieren müssen, können wir das Arrangieren von Blumen, Blättern, Moosen und Beeren einfach als Spiel betrachten. Das Trocknen von Blumen ist keine Wissenschaft. Je mehr Sie experimentieren, desto mehr entwickeln Sie ein Gefühl für das, was sich gut trocknen lässt, und desto eher wird Ihnen die eine oder andere schöne Überraschung gelingen.

Seite 12

Oben links Zarte tropfenartige Köpfe von Zittergras, gepaart mit rosa Blüten des Oxford-Storchschnabels.

Oben rechts Ein Zier-Lauch schiebt sich durch einen großen Busch Zitronen-Melisse.

Unten links Diese leuchtend blaue Blüte der Jungfer im Grünen wird zu einer hübschen Samenkapsel heranreifen.

Unten rechts Saftig grüne Stängel des Hasenohrs bilden den Hintergrund für Pyrenäen-Storchschnabel.

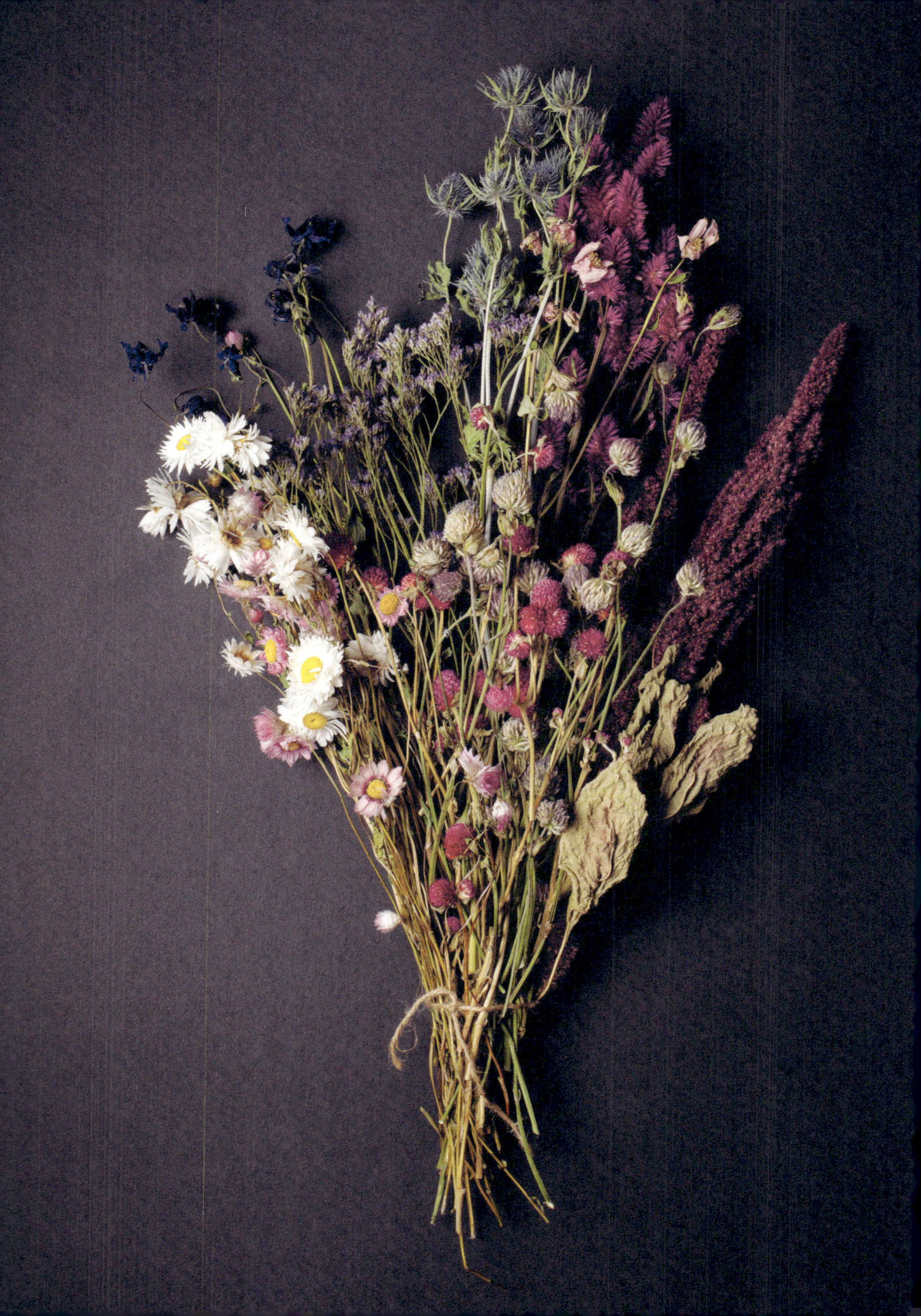

BLUMEN

Jeder Mensch hat eine Lieblingsblume. Das kann eine sein, die Kindertage oder ein besonderes Ereignis ins Gedächtnis ruft. Vielleicht ist sie mit einer bestimmten Zeit oder einem bestimmten Ort verknüpft. Oder es ist einfach eine, die Sie lieben, weil sie bei Ihnen gut gedeiht. Das sind die besten Ansatzpunkte für Ihre eigenen Experimente, um erste Erkenntnisse darüber zu sammeln, wie sich beim Trocknen Beschaffenheit und Farben langsam verändern.

In meinem Garten baue ich die üblichen Verdächtigen unter den Trockenblumen an, unter anderem Strohblumen *(Xerochrysum)*, Strandflieder *(Limonium)* und Garten-Hortensien *(Hydrangea macrophylla)*. Ich weiß mit Sicherheit, dass sich diese Pflanzen gut trocknen lassen, aber ich experimentiere auch ständig mit anderen. Als meine frühblühende Wolfsmilch *(Euphorbia)* sich durch Selbstaussaat dermaßen vermehrte, dass sie drohte, meinen spärlich vorhandenen Platz vollkommen zu überwuchern, musste ich sie ausdünnen. Anstatt die Pflanzen auf den Kompost zu werfen, hängte ich sie zum Trocknen auf – mit fantastischem Ergebnis: ihre limettengrünen Hüllblätter blieben intakt und aufrecht. Sie sollten nie zögern, Dinge auszuprobieren und abzuwarten, was daraus wird. Das ist Teil des Vergnügens!

Manche Blütenköpfe, wie zum Beispiel von Hortensien, verfärben sich beim Trocknen: Die Blüten bekommen kleine Farbsprenkel und sehen dafür umso besser aus. Rote, violette, malvenfarbene und blaue Blumen behalten ihre ursprüngliche Farbe am längsten. Aber langfristig sollten Sie sich mit der Farbe Beige anfreunden, denn alles getrocknete Pflanzenmaterial verblasst irgendwann, auch wenn Form und Gestalt erhalten bleiben und das Andenken an besondere Anlässe bewahren. Auf den nächsten Seiten stelle ich Ihnen die Blumen vor, die besonders gute Ergebnisse beim Trocknen liefern.

Strohblume *(Xerochrysum)*
Strohblumen sind erhältlich in einer breiten Farbauswahl von Pink und Pfirsich bis hin zu kräftigem Karmin- und Weinrot. Für die jährliche Ernte aus Samen oder Setzlingen ziehen. Schnelle Ergebnisse liefert das Trocknen an der Luft oder mit künstlichen Wärmequellen.

Geflügelter Strandflieder *(Limonium sinuatum)*
Die etwas steif und saftlos wirkende Mehrjährige ist nicht jedermanns Sache. Aus Samen ziehen oder im Blumenladen frisch oder fertig getrocknet kaufen. Trocknet fast sofort an der Luft, wenn flach ausgelegt.

Brandschopf *(Celosia)*
Mehrjährige Pflanze für die Anzucht aus Samen, während der Blütezeit auch im Handel erhältlich. Sie trägt exotisch anmutende federbuschförmige Blütenstände in einer Palette von Rot-, Rosa- und Goldtönen. An der Luft trocknen.

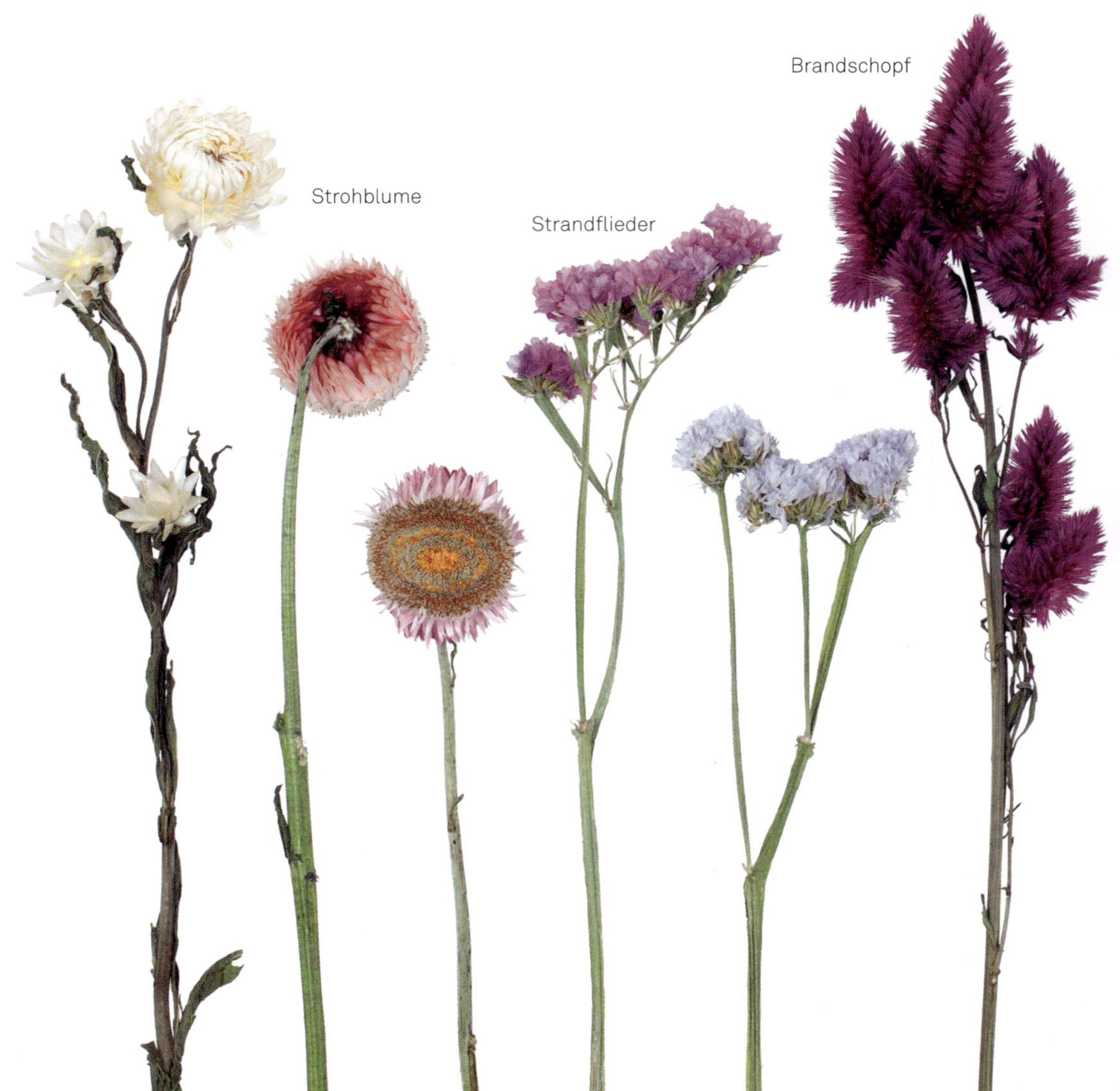

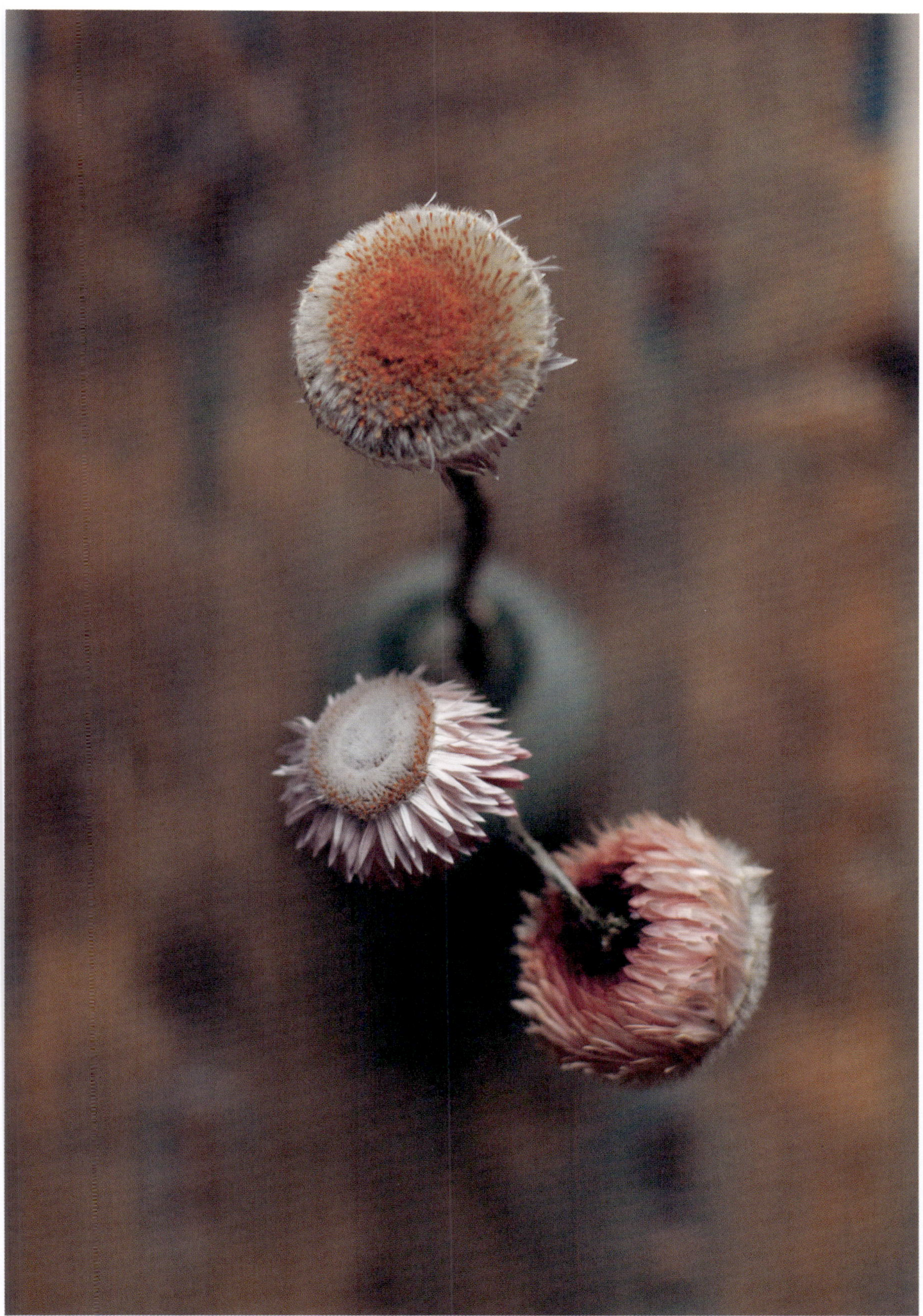

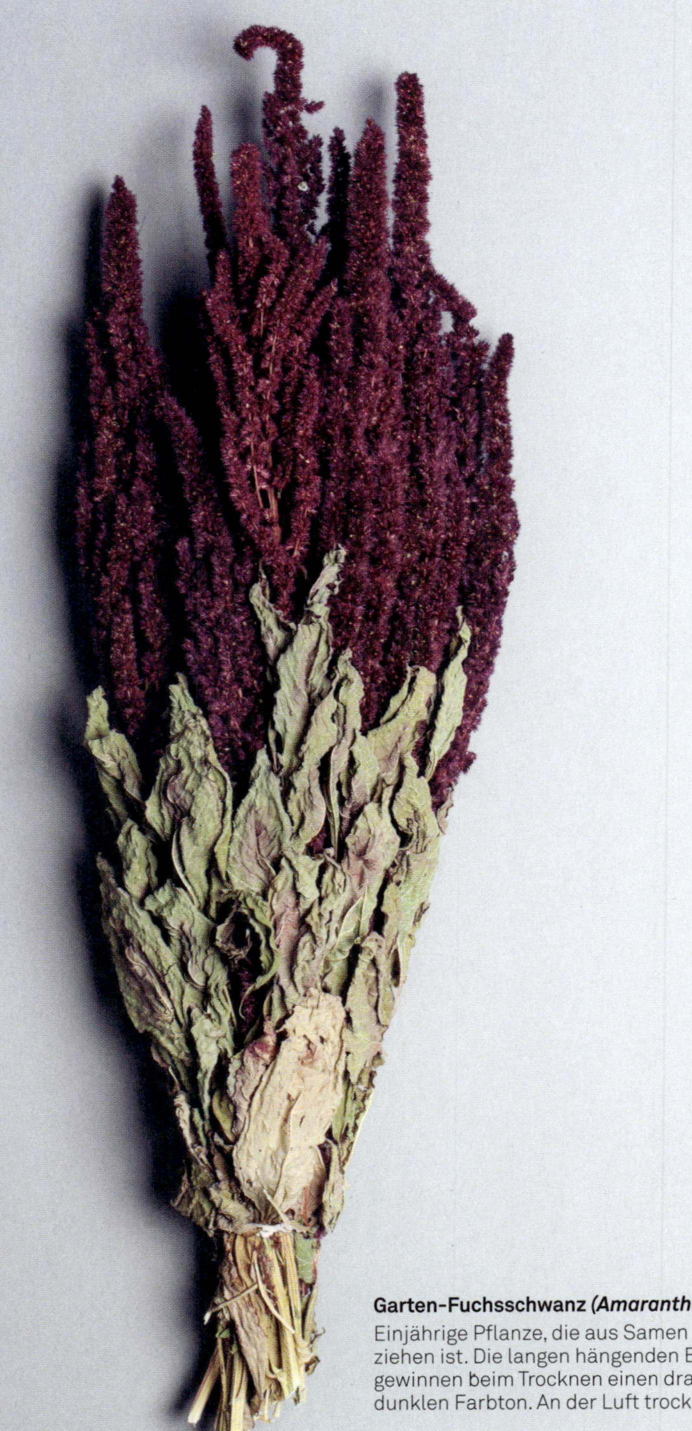

Garten-Fuchsschwanz *(Amaranthus caudatus)*
Einjährige Pflanze, die aus Samen einfach zu ziehen ist. Die langen hängenden Blütenähren gewinnen beim Trocknen einen dramatisch dunklen Farbton. An der Luft trocknen.

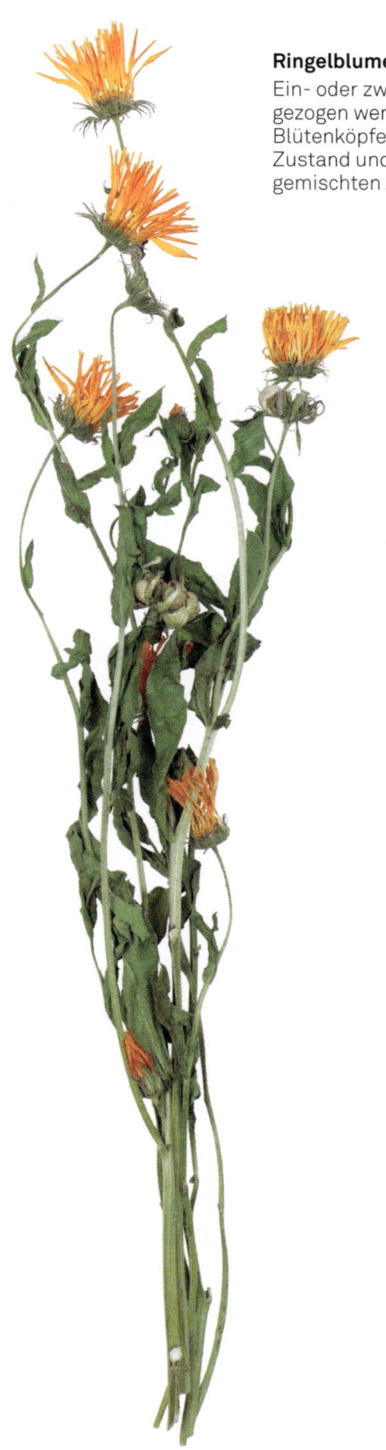

Ringelblume *(Calendula)*

Ein- oder zweijährige Blumen, die aus Samen gezogen werden. Die leuchtend orangefarbigen Blütenköpfe behalten ihre Farbe in trockenem Zustand und bieten einen schönen Anblick in gemischten Arrangements. An der Luft trocknen.

Skabiose *(Scabiosa)*

Die verschiedenen Skabiosenarten eignen sich alle hervorragend als Trockenblumen. Die dichten, kompakten Blütenköpfe behalten ihre typische Form. Pflücken Sie die Blütenstiele in verschiedenen Blühstadien, das macht einen Strauß noch interessanter. Die hübsche einjährige bis ausdauernde Bauerngartenpflanze gibt es zum Aussäen in einer Palette von Pastelltönen – oder Sie suchen in der freien Natur nach ihrer engen Verwandten, der Acker-Witwenblume oder Wiesen-Skabiose *(Knautia arvensis)*. Lufttrocknung für alle Arten.

Echter Baldrian *(Valeriana officinalis)*

Zu finden in der Natur und leicht an seiner Wuchshöhe zu erkennen: Baldrian wird bis zu 1,50 m hoch. Der perfekte Standort für ihn ist im Hintergrund eines Beetes, an einer Mauer oder einem Zaun. Die winzigen sternförmigen Blüten in dichten Rispen sind zunächst weiß, nehmen aber später bisweilen eine rosa Färbung an. Es gibt auch eine pinkfarbene Variante, deren Blüten sich später tiefrot verfärben. Die langen Stiele an der Basis abschneiden und an der Luft trocknen.

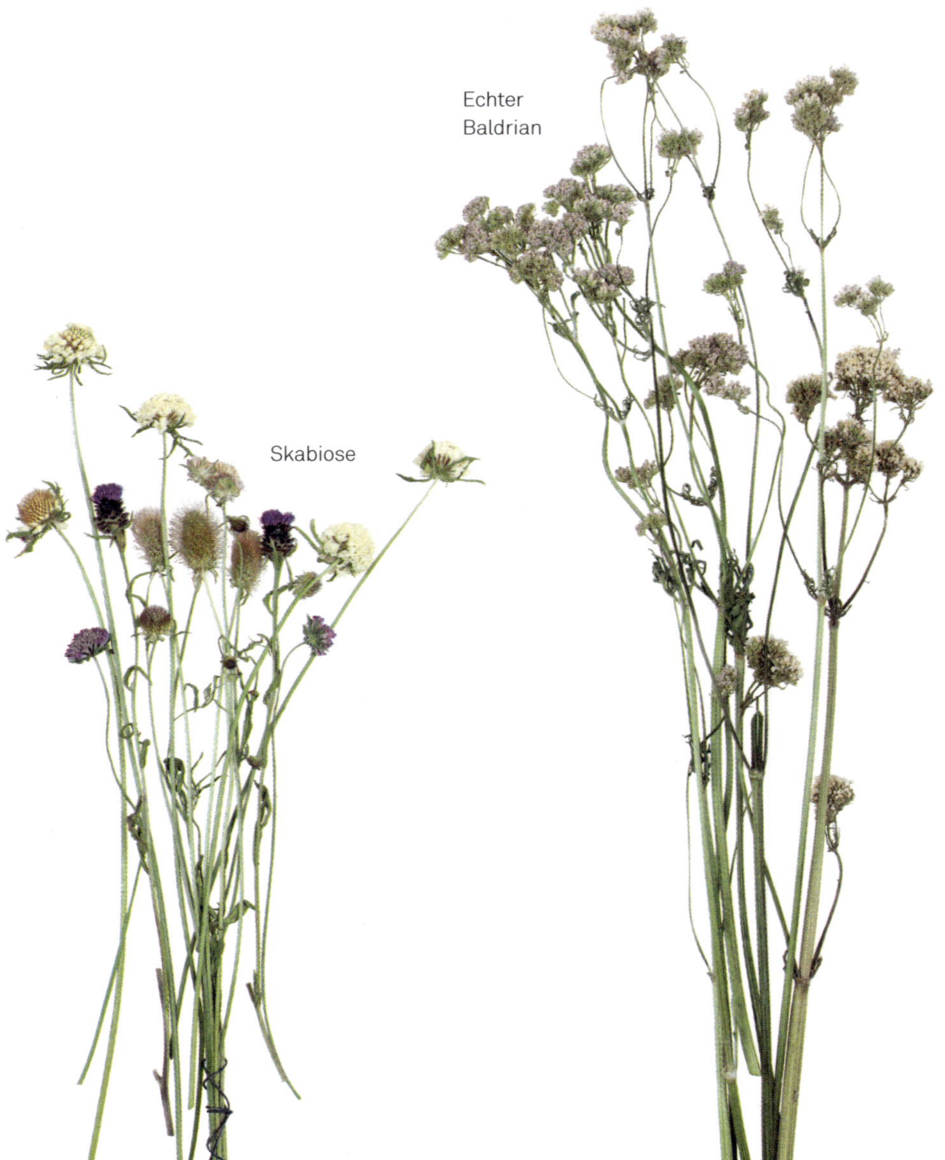

Schafgarbe *(Achillea)*

In der Natur sammeln oder selbst aus Samen oder Setzlingen ziehen. Es gibt gelbe Arten und Zuchtformen in anderen Farben. Beim Trocknen werden die Farben blasser und verlieren ihre Leuchtkraft. Die heimische Gemeine Schafgarbe ist weiß bis rosa. An der Luft trocknen.

Trommelstock *(Craspedia)*

Bedingt winterharte einjährige Pflanze, die aus Samen gezogen wird. In der Blütezeit auch als Schnittblume zu kaufen. Kugelrunde Blütenpompons sitzen am Ende eines blattlosen Stiels und bieten einen puristisch-schönen Anblick. In der Vase oder an der Luft trocknen.

Färberdistel *(Carthamus tinctorius)*

Wird als preiswerter Ersatz für Safran verwendet. Die einjährigen Pflanzen haben tief orangerote, fransige Blütenstände, die beim Trocknen erhalten bleiben. Leicht selbst aus Samen anzubauen, aber auch als Trockenblume erhältlich. An der Luft trocknen.

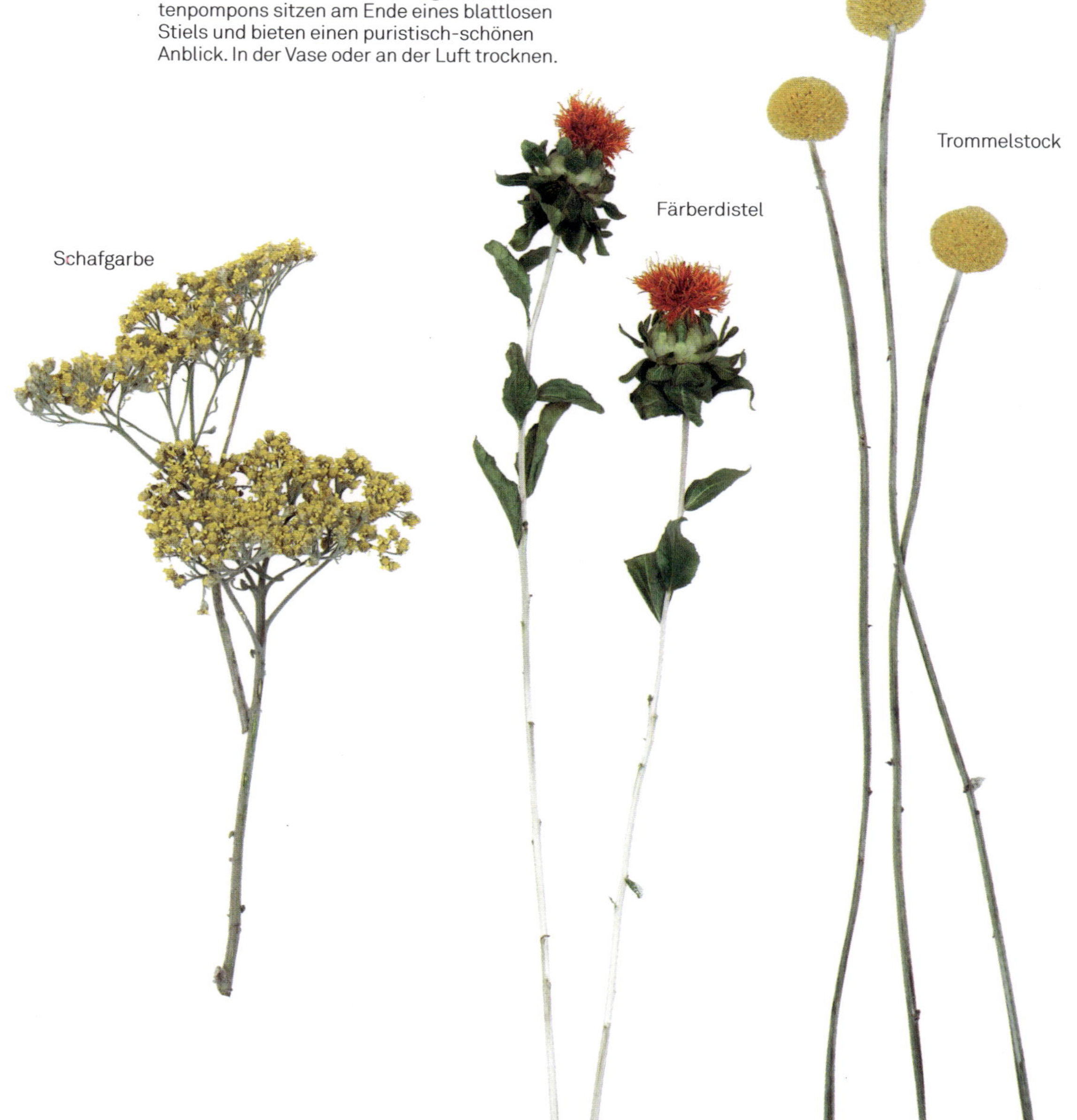

Wiesen-Knöterich *(Bistorta officinalis)*

Alle Knötericharten eignen sich gut zum Trocknen. Der Wiesen-Knöterich mit seinen rosafarbenen Scheinähren wächst wie Unkraut, selbst in Gehwegspalten. Die mehrjährigen Zuchtformen sind schnelle und wertvolle Bodendecker. Die edel wirkenden Blütenstände erscheinen im Sommer. An der Luft trocknen.

Sterndolde *(Astrantia)*

Eine meiner persönlichen Favoritinnen unter den Stauden, sowohl für den Garten als auch für Trockenarrangements. Meinen Garten hat sie bereits völlig durchsetzt, denn aus nur wenigen Originalpflanzen sät sie sich überall weiter aus. Die besonders dunklen Sorten wie 'Ruby Cloud' und 'Ruby Wedding' sind die besten zum Trocknen. An der Luft trocknen.

Bienenfreund *(Phacelia tanacetifolia)*

Eine wunderbare einjährige Pflanze mit glockigen lavendelfarbenen Blüten. Auch Büschelschön genannt. Häufiger Bestandteil von Wildblumen- und Bienenweidesaatmischungen. Regelmäßig ausgesät, bietet sie sehr gute Bodendeckung und regelmäßiges Pflückgut zum Trocknen. An der Luft trocknen.

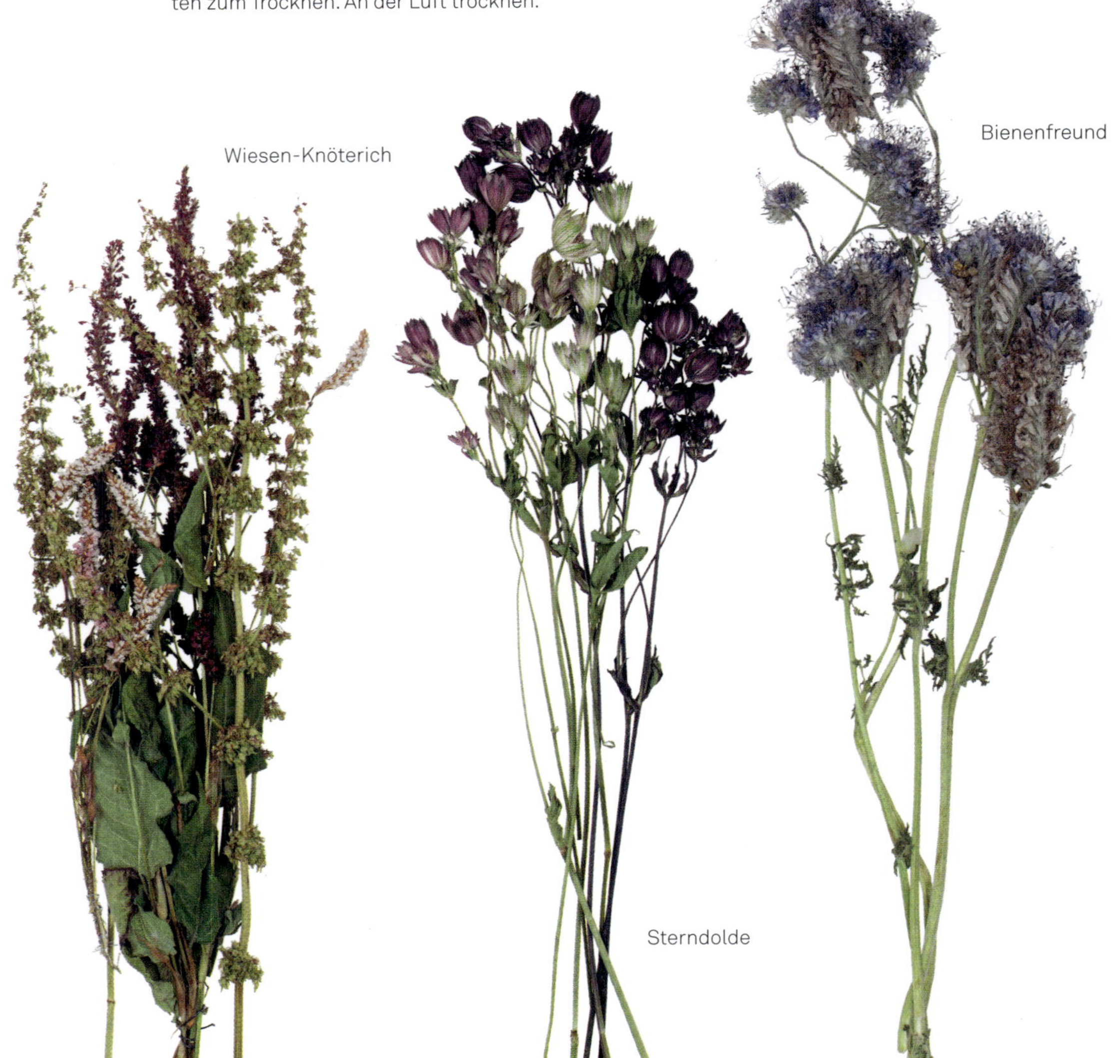

Wiesen-Knöterich

Bienenfreund

Sterndolde

Breitblättriger Strandflieder *(Limonium latifolium)*

Ähnlich wie der Geflügelte wächst der Breitblättrige Strandflieder als ausdauernde Zierpflanze. Wild findet man ihn in Küstennähe. Seine kleinen Blüten an buschigen Stielen sind eine attraktive Abwechslung. In der Vase trocknen.

Klee *(Trifolium)*

Unterwegs pflücken oder dauerhaft im eigenen Garten ansiedeln. Eine Kleewiese ist eine tolle Alternative zum Rasen, da sie Bienen und andere Pollensammler anlockt. Die Blüten sollten Sie voll aufgeblüht sammeln: Die Blütenköpfe bewahren gut ihre Form. An der Luft trocknen.

Sonnenflügel *(Helipterum roseum)*

Häufig zu sehen als Trockenblume mit zarten rosa und weißen Blütenköpfen an dünnen Stielen. Vermehrung der einjährigen Pflanze aus Samen. An der Luft trocknen oder als Trockenblume kaufen.

Freesie *(Freesia)*

Freesien kaufe ich gern frisch im Vorfrühling wegen ihres wunderbaren Dufts. Eine Hälfte stelle ich in die Vase, die andere wird zwischen Löschpapier gepresst. Die Blumen büßen dabei zwar ihren Duft ein, behalten aber ihre feine Form und Farbe.

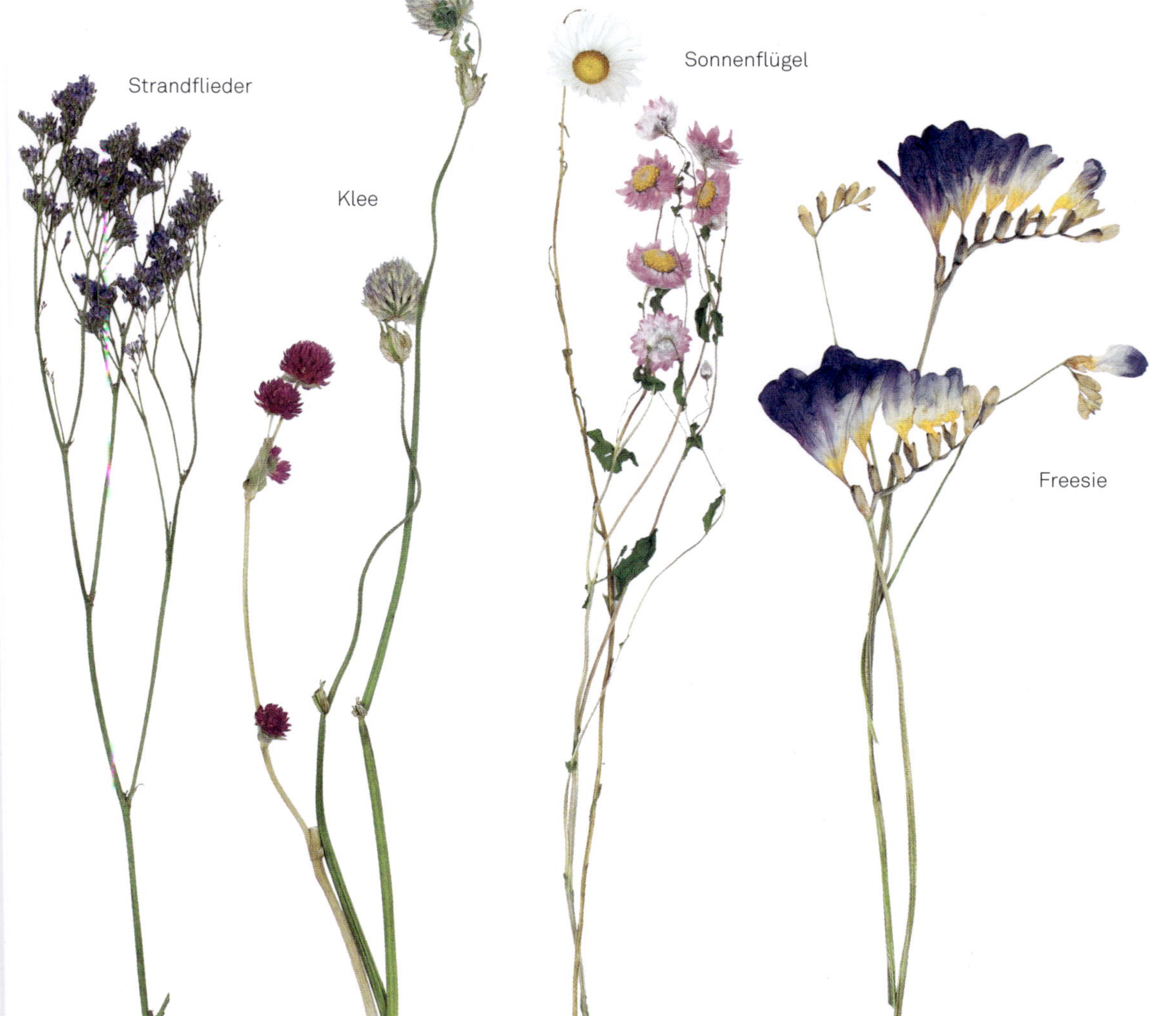

Rittersporn *(Delphinium)*
Eine jährlich wiederkehrende Zierpflanze, die leicht im Garten zu ziehen ist. Ihre hohen, dichten Blütenstände an langen Stielen trocknen sehr gut. Wählen Sie die blauen oder violetten Sorten für beste Ergebnisse. An der Luft trocknen.

Mannstreu *(Eryngium)*
Eine blaugrau blühende Staude mit skulpturalen distelähnlichen Köpfen, die hervorragend trocknen und dabei ihre schöne Farbe behalten. Siedeln Sie die Staude dauerhaft in Ihrem Garten an oder beziehen Sie sie aus einem Blumenladen. An der Luft trocknen.

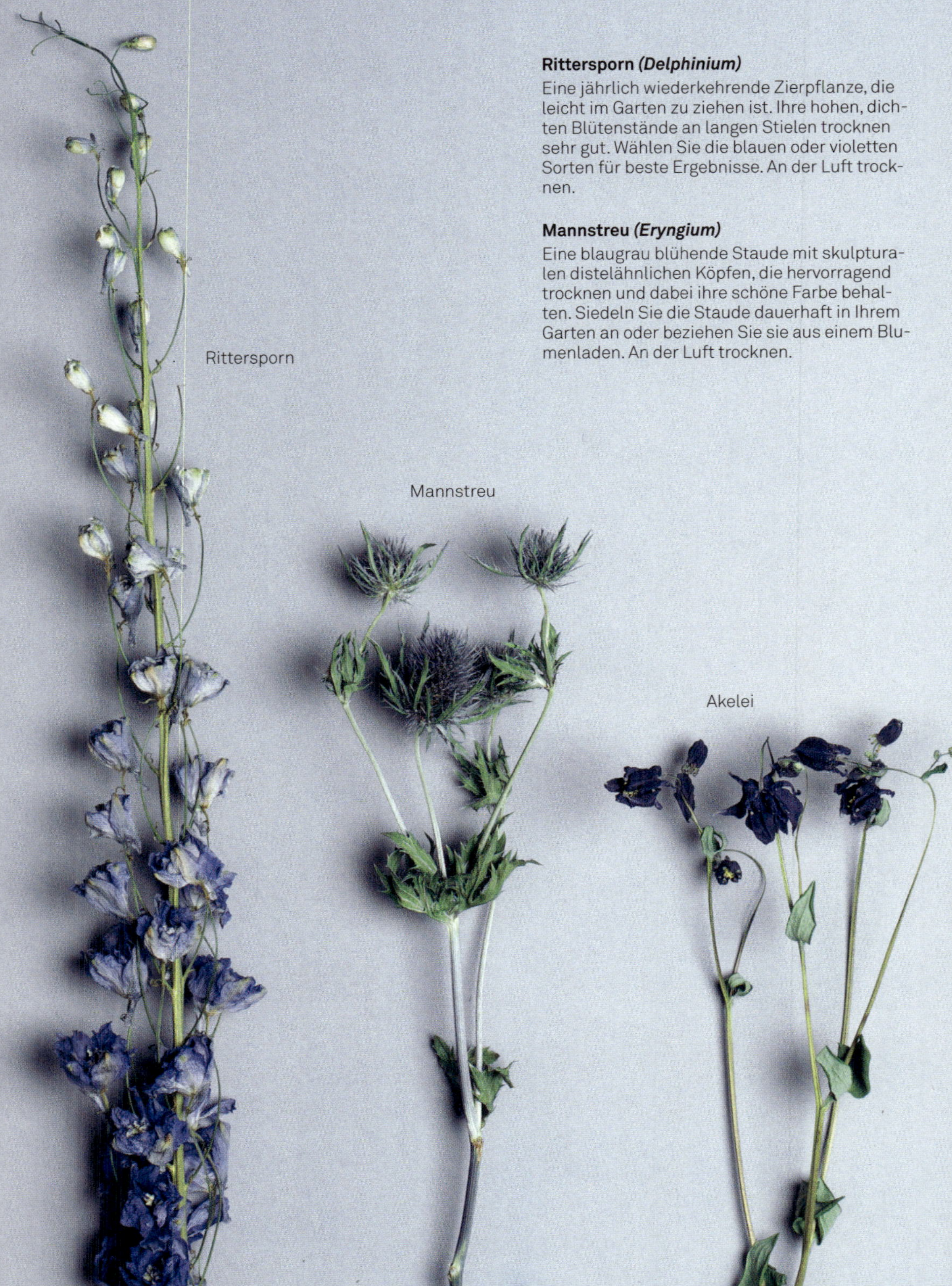

Akelei *(Aquilegia)*

Es gibt über 60 Arten dieser frühlingsblühenden Staude. Siedeln Sie eine Art, die Ihnen gefällt, im Garten an und mit der Zeit werden Sie durch Selbstaussaat der Pflanze genügend Material zum Schneiden haben. An der Luft trocknen.

Wolfsmilch *(Euphorbia)*

Das ganze Jahr über blüht irgendeine Euphorbienart. Die sich stark verbreitenden Stauden sind aus keinem Garten wegzudenken. Sie gehören zwar nicht zu den typischen Trockenblumen, aber sie ergänzen einen Trockenblumenstrauß um ein ausgefallenes Element und machen in einem großen Bund zu mehreren einiges her. An der Luft trocknen.

Berg-Flockenblume *(Centaurea montana)*

Eine in Bauerngärten weitverbreitete Staude mit blauen und violetten Sorten, die beim Trocknen ihre Farbe gut behalten. Mischen Sie sie mit wilden einjährigen Kornblumen, die auf Feldern und Wiesen zu finden sind und die auch im Hausgarten leicht aus Samen keimen. An der Luft trocknen.

Flockenblume

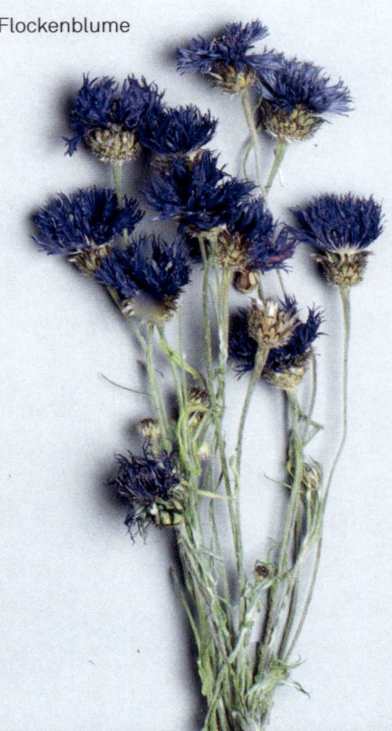

Wolfsmilch

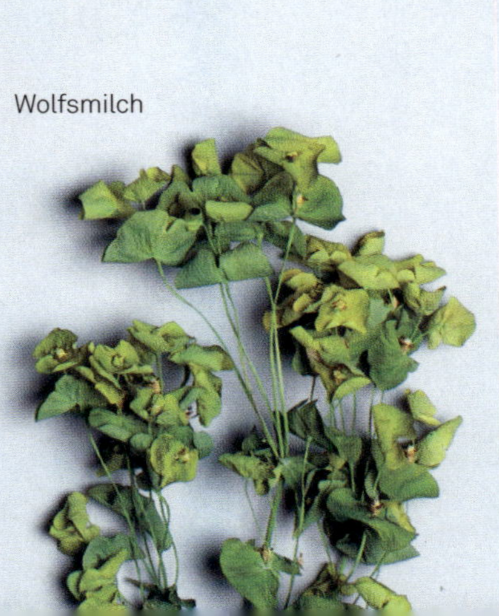

Schleierkraut

Schleierkraut *(Gypsophila)*

Die Vorreiterin der Trockenblumenmode; ihre winzigen weißen Blütchen bewahren gut ihre Form. In großen Büscheln zu kaufen ergeben sie wunderbare Blütenwolken für lockere, ätherische Arrangements. In der Vase oder an der Luft trocknen.

Wachsblume *(Cerinthe)*

Eine teils mehrjährige, winterharte, leicht aus Samen zu ziehende und bei Schnittblumenzüchtern beliebte Pflanze. Nach dem Pflücken und Trocknen behalten ihre violetten Hängeglöckchen Form und Farbe bei. An der Luft trocknen.

Wachsblume

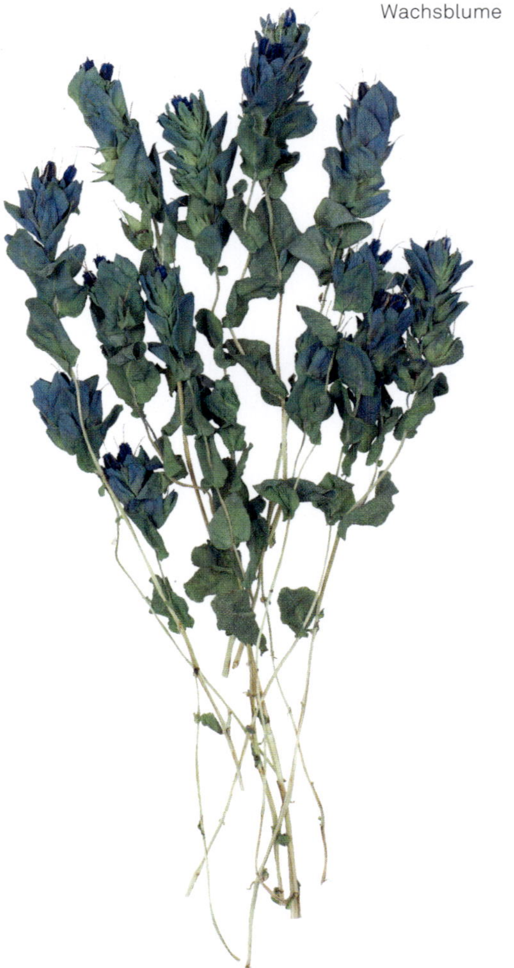

Rundblättriges Hasenohr

Rundblättriges Hasenohr *(Bupleurum rotundifolium)*

Die winzigen grün-gelben Blüten dieser einjährigen Pflanze kennt man aus gekauften Blumensträußen. Man kann sie aus Samen selbst ziehen oder im Bund kaufen und umgehend an der Luft trocknen.

Weicher Frauenmantel *(Alchemilla mollis)*

Diese frühblühende Blattschmuckstaude verbreitet sich schnell im Garten. Ihre samtigen, lindgrünen Blüten erscheinen über flach ausgebreiteten Blättern. Pflücken Sie die Stängel in voller Blüte, dann werden Sie später mit einem zweiten Blütenschub belohnt. An der Luft trocknen.

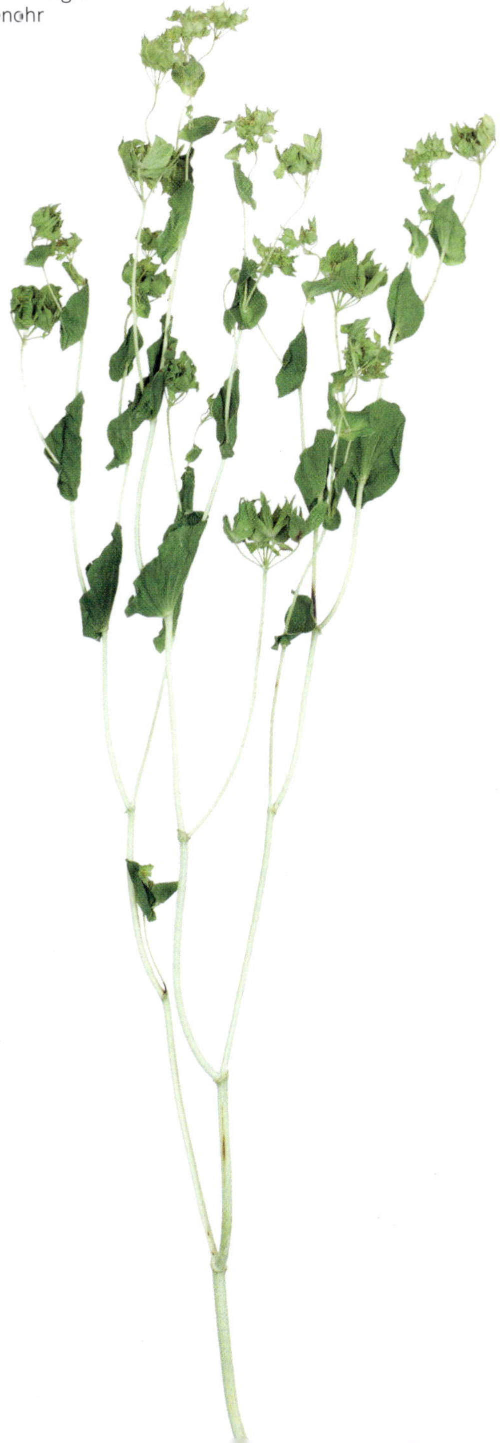

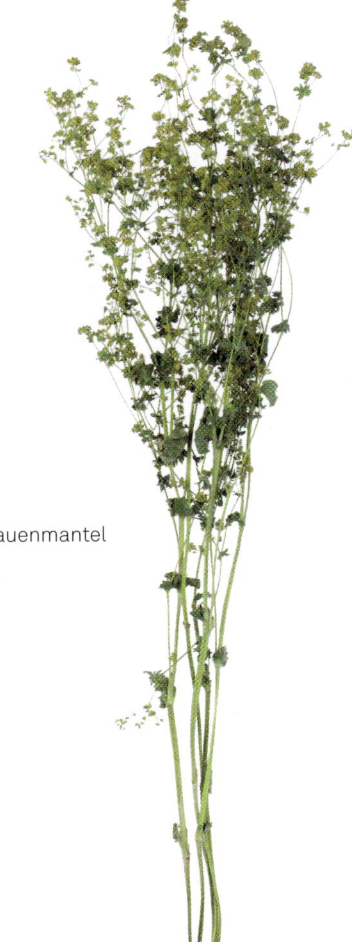

Weicher Frauenmantel

Prachtspiere *(Astilbe)*
Eine wunderbare mehrjährige Pflanze, von der Sie Samen oder Jungpflanzen kaufen können. Sie produziert große, aufrechtstehende pinselförmige Blütenwedel in Farbtönen von Cremeweiß bis hin zu kräftigem Burgunder-, Kirsch- und Karmesinrot. An der Luft trocknen.

Bach-Kratzdistel *(Cirsium rivulare)*
Im Frühsommer erscheinen tief purpurfarbene Disteln zu mehreren auf den hohen, starren Stängeln dieser auffallenden zweijährigen Pflanze. Schneiden Sie die Blütenstiele an der Basis ab, um sie in voller Länge zu präsentieren. An der Luft trocknen.

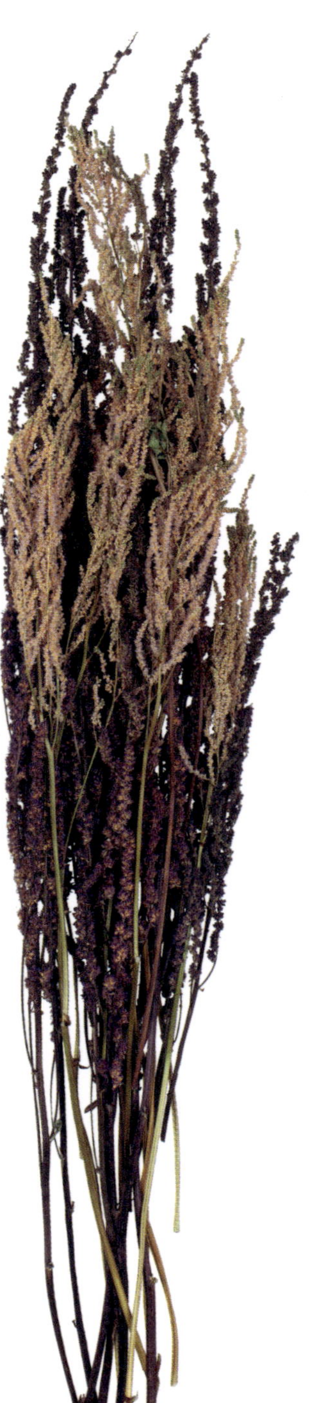
Prachtspiere

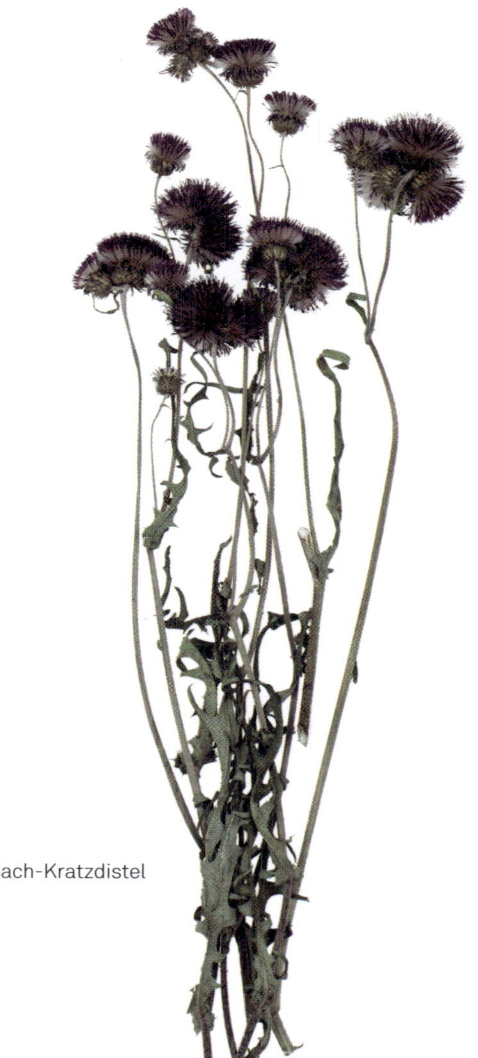
Bach-Kratzdistel

Australische Wachsblume *(Chamelaucium)*

Diese in Australien beheimatete Pflanze fasst auf der Nordhalbkugel nur schwer Fuß, dient aber aufgrund ihrer Langlebigkeit oft als Füllblume in gekauften Blumensträußen. Ganzjährig in Blumenläden zu kaufen. In der Vase oder an der Luft trocknen.

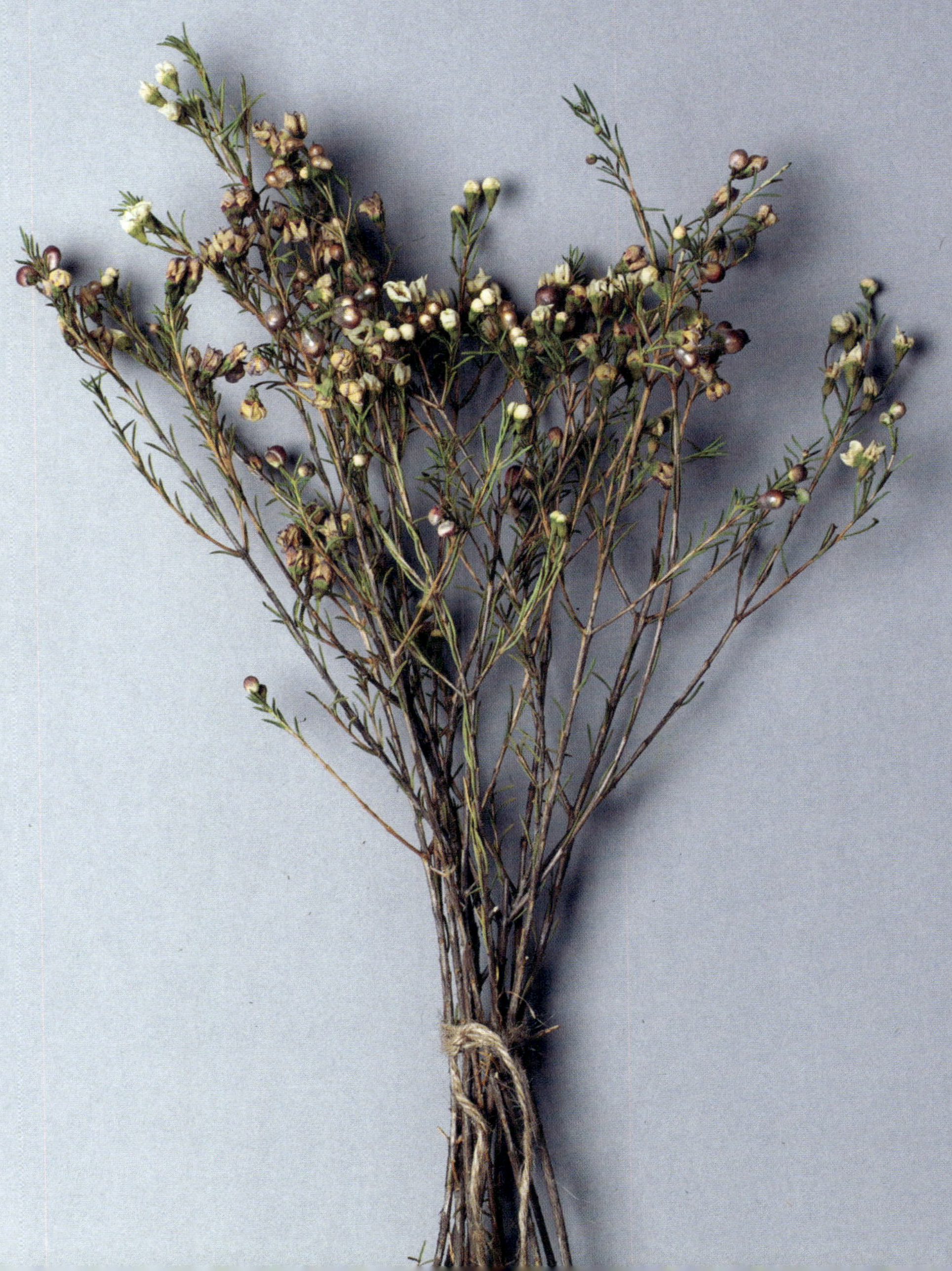

Rose *(Rosa)*

Zum Trocknen empfiehlt es sich, Rosen im Bund zu kaufen – sonst müssten Sie im Garten welche opfern, bevor sie voll erblüht sind. Die besten Ergebnisse erzielen Sie, indem Sie die Rosen schneiden, wenn die Knospen gerade aufgehen. Dann hängen Sie sie kopfüber am Stiel auf. Voll erblühte Rosen lassen sich in Sand oder über einer Wärmequelle trocknen. Alternativ zupfen Sie die Blütenblätter kurz vor dem Abfallen für Ihr eigenes Blumenkonfetti ab.

Pfingstrose *(Paeonia)*

Die Blütenpracht der Pfingstrosen währt viel zu kurz, deshalb ziehe ich es vor, sie nicht in meinem Garten zu schneiden, sondern von regionalen Händlern auf dem Markt zu kaufen, vor allem die pinkfarbenen und weinroten. Stellen Sie sie ins Wasser und gestatten Sie den prallen Knospen ein kurzes Aufblühen, bevor Sie sie trocknen. An der Luft oder in Sand trocknen.

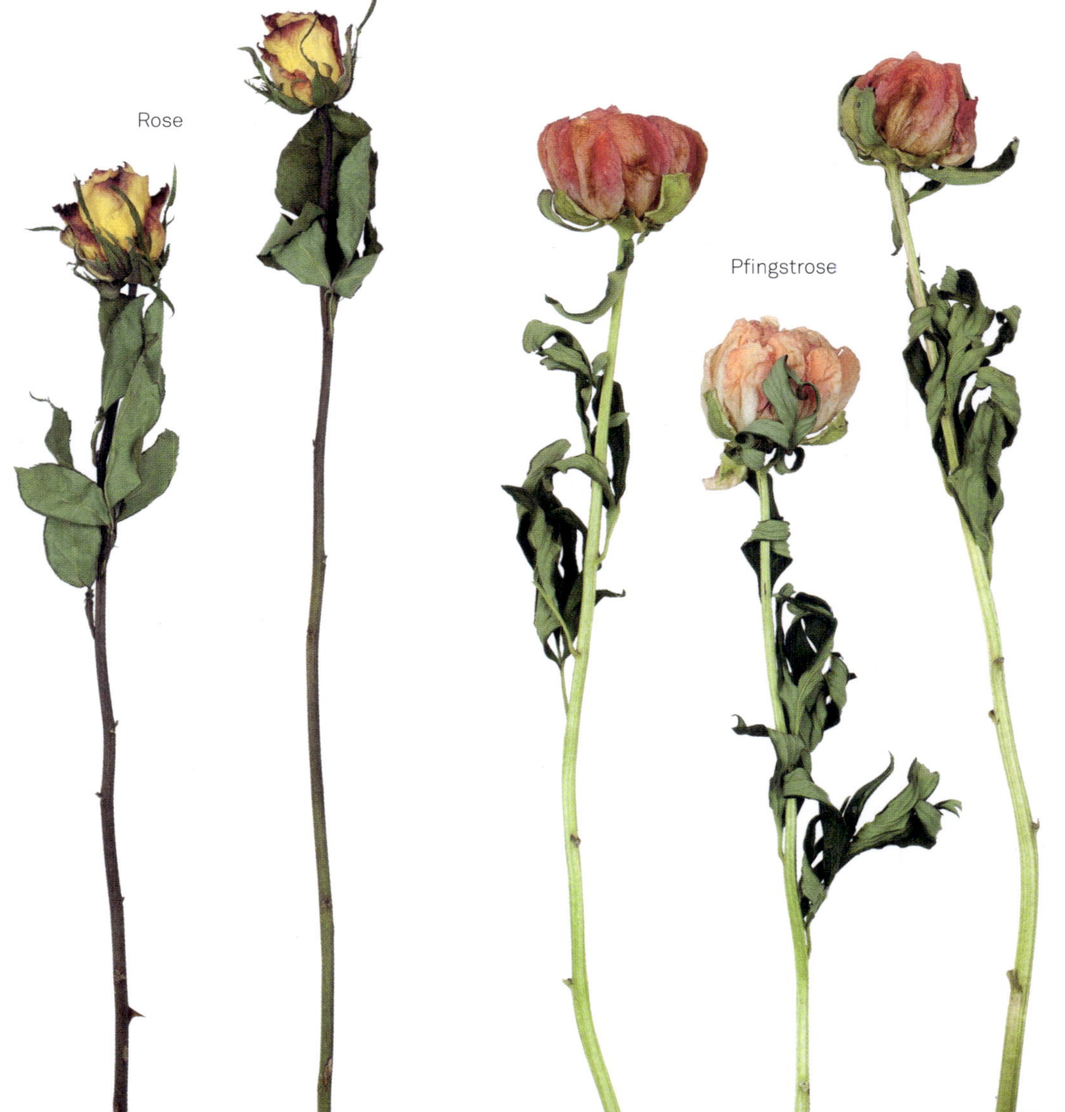

Rose

Pfingstrose

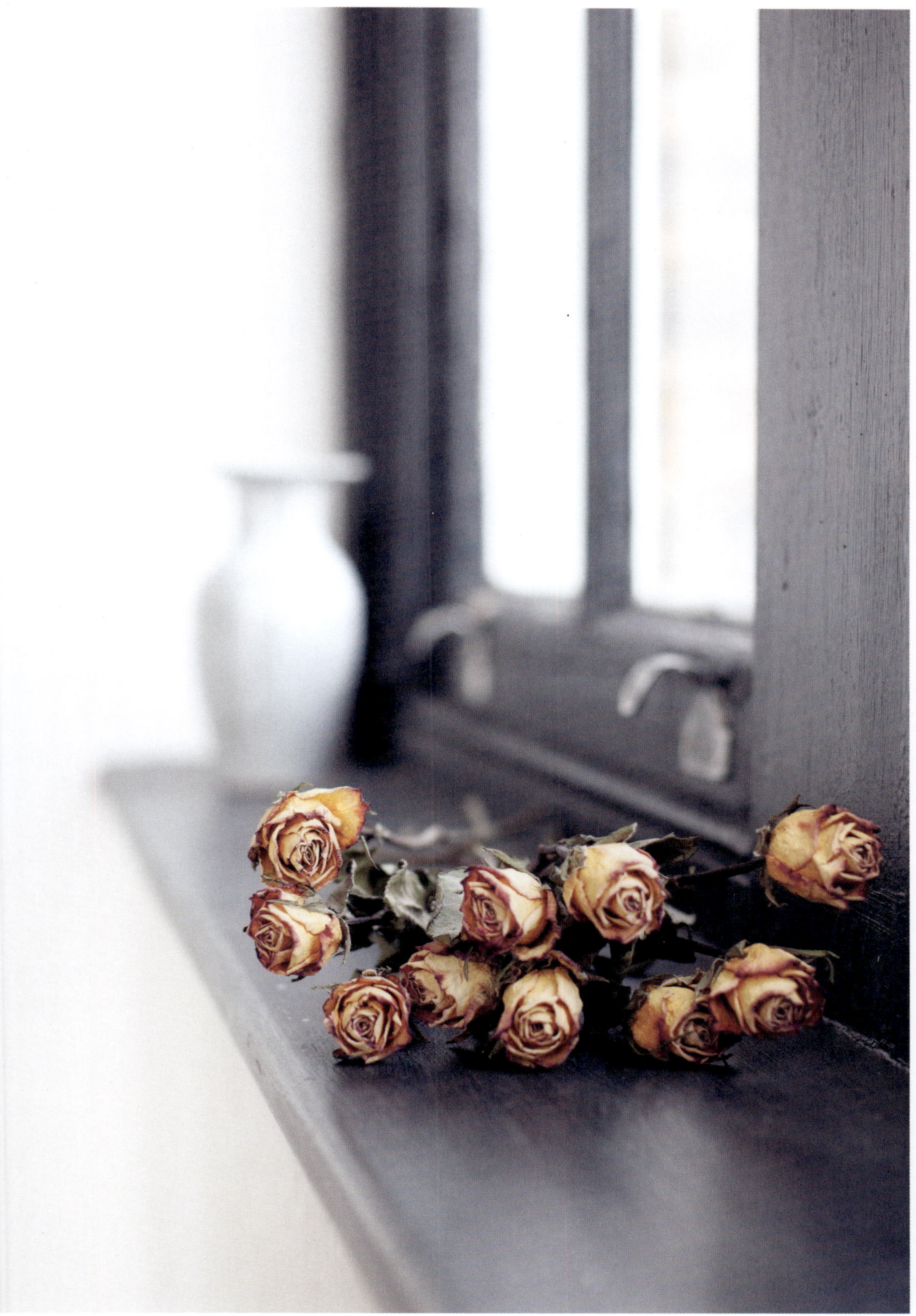

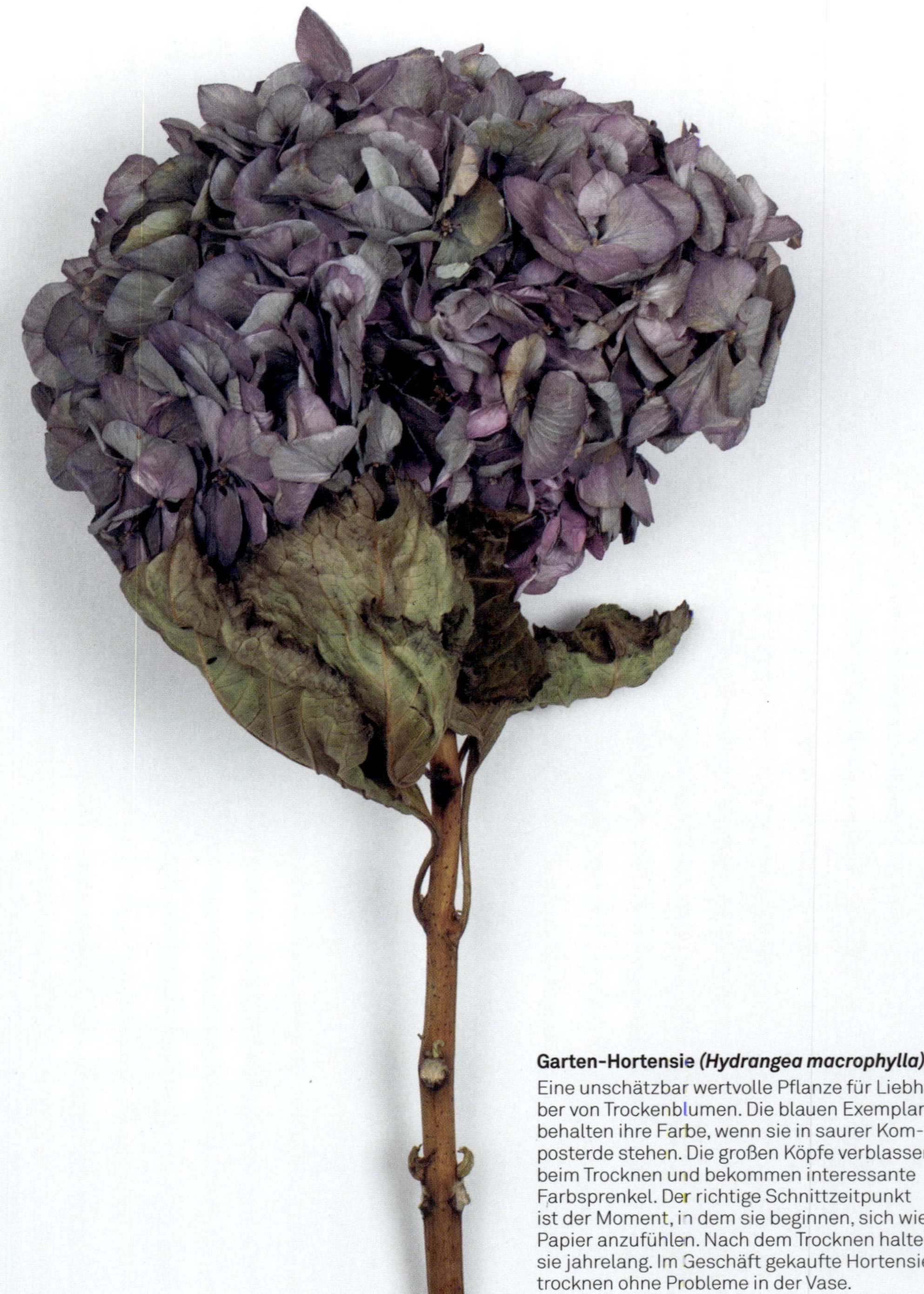

Garten-Hortensie *(Hydrangea macrophylla)*
Eine unschätzbar wertvolle Pflanze für Liebhaber von Trockenblumen. Die blauen Exemplare behalten ihre Farbe, wenn sie in saurer Komposterde stehen. Die großen Köpfe verblassen beim Trocknen und bekommen interessante Farbsprenkel. Der richtige Schnittzeitpunkt ist der Moment, in dem sie beginnen, sich wie Papier anzufühlen. Nach dem Trocknen halten sie jahrelang. Im Geschäft gekaufte Hortensien trocknen ohne Probleme in der Vase.

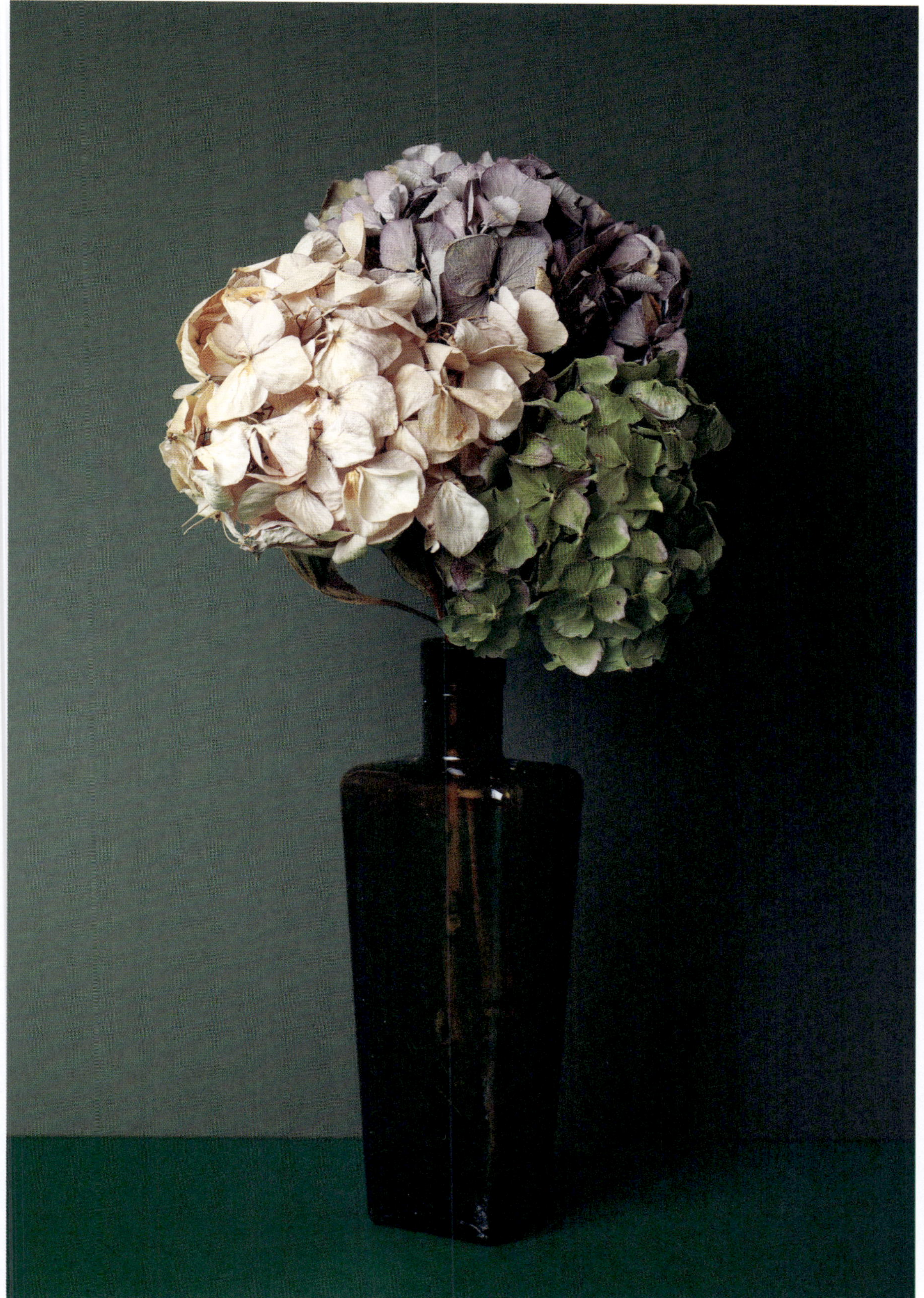

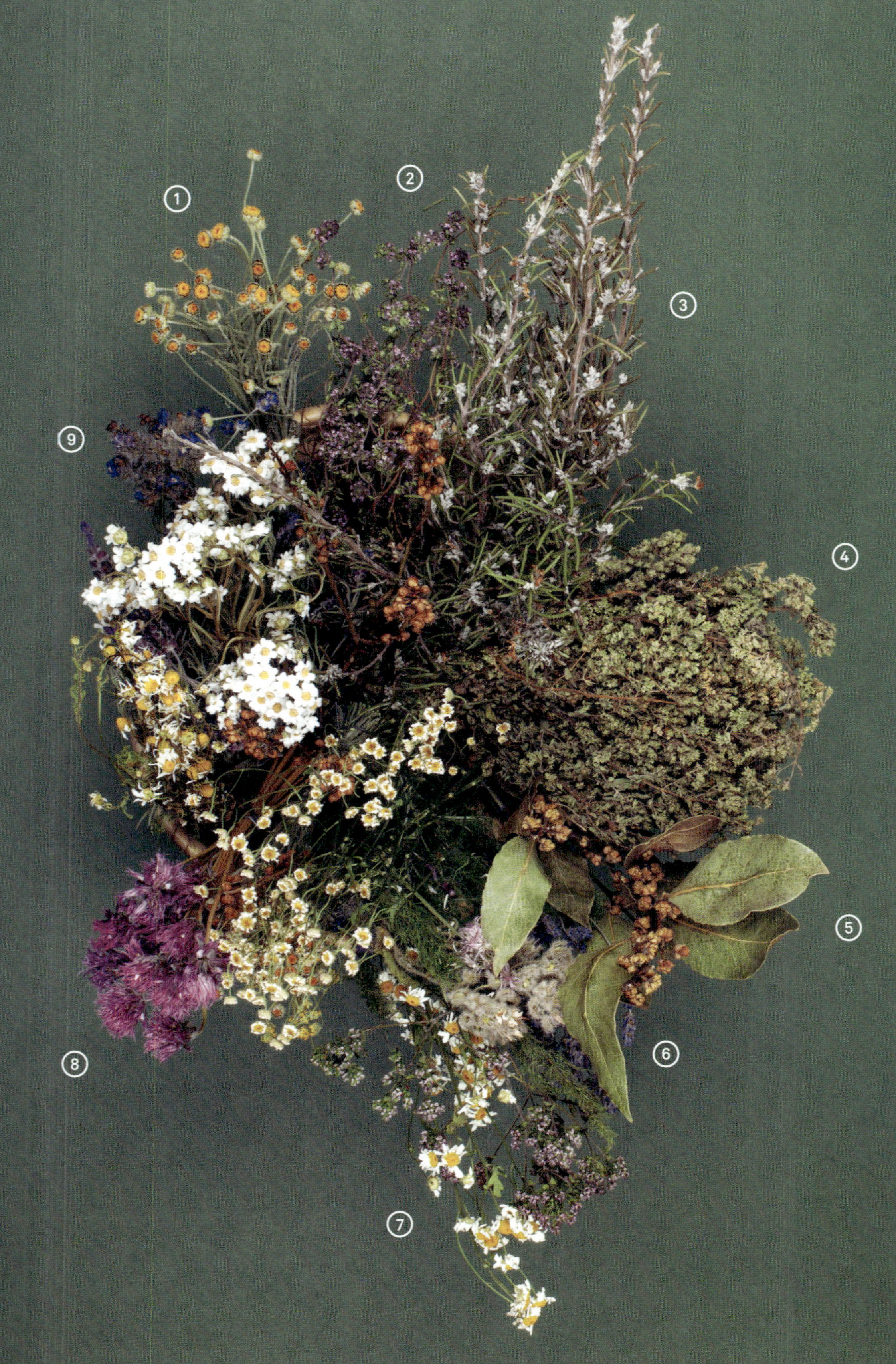
1
2
3
4
5
6
7
8
9

KRÄUTER

Viele Kräuter entwickeln wunderschöne Blüten, aber aufgrund ihrer besonderen Bedeutung für Küche und Medizin grenzt man sie von den Blumen ab. Im Mittelalter legte man für medizinische Zwecke Kräuter- und Apothekengärten an. Die heilenden Kräuter wurden sowohl frisch als auch getrocknet zu Tees, Tinkturen und Pasten verarbeitet und gegen alle möglichen Arten von Leiden eingesetzt.

Auch heute finden Kräuter in der Küche und im medizinischen Bereich Anwendung. Im eigenen Garten oder auf dem Balkon sind sie ein doppelter Gewinn, weil sie sowohl nützlich als auch dekorativ sind. Hängen Sie Kräuter zum Trocknen in der Küche auf: Sie beanspruchen wenig Platz und sind ein hübscher Anblick – zusätzlich zu dem Aroma, das sie dem Essen spenden.

- Die gelben Blütenköpfe des Grauen Heiligenkrauts *(Santolina chamaecyparissus)* **(1)** wurden traditionell in der Kräutermedizin verwendet, heute dienen sie vor allem als Mottenmittel.
- Thymian *(Thymus vulgaris)* **(2, 4)** und Salbei *(Salvia officinalis)* fühlen sich wohl in Schalen und Töpfen. Für die besten Trockenergebnisse die buschig-verholzten Zweige schneiden.
- Rosmarin *(Salvia rosmarinus)* **(3)** und Lorbeer *(Laurus nobilis)* **(5)** brauchen viel Platz, wenn sie blühen sollen. Ein paar frische Zweige mit den hübschen kleinen Blüten bilden eine attraktive Ergänzung für ihr Trockenarrangement.
- Die Blüten von Lavendel *(Lavandula)* **(6)** und Römischer Kamille *(Chamaemelum nobile)* **(7)** sind im Trockenzustand sehr attraktiv. Verwenden Sie Kamillenblüten auch für Tees und den Lavendel zum (sparsamen) Aromatisieren von Süßspeisen.
- Schnittlauch *(Allium schoenoprasum)* **(8)** gehört zur Familie der Lauchgewächse und wächst aus einer Zwiebel. Seine zarten lilafarbenen Blütenköpfe sind ebenso wie die Blätter essbar und bleiben beim Trocknen intakt.
- Die leuchtend blauen Blüten des Borretschs *(Borago officinalis)* **(9)** schließen sich beim Trocknen leicht, geben aber einen entzückenden Farbklecks in einem Bündel trocknender Kräuter. Zudem lassen sie sich zum Aromatisieren von Cocktails und Limonaden verwenden.
- Majoran *(Origanum majorana)* und Oregano *(Origanum vulgare)* haben genau wie Minze *(Mentha × piperita)* hübsche Blütenköpfe (wenn man sie ihnen lässt), die sehr schön auftrocknen.
- Dill *(Anethum graveolens)* und Fenchel *(Foeniculum vulgare)* bekommen gelbe Blütendolden, die beim Trocknen sehr gut erhalten bleiben.

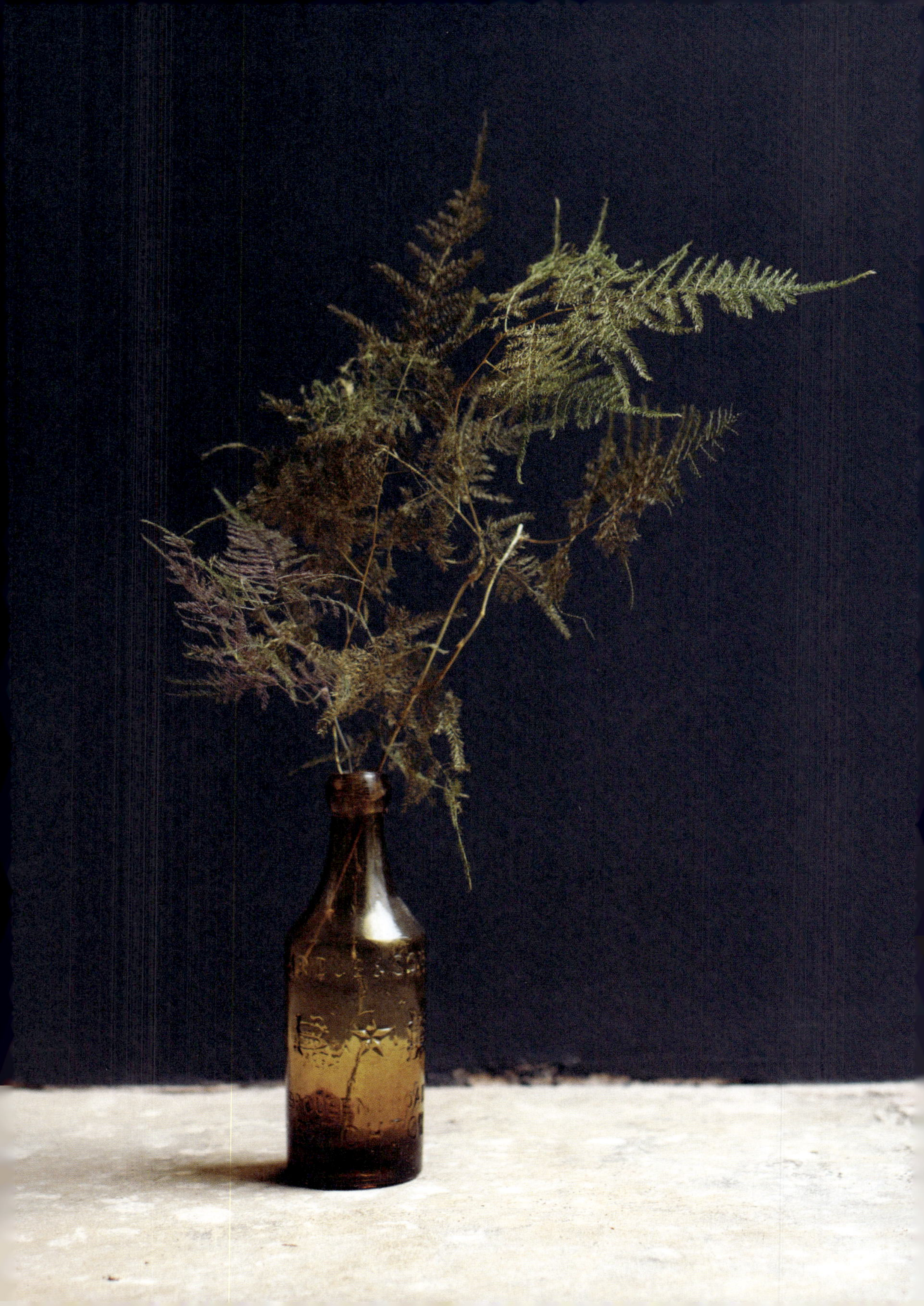

BLÄTTER UND FARNE

Das Laub vieler Blumen, Büsche und Bäume hat seine eigene aparte Schönheit. Beim Trocknen verschiedener Blätter offenbart sich eine schier unglaubliche Vielfalt an Farben, Mustern, Formen und Texturen. Blätter sind – ob allein oder zusammen mit Blüten – ein unverzichtbarer Werkstoff für schmückende Arrangements.

Bäume haben vielfache ökologische Funktionen. Sie sind sowohl für das Klima unseres Planeten als auch für unser individuelles Wohlergehen von zentraler Bedeutung. Sie bilden Sauerstoff, regulieren die Temperatur und den Wasserhaushalt und bieten unzähligen Tieren ein Zuhause. Und doch nehmen wir sie meist als so selbstverständlich hin, dass wir sie selten konkret wahrnehmen. Indem wir mal grüne, mal herbstlich gefärbte Blätter sammeln und konservieren, rücken wir Bäume, Sträucher und Farne in den Fokus des Betrachters.

Natürlich können Sie Blätter in Stadtparks, Wäldern oder von Straßen auflesen, aber ich möchte Ihnen an Herz legen, bei genügend Platz wenigstens einen eigenen Baum anzupflanzen. Wählen Sie einen, der das ganze Jahr über etwas zu bieten hat, zum Beispiel eine weißstämmige Himalaya-Birke (*Betula utilis* var. *jacquemontii*) mit ihrer sich abschälenden Borke (siehe Seite 59), ihren hellgrünen Blättchen im Frühling und Sommer und den hängenden Kätzchen im Winter, die in getrocknetem Zustand immer noch hübsch anzusehen sind.

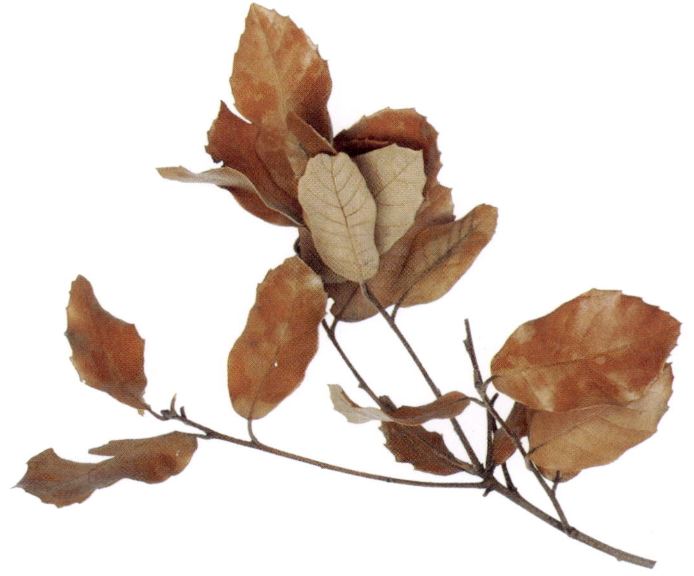

Grüne Blätter

Zum Trocknen können die meisten grünen Blätter jeder Zeit während der Wachstumsperiode gepflückt werden, aber reich verzweigte, junge Triebe behalten die Blätter in getrocknetem Zustand länger als ältere, verholzte.

Mäusedorn *(Ruscus)*

Mit seinen zarten, dunkelgrünen Blättern ist *Ruscus* häufig Teil von Blumensträußen, denn er hält sich lange. Kaufen Sie einen einzelnen reich verzweigten Stiel und trennen Sie gegebenenfalls die einzelnen Triebe, bevor Sie sie zum Trocknen an die Luft hängen.

Hirtentäschel *(Capsella bursa-pastoris)*

Die winzigen herzförmigen Schötchen dieser mehrjährigen Pflanze erscheinen bereits ab dem späten Frühjahr. Hirtentäschel wächst überall in der freien Natur. Wenn Sie die Stiele an der Basis der Pflanze pflücken, behalten sie beim Trocknen an der Luft Form und Farbe.

Buchsbaum *(Buxus)*, Fleischbeere *(Sarcococca)* und Eibe *(Taxus)*

Diese immergrünen Gartensträucher schneidet man meist regelmäßig in Form. Heben Sie die längeren abgeschnittenen Triebe auf und lassen Sie sie an der Luft trocknen.

Koniferen

Zweige von Nadelbäumen halten jahrelang. Sie eignen sich gut für kompakte Arrangements wie Kränze und Girlanden. Sammeln sie Kiefern- oder Tannenzweige im Wald oder kaufen Sie verschiedene Sorten und mischen Sie sie. In der Vase trocknen.

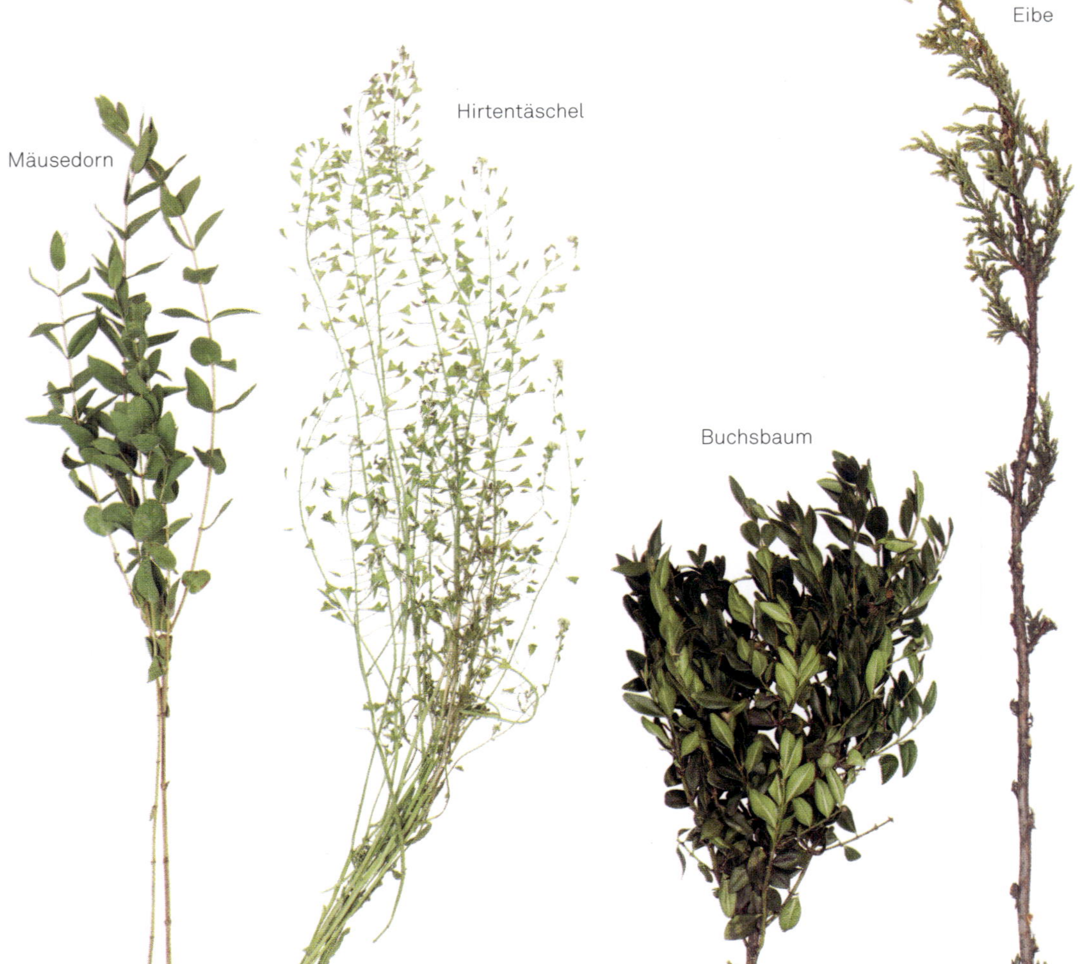

Silberne Blätter

Silbriges oder graugrünes Laub trocknet gut und bewahrt seine ursprüngliche Farbe über lange Zeiträume. Viele Mittelmeerpflanzen besitzen silbriges Laub.

Kardone, Cardy *(Cynara cardunculus)*

Halten Sie Ausschau nach den übergroßen silbrigen Blättern, die Sie zur gleichen Zeit schneiden können wie die Samenstände. An der Luft trocknen.

Heiligenkraut *(Santolina)*, Brachyglottis *(Brachyglottis)* und Baum-Gamander *(Teucrium fruticans)*

Diese Gartenpflanzen sind anspruchslos und pflegeleicht und tragen unterschiedlich geformte silbergraue Blätter. An der Luft trocknen, etwaige Blüten entfernen.

Weißfilziges Greiskraut (*Senecio cineraria* 'Silver Dust')

Wenn Sie nur Platz für eine einzige Blattschmuckpflanze haben, empfehle ich Ihnen Greiskraut. Es gedeiht sowohl drinnen als auch draußen. Die Blätter sehen aus, als wären sie mit einer Schablone ausgestanzt. An der Luft trocknen oder pressen.

Eukalyptus *(Eucalyptus)*

Eukalyptuszweige sind in verschiedenen Sorten erhältlich, entweder mit langen, dünn zugespitzten oder mit runden, rings um den Stiel angeordneten Blättern. Kaufen Sie die Zweige im Bund im Blumenladen. Eukalyptus erfreut auch getrocknet mit seinem aromatischen Duft. An der Luft oder in der Vase trocknen.

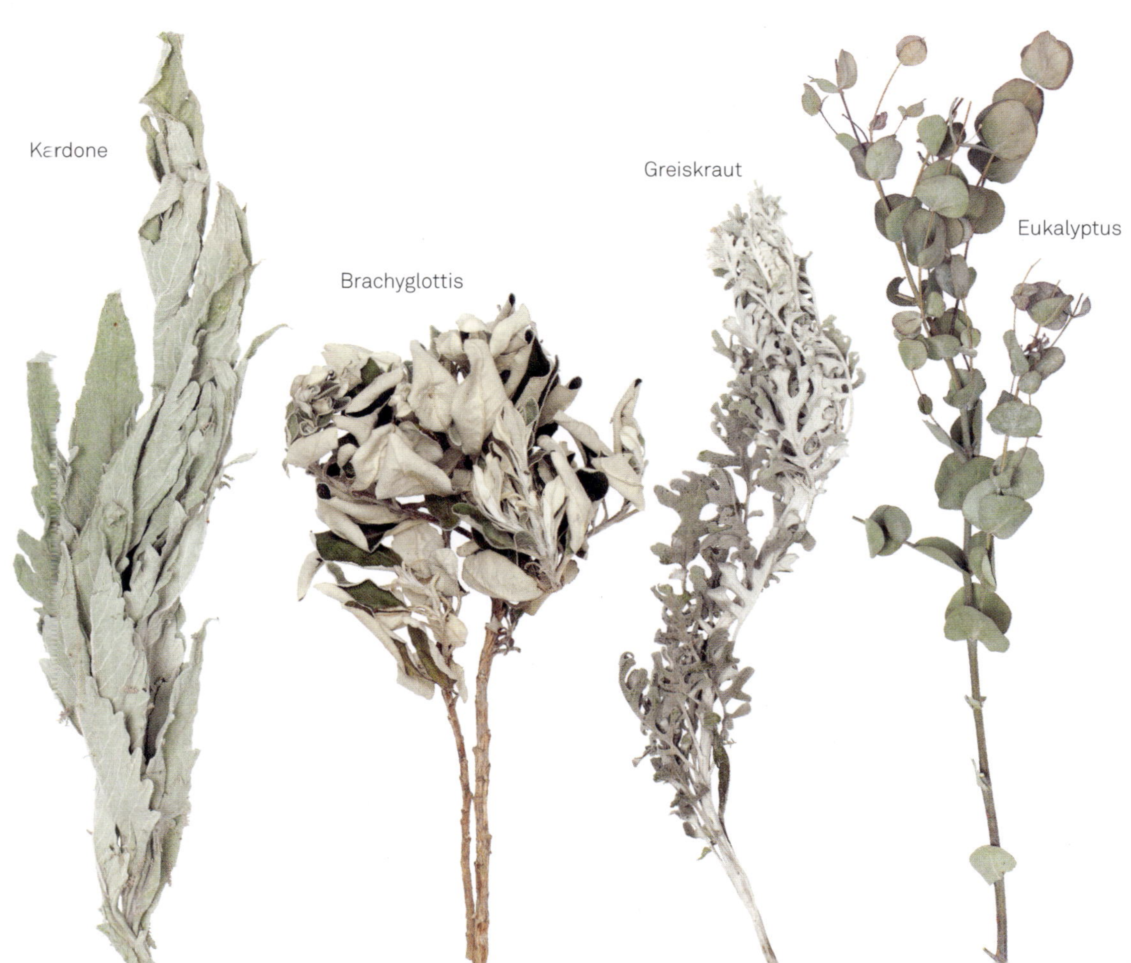

Kardone

Brachyglottis

Greiskraut

Eukalyptus

Herbstlaub

Wenn der Herbst naht und Laubbäume und Sträucher das Chlorophyll in den Blättern abbauen, ändert sich deren Farbe. Dies ist die Jahreszeit, in der wir Blätter in den herrlichsten Schattierungen von leuchtendem Gelb, Gold und Rot sammeln können. Stellen Sie für Ihr persönliches Mandala ein Bouquet aus unterschiedlichen Blattformen und -farben zum Pressen und Trocknen zusammen.

Thunberg-Berberitze *(Berberis thunbergii)*
Dieser Strauch hat ovale, im Herbst kirschrote Blätter, die beim Trocknen an der Luft ein dunkles Weinrot annehmen.

Ginkgo *(Ginkgo biloba)*, Fächer-Ahorn *(Acer palmatum)*, Eberesche (Vogelbeere, *Sorbus*) und Felsenbirne *(Amelanchier)*
Die Blätter dieser Zierbäume behalten ihre Farben und Formen, wenn man sie presst.

Blut-Buche (*Fagus sylvatica* f. *purpurea*) und Eiche *(Quercus)*
Zweige dieser Bäume bewahren ihre schöne Bronzefarbe am besten durch Konservierung in Glyzerinlösung.

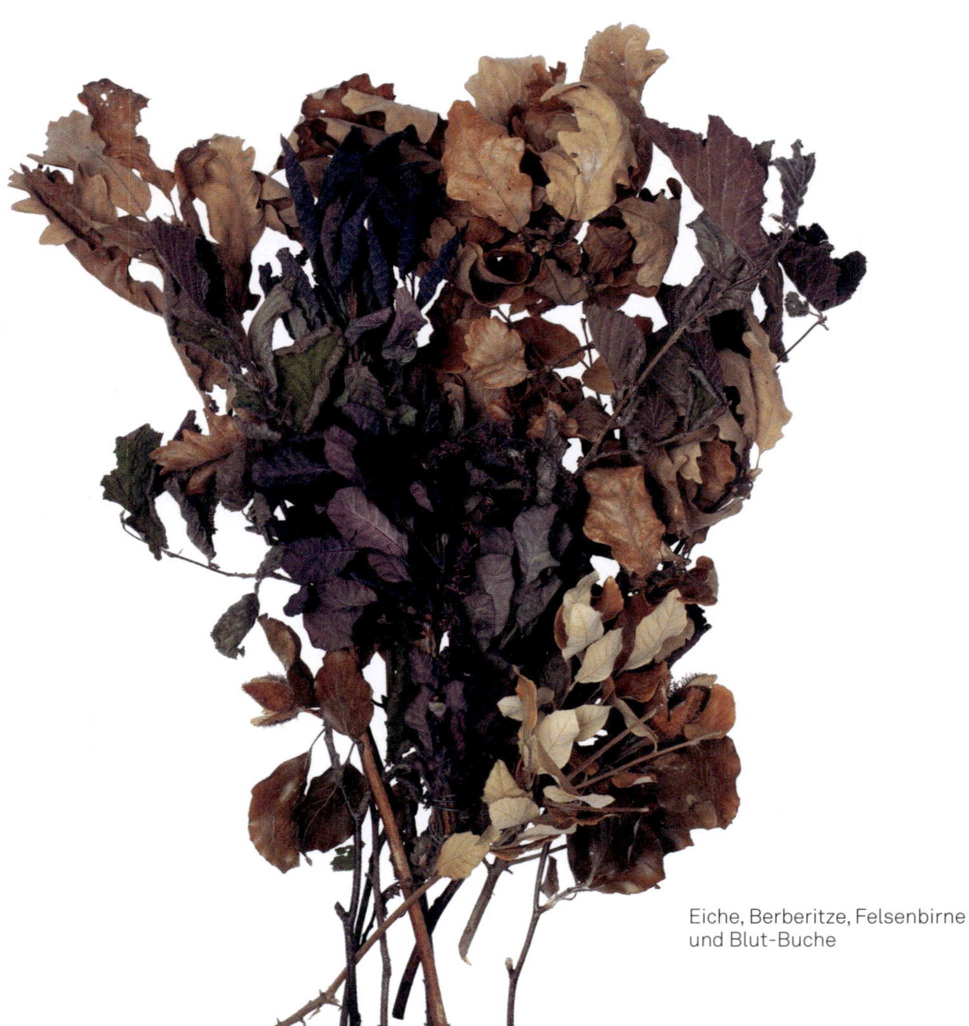

Eiche, Berberitze, Felsenbirne und Blut-Buche

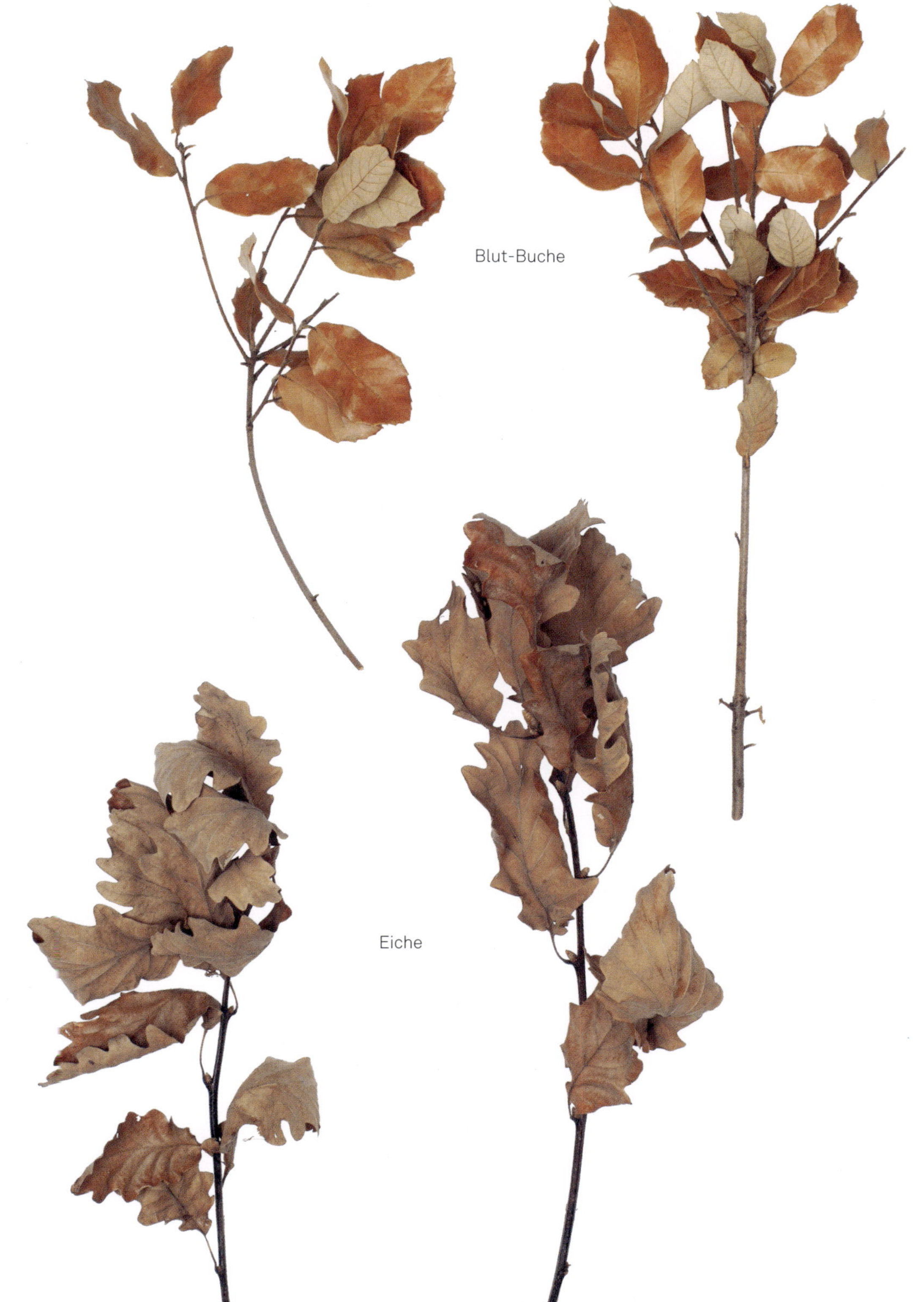

Blut-Buche

Eiche

Farne

Farne bilden eine eigene Pflanzengruppe. Sie gehören zu den ältesten noch lebenden Pflanzen der Erde und vermehren sich durch Sporen. Sie tragen weder Blüten noch Früchte.

Schildfarn *(Polystichum)*, Streifenfarn *(Asplenium)* und Straußenfarn *(Matteuccia)*

Feuchte, schattige Stellen in Ihrem Garten verschönern Sie am besten mit Farnen. Die genannten Arten liefern unterschiedliche Blattformen, die Sie an der Luft trocknen können.

Schwertfarn *(Nephrolepis exaltata)*, Frauenhaarfarn *(Adiantum)* und Zier-Spargel *(Asparagus densiflorus)*

Diese Arten gedeihen am besten im Zimmer. Zupfen Sie einzelne Wedel zum Pressen ab oder schneiden Sie mehrere für einen Bund. Die Blätter werden sich beim Trocknen an der Luft einkräuseln.

Feder-Spargel *(Asparagus setaceus)*

Wie der Zier-Spargel ist diese Art kein Farn – sieht aber ähnlich aus. Die zarten, gefiederten Blätter können im Blumenladen gekauft und zum Trocknen in die Vase gestellt werden. Die Stängel wirken dekorativ-luftig – in natura ebenso wie besprüht in schillernden Farben.

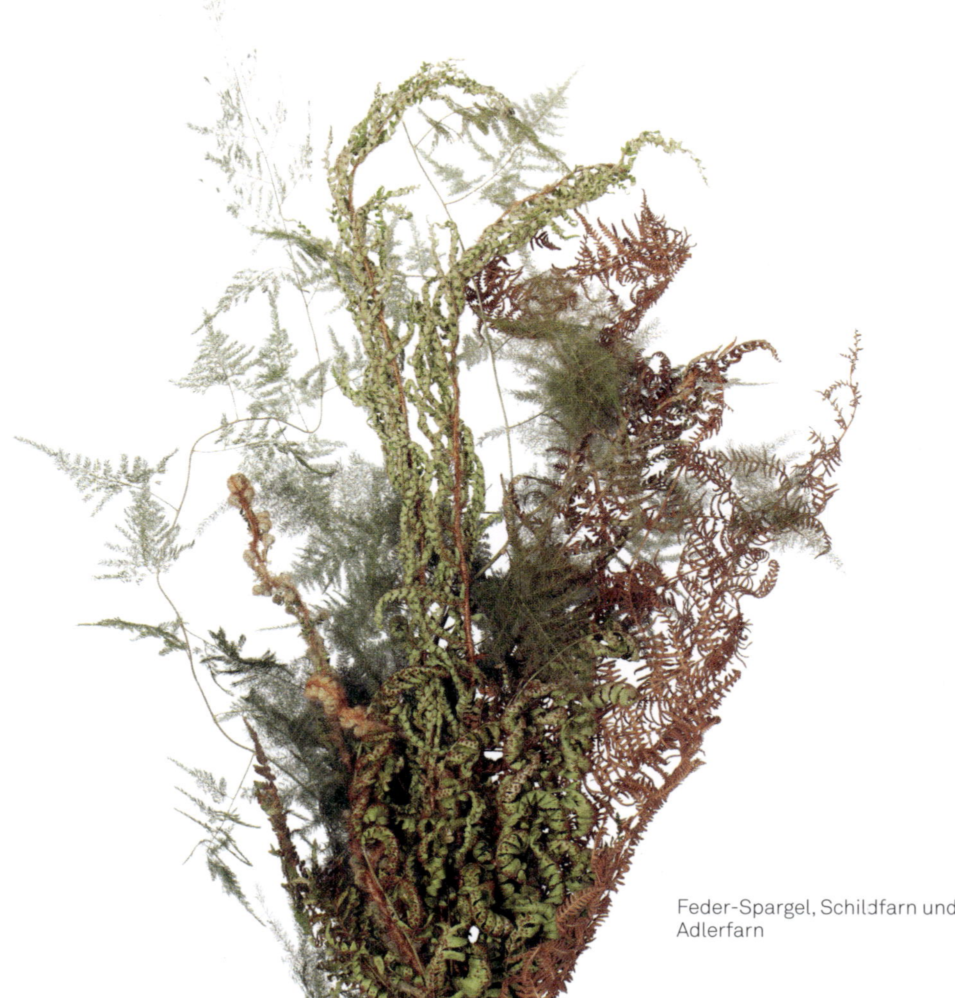

Feder-Spargel, Schildfarn und Adlerfarn

Adlerfarn *(Pteridium)*

Sammeln Sie diese großen, kräftigen Farnwedel im Herbst, wenn sie ihre Farbe verlieren und langsam braun werden. Die Wedel bestehen aus winzigen Einzelblättchen. Sie trocknen gut an der Luft und sehen vergoldet oder leicht mit Farbe eingesprüht enorm dekorativ aus.

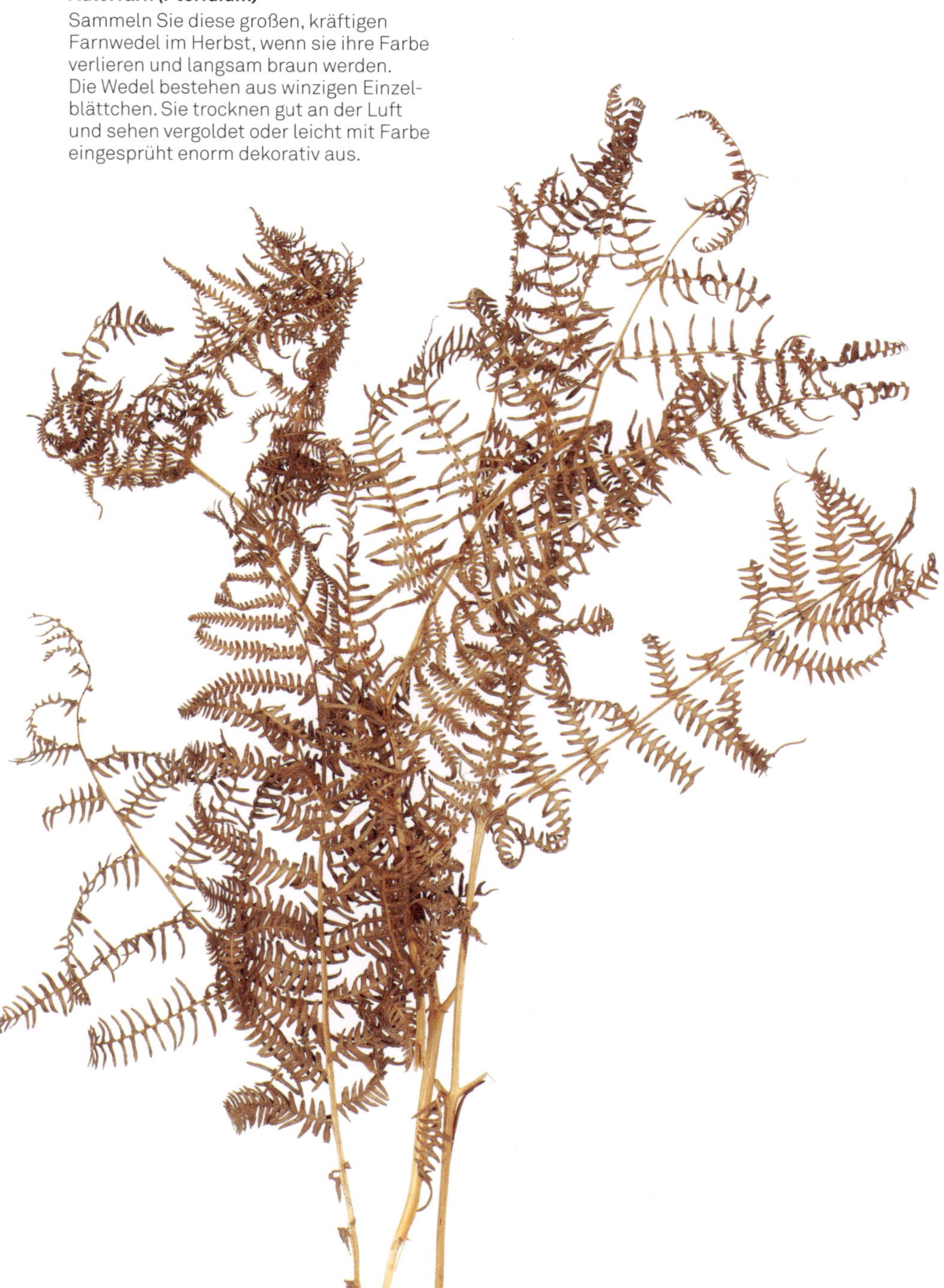

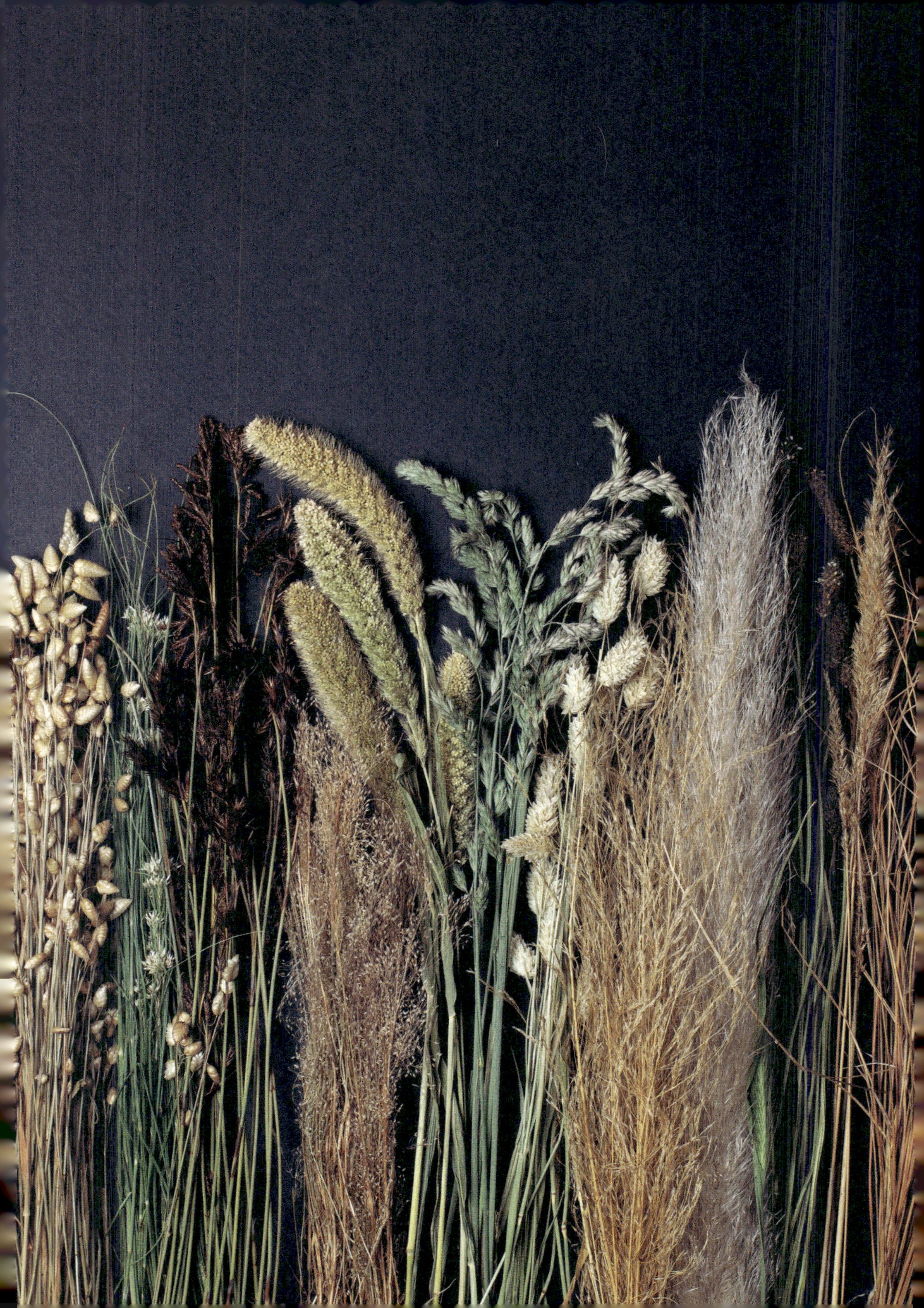

GRÄSER

Gräser definieren sich durch ihre langen, schmalen Blätter und bilden eine eigene Kategorie innerhalb der Pflanzenwelt. Sie zählen Hunderte von Arten und besiedeln äußerst erfolgreich alle Klimazonen weltweit. Typische natürliche Lebensräume sind weite, offene Flächen wie die afrikanische Savanne oder die Pampa in Südamerika, wo Gräser die Hauptvegetation ausmachen. Aber auch an Waldrändern und auf Wiesen trifft man sie an.

Gräser gehören zum Bild aller Natur- und Landschaftsschutzgebiete, aber sie siedeln sich auch von selbst überall dort an, wo sich ihnen die Gelegenheit dazu bietet. Sollten Sie sich für Ziergräser im eigenen Garten entscheiden, wählen Sie eine Sorte, die andere Pflanzen nicht verdrängt. Gräser benötigen in aller Regel wenig Pflege und machen als Solitäre und auch in Kombination mit anderen Pflanzen eine gute Figur. Es gibt Gräser für so gut wie jede Gartensituation – richten Sie sich einfach nach der Beschreibung auf dem Pflanzenetikett. Gräser sind Flachwurzler und gedeihen daher auch gut in Töpfen. Das hat den Vorteil, dass sie sich nicht so stark ausbreiten können und leichter zu schneiden sind (siehe Seiten 94–95).
Für kleine Töpfe oder bei wenig Platz eignen sich folgende Arten: Zittergras, Blau-Schwingel, Segge, Zwergschilf, Schnee-Hainsimse und Plattährengras (Seiten 46–47). Für große Töpfe und Freiflächen eignen sich: Samtgras, Bambus, Chinaschilf, Federgras, Pampasgras, Ruten- und Borstenhirse (Seiten 48–51). Darüber hinaus finden Sie in der freien Natur: Pfeifengras, Breit-Wegerich, Weidelgras, Schmiele und Glanzgras (Seiten 52–53).
Es gibt sommergrüne Gräser, die schöne Blütenstände hervorbringen und dann vergehen. Andere sind immergrün und behalten ganzjährig ihre Farbe und Wuchsform. Sie alle geraten bei der leisesten Berührung in Bewegung. Wenn sie in einer Brise leicht raschelnd hin- und herwogen, bieten sie einen sanften Anblick. Wie kaum eine andere Pflanze strahlen sie wohltuende Ruhe aus.
Sowohl die Blätter als auch die Blütenstände der Gräser ergeben schönes Material für Trockenblumensträuße. Hier ein paar allgemeine Tipps für gutes Gelingen:

- Alle Gräser lassen sich gut stehend trocknen (siehe Seite 109).
- Der richtige Schnittzeitpunkt für blühende Halme ist gekommen, wenn sie sich trocken anfühlen – normalerweise im Herbst oder frühen Winter. Die Halme haben dann auf natürliche Weise ihre gesamte Feuchtigkeit eingebüßt und benötigen keine weitere Behandlung.
- Immergrüne Gräser können jederzeit geschnitten werden, man lässt sie einfach nach dem Arrangieren austrocknen.
- Mit Gräsern ist das Styling ein Kinderspiel: Rein und elegant wie sie sind, bilden sie auch ohne andere Blumen oder zusätzliche Farbe wirkungsvolle Dekorationen.
- Extrahohe fedrige Gräser bieten in einem schlanken Gefäß für sich allein gestellt einen spektakulären Anblick.
- Schon mit drei Halmen unterschiedlicher nickender Gräser in einer flachen, breithalsigen Vase bringen Sie Leben in einen modern-minimalistisch gestalteten Raum.

Mittleres Zittergras *(Briza media)*

Extrem einfach aus Samen zu ziehendes, halbimmergrünes Gras (siehe Seiten 94–95). Wenn Sie einige der kleinen herzförmigen Ährchen für die Selbstaussaat stehen lassen, kommt es Jahr für Jahr zuverlässig wieder.

Blau-Schwingel *(Festuca glauca)*

Ein Gras von ungewöhnlicher blauer Farbe, das ganzjährig einen aparten Anblick bietet und sich im Sommer kurzzeitig mit hohen fedrigen Blütenrispen schmückt. Verwenden Sie Blüten und Halme.

Segge *(Carex)*

Wächst in halbkugelförmigen Horsten mit dünnen, schilfartigen überhängenden Blättern. Seggen machen sich besonders attraktiv in flachen Schalen. Die immergrünen Pflanzen gibt es in Farben von Gold bis Grau. Beim Trocknen in der Vase verändern die Blütenstände allmählich ihre Farbe.

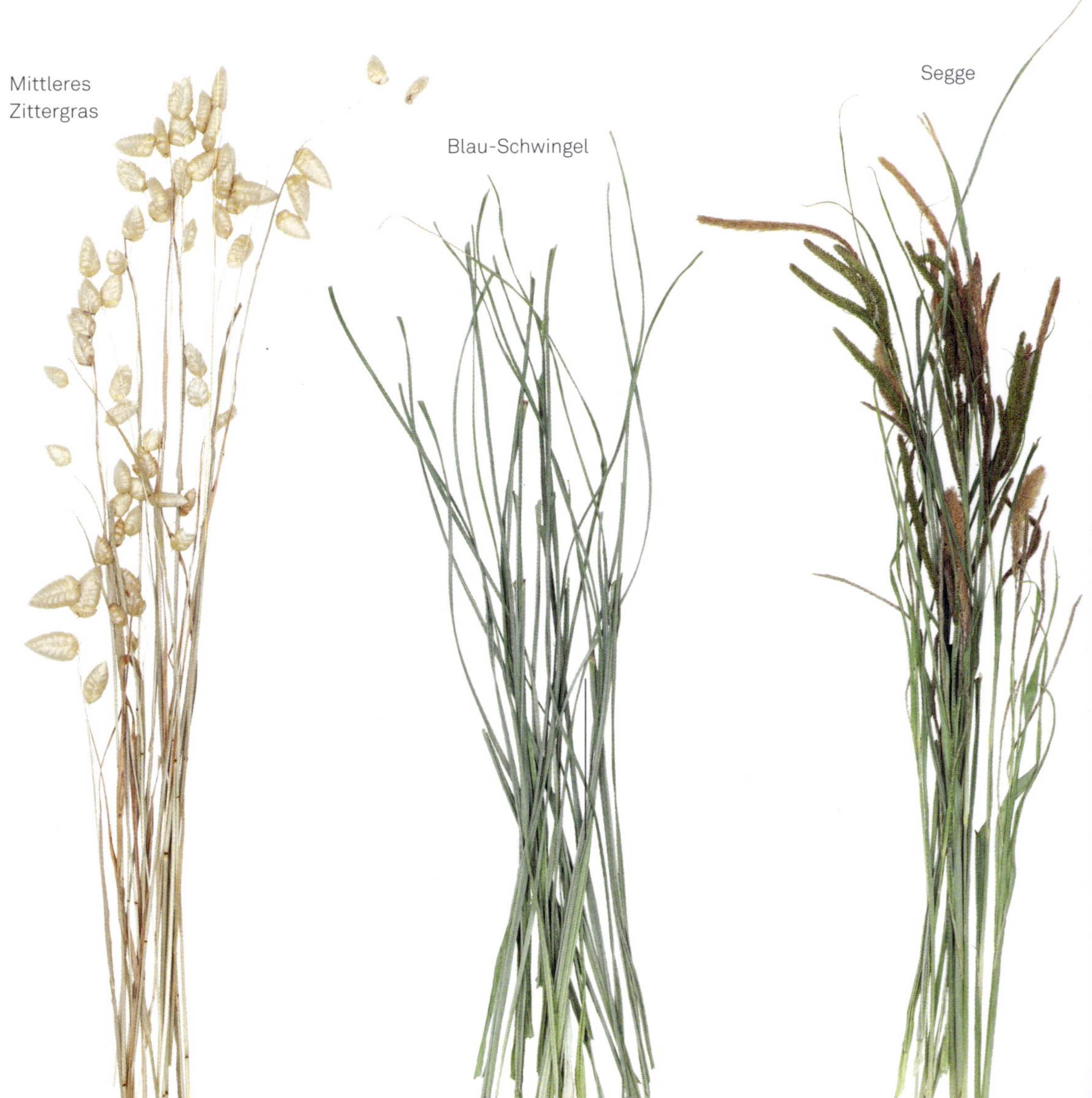

Japangras, Zwergschilf *(Hakonechloa)*
Zarte, unscheinbare Blüten erscheinen während des gesamten Sommers über den kräftig grünen, halbkugelförmigen Horsten dieses attraktiven, sommergrünen Ziergrases. Blüten und Blätter nehmen später ein warmes Rotbraun an. Sie werden im Herbst geschnitten.

Schnee-Hainsimse *(Luzula nivea)*
Die Schnee-Hainsimse ist die beste Grassorte für kleine Töpfe. Sie behält ganzjährig ihre behaarten grünen Blätter. Ab Juni ziert sie sich mit Büscheln kleiner leuchtend-weißer Blüten, die sich später braun färben und dann geerntet werden.

Plattährengras *(Chasmanthium latifolium)*
Diese grazile ausdauernde Pflanze startet mit hellgrünen Blütenähren, die wie Miniaturhafer aussehen, ins Jahr. Beim Trocknen gehen die Ähren in ein hübsches Kupferrot über.

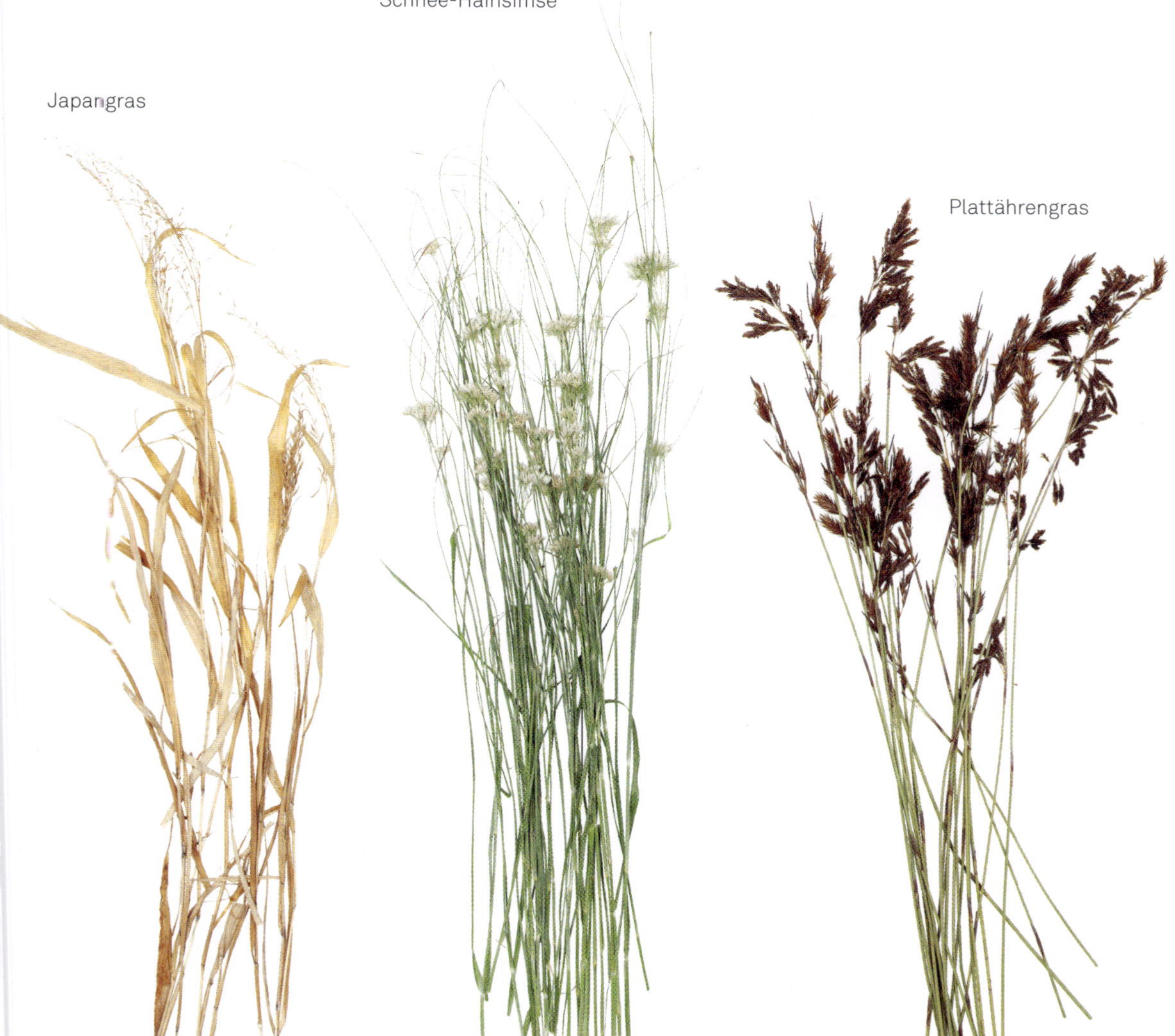
Schnee-Hainsimse

Japangras

Plattährengras

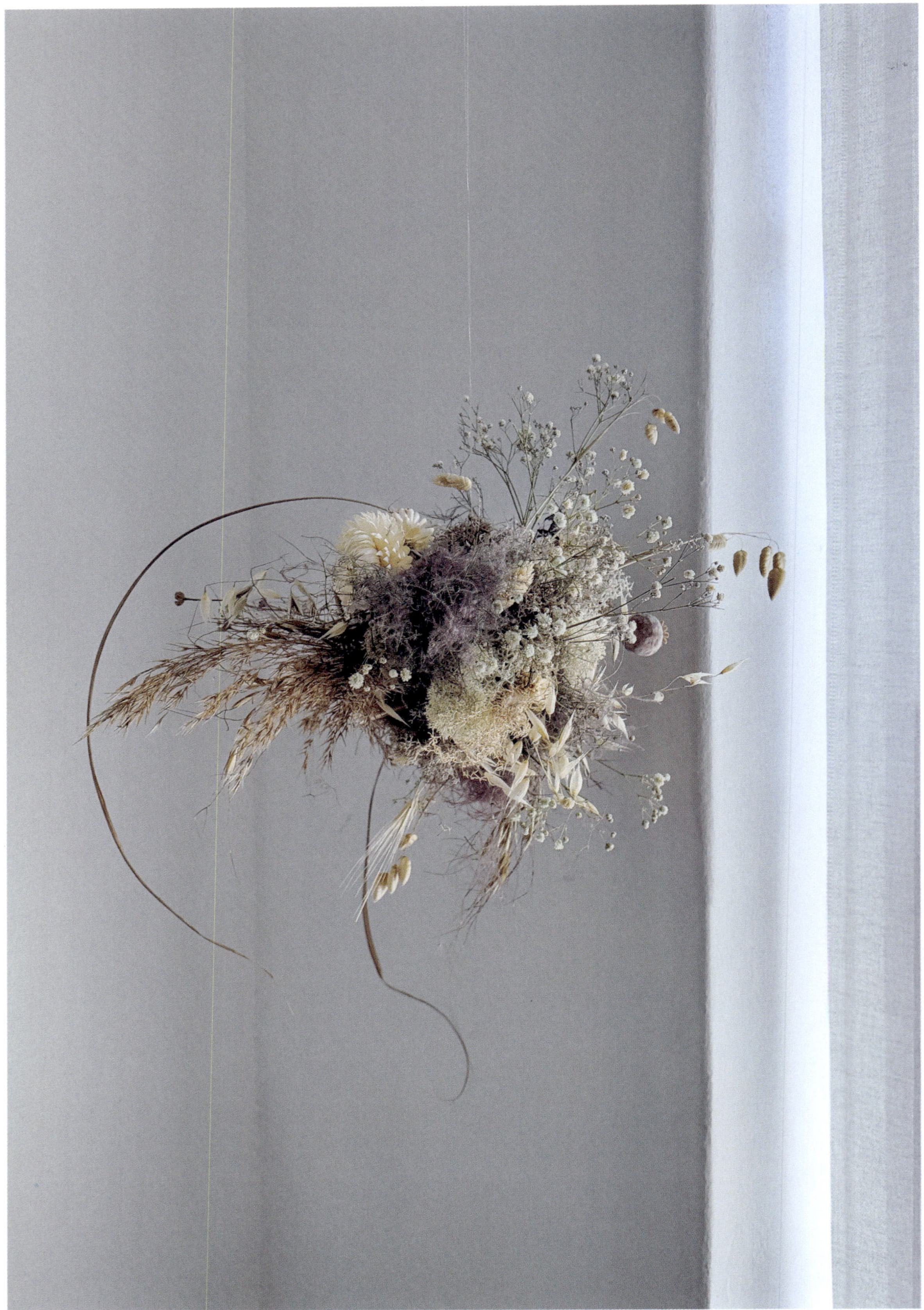

Samtgras, Hasenschwanzgras *(Lagurus ovatus)*

Diese Pflanze mit ihren lustigen Schöpfen kann man als Saatgut oder Setzling kaufen und im Beetvordergrund pflanzen. Die Blüten erscheinen während mehrerer Monate, sodass reichlich Material zum Pflücken und Trocknen vorhanden ist.

Bambus *(Phyllostachys)*

Einen Bambus zu pflanzen, bedarf guter Überlegung, da manche Arten extremen Ausbreitungsdrang haben und deshalb für kleine Gärten, außer im Topf oder mit einer Wurzelsperre, nicht geeignet sind. Die zarten grünen Blättchen und die Sorten mit schwarzen oder goldgelben Halmen ergeben allerdings fantastisches Dekorationsmaterial.

Chinaschilf *(Miscanthus)*

Chinaschilf ist im Garten ein echter Hingucker. Es ist eines der beliebtesten Gräser in unseren Gärten und sorgt für Struktur. Seine hübschen fedrigen Blütenstände stehen an bis zu 2,50 m hohen Stielen, die für sich allein in der Vase völlig ausreichen, um die Blicke auf sich zu ziehen. Schneiden kann man nach und nach vom Herbst bis in den Winter, danach kürzt man die ganze Pflanze bodennah zurück.

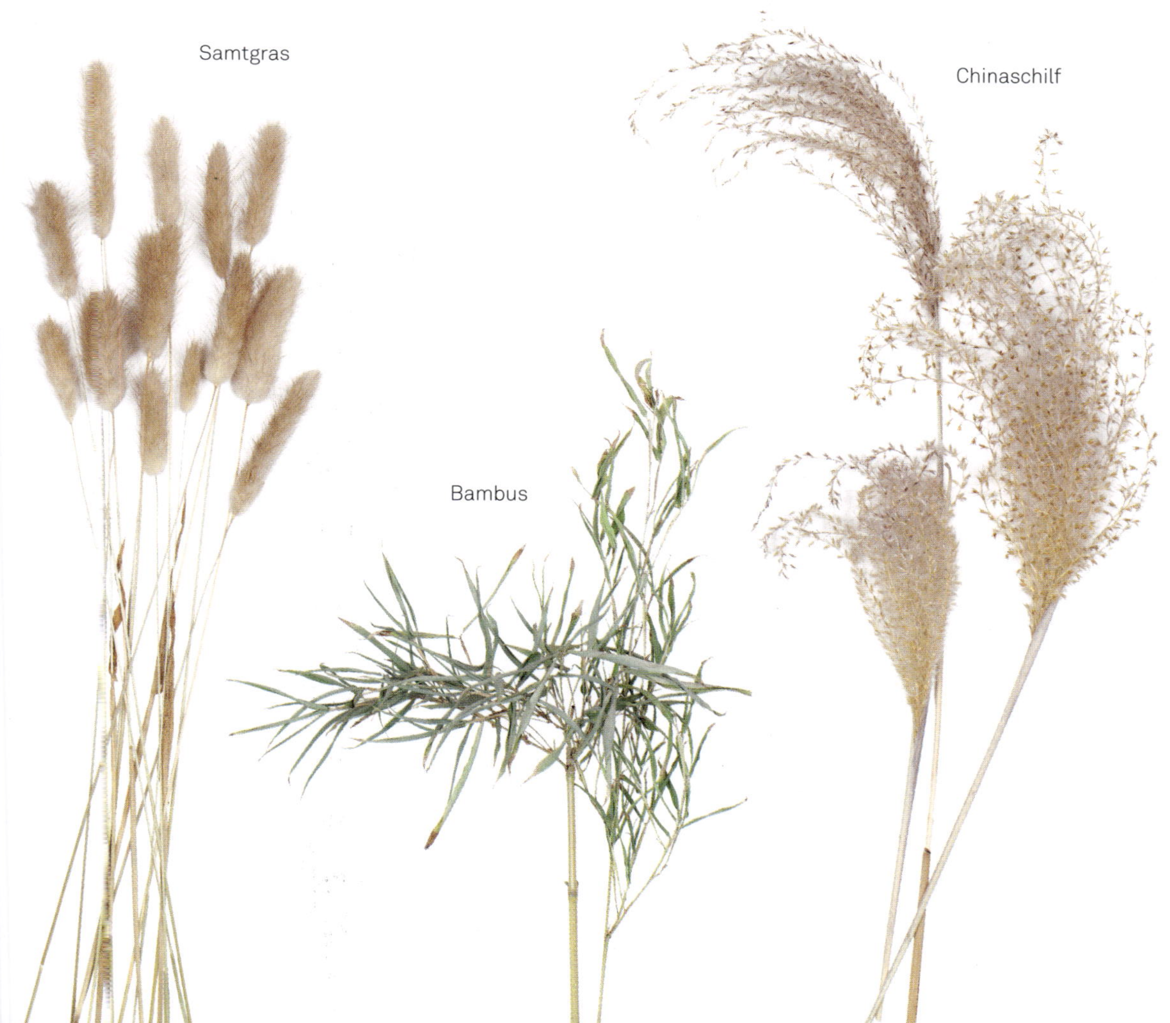
Samtgras

Bambus

Chinaschilf

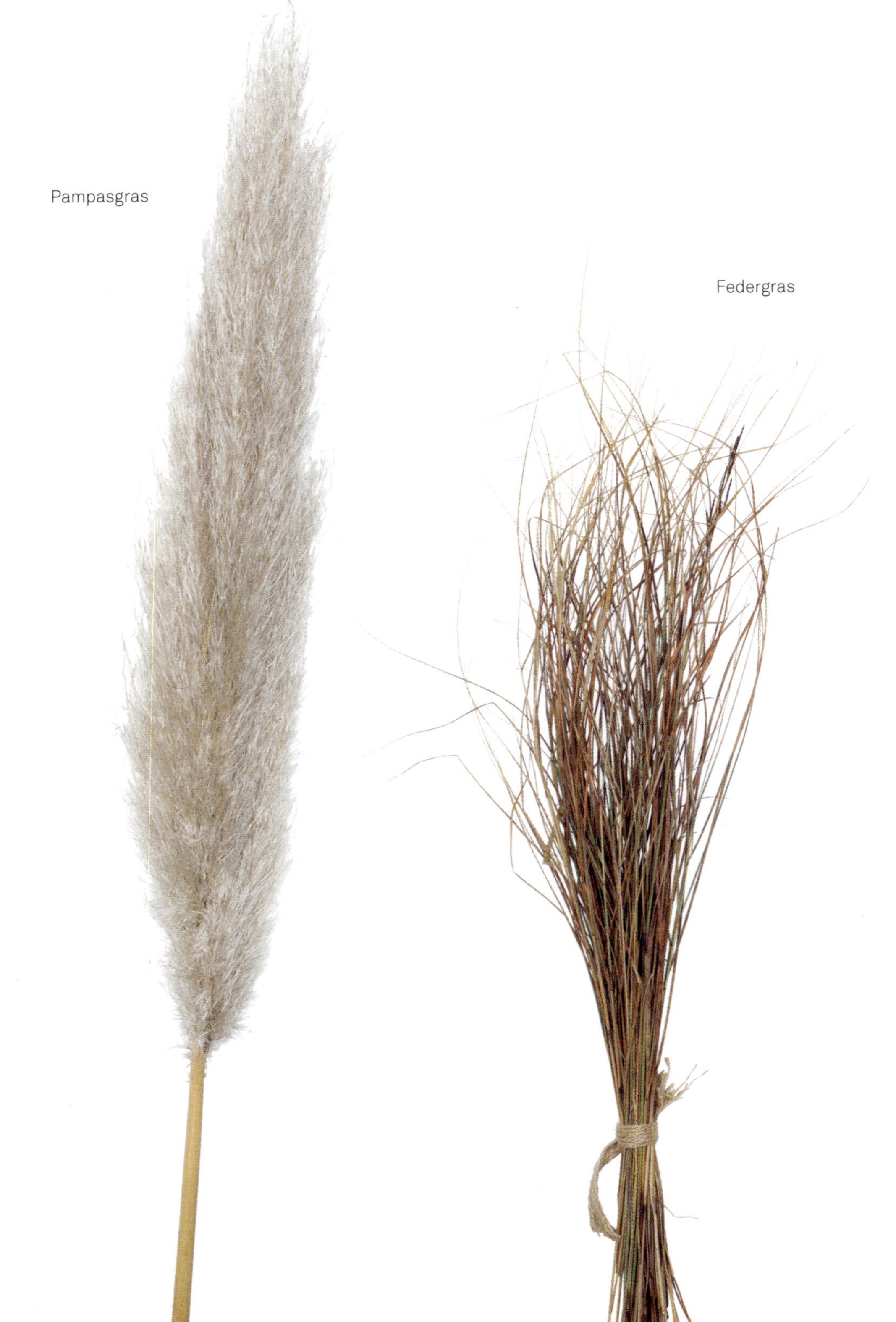
Pampasgras
Federgras

Borstenhirse

Pampasgras *(Cortaderia)*

Beheimatet in Südamerika, wurde dieses Gras vielfach als invasive Pflanzenart geschmäht. Tatsächlich neigt sie zu ausuferndem Wachstum, aber zu Dekorationszwecken sind die hochgewachsenen Federstiele ideal. Probieren Sie die Zwergform 'Pumila' mit kompaktem Wuchs, wenn Sie keinen Platz für die große Naturform haben, oder kaufen Sie die Stiele von Händlern, die auf Trockenblumen spezialisiert sind.

Federgras *(Stipa arundinacea)*

Fontänenartige Horste zeigen zunächst grüne Blätter, die später in streifige Kombinationen aus Rot, Gelb und Orange übergehen: In diesem Stadium lohnt sich der Schnitt zur weiteren Verwendung am meisten.

Borstenhirse *(Setaria)*

Ein nicht winterfestes einjähriges Gras, das man ins Beete oder in große Töpfe säen kann. Es wartet mit attraktiven kolbenartigen Blütenständen auf.

Rutenhirse *(Panicum virgatum)*

Ein nordamerikanisches Präriegras mit aufrechtem Wuchs und filigranen Ähren, das im Bündel getrocknet einen großartigen Anblick bietet. Die Pflanze trocknet im Herbst ein und kann nach der Ernte bis zum Boden zurückgeschnitten werden.

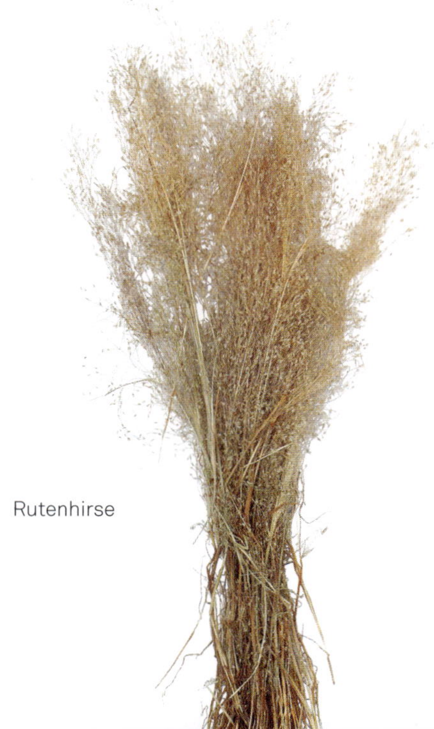

Rutenhirse

Pfeifengras *(Molinia)*
Dieses Gras ist häufig auf Freiflächen, in Parks und Heidelandschaften anzutreffen. Es bringt Wolken winzig kleiner, graziler, transparent wirkender Blüten hervor, die im Bündel getrocknet zauberhaft aussehen. Zum Trocknen eher schneiden als Pflücken, um nicht die ganze Pflanze auszureißen.

Breit-Wegerich *(Plantago major)*
Wegerich ist botanisch gesehen kein Gras, wirkt aber ähnlich. Er taucht im Rasen und auch sonst überall auf, wo er Ritzen und Lücken vorfindet. Mit dem Pflücken abwarten, bis die anfänglich schwarzen Ährenspitzen braun und fiedrig werden.

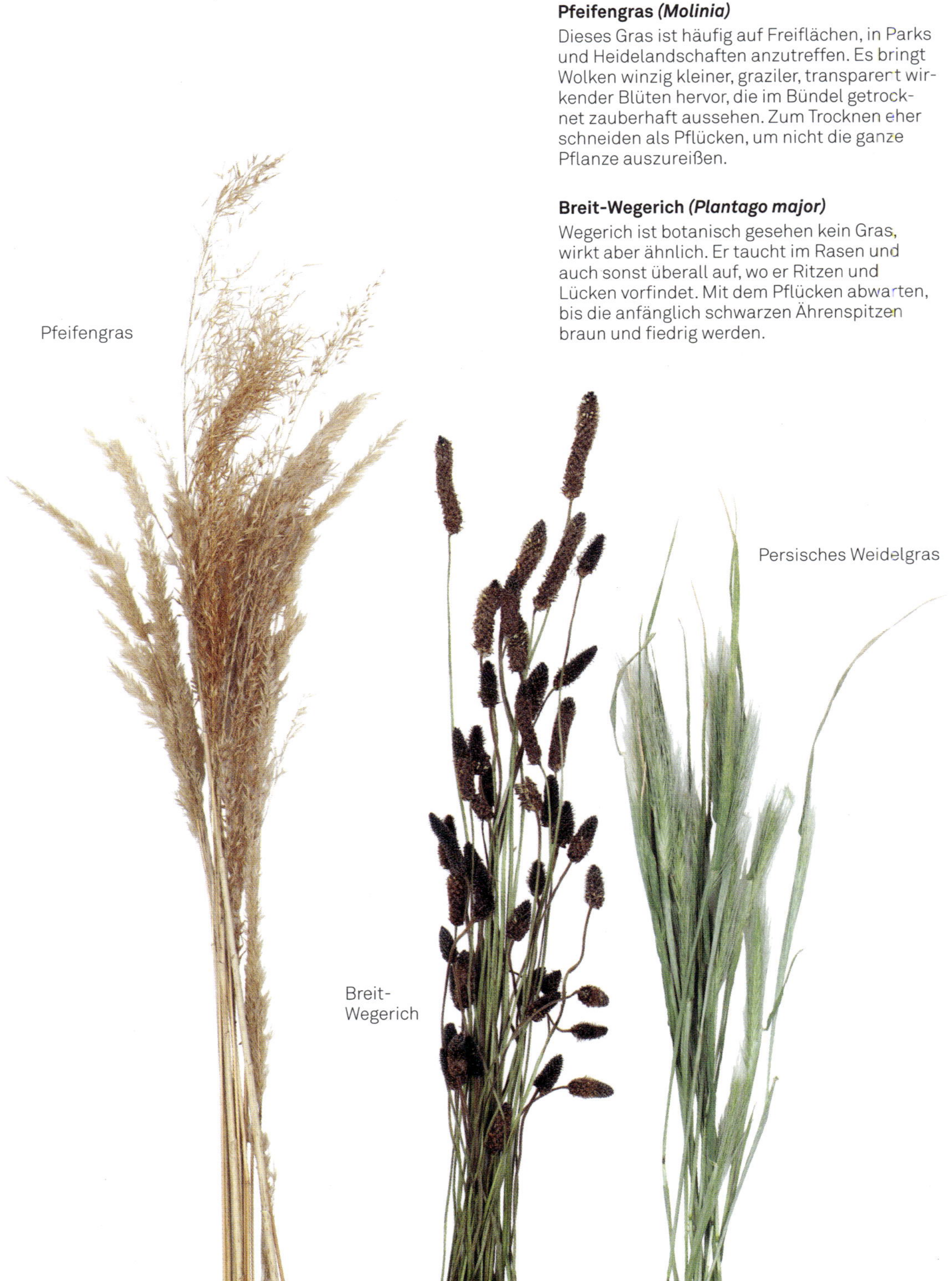

Persisches Weidelgras *(Lolium persicum)*
Einjähriges Gras, dessen Ähren an Weizen erinnern. Einmal etabliert, verbreitet es sich rasch. Schneiden, wenn die Schöpfe gelb werden.

Schmiele *(Deschampsia)*
Dekoratives, filigranes Gras mit schmalen Blättern. Die zarten Ähren wandeln ihre Farbe von Grün nach Gold. Ein üppiger Strauß in der Vase bietet einen zauberhaften Anblick.

Deutsches Weidelgras *(Lolium perenne)*
Diese Art begegnet einem auf Schritt und Tritt. Die ausdauernde Pflanze macht in unseren Breiten für gewöhnlich einen Teil der Saatgutmischung von Rasen aus. Ohne Schnitt wächst es bis zu 50 cm hoch und erreicht im Sommer seine Blütezeit. Einfach unterwegs pflücken und an der Luft trocknen lassen.

Glanzgras *(Phalaris)*
Verbreitet an Bächen und Teichen. Zum Trocknen gut geeignet sind seine attraktiven lila getupften Blütenrispen.

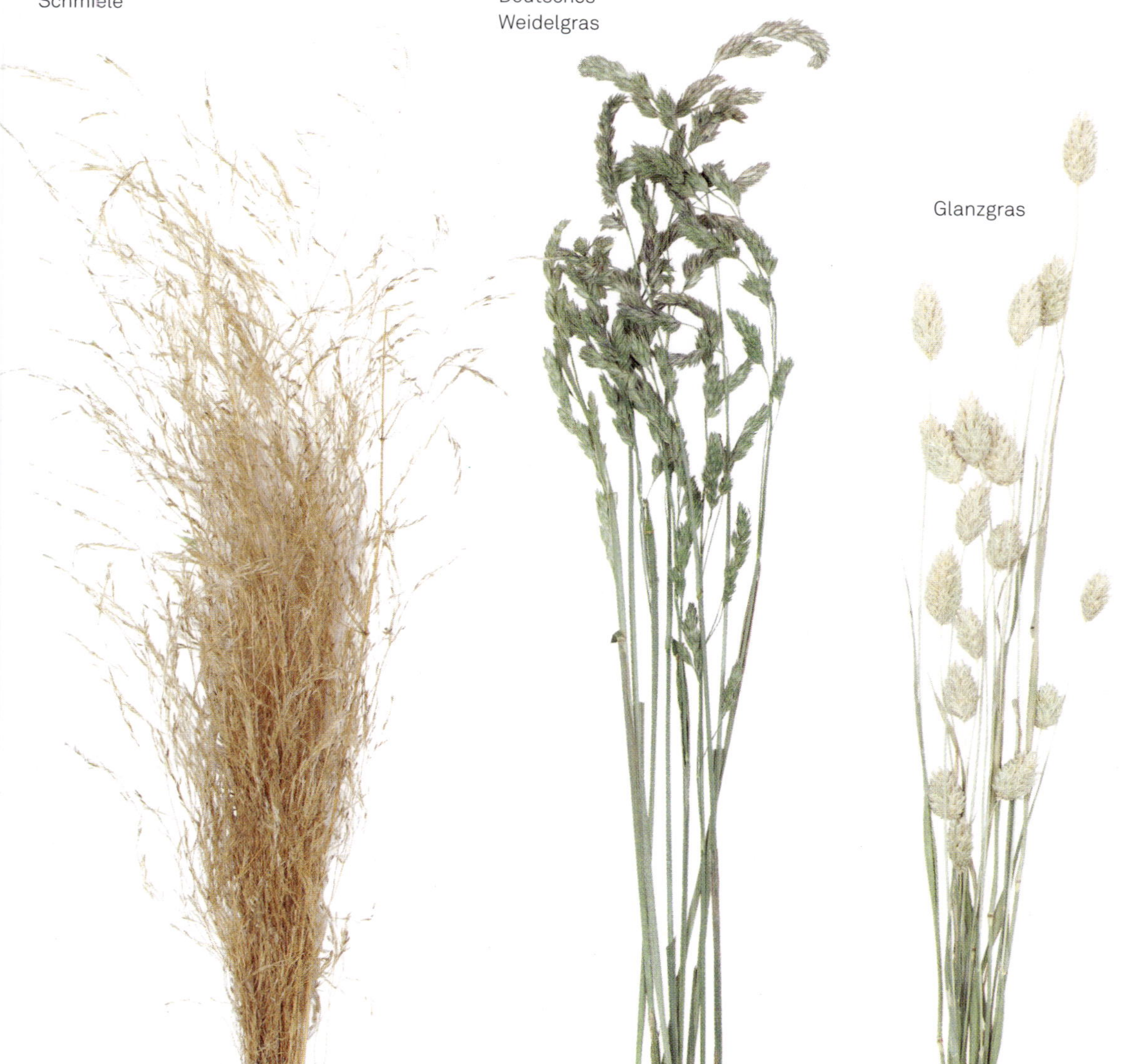
Schmiele
Deutsches Weidelgras
Glanzgras

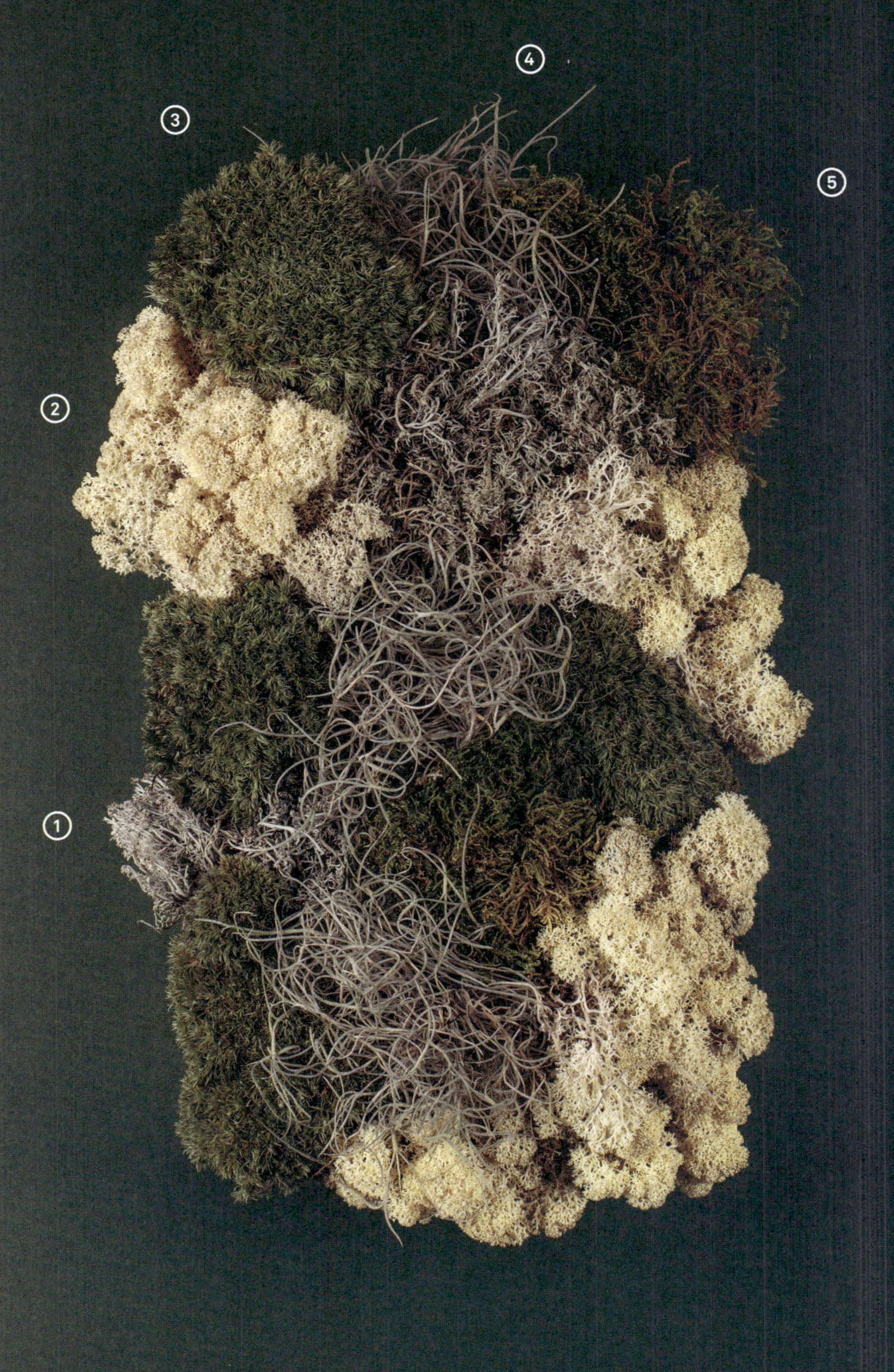

③
④
⑤
②
①

MOOSE UND FLECHTEN

Moose und Flechten sind uralte faszinierende Lebensformen. Tatsächlich handelt es sich bei den Flechten eigentlich um eine Lebensgemeinschaft aus Pilzen und Grün- oder Blaualgen. Einige Flechtenarten haben heilende Eigenschaften, und werden beispielsweise als Hustenmittel oder Antiseptikum eingesetzt. Auch unter den Moosen gibt es Vertreter mit medizinischer Wirkung.

Moose sind winzige blütenlose Pflanzen, die in dichten Büscheln oder Matten wachsen. Ihre herrlich samtige Textur lädt zum Anfassen ein. Auch getrocknet sind sie eine ausgezeichnete Ergänzung zu natürlichen Trockenarrangements. Man findet sie an feuchten und schattigen Orten, wo sie freie Bodenflächen besiedeln. Wenn Sie Moos in Ihrem Garten haben, können Sie größere Teile abtrennen und umsetzen, um es zu vermehren. Halten Sie das Moos anfangs sehr feucht, damit es gut anwächst. Alternativ können Sie Moose im Blumenladen oder im Internet kaufen.

- Silbermoos **(1)** gibt es in mehreren natürlichen Farbtönen, daneben wird es häufig gefärbt angeboten.
- Rentierflechte **(2)** ändert auch im trockenen Zustand weder Form noch Farbe.
- Polster-Kissen- oder Ballenmoos **(3)** wird gern in Holzkistchen angeboten und sieht aus wie ein Grasbuckel. Es trocknet sehr langsam.
- Spanisches Moos **(4)** ist eigentlich kein Moos, sondern eine Bromelie. Ihre Wuchsform ähnelt jedoch einer Bartflechte.
- Laubmoos **(5)** behält seine intensivgrüne Farbe.

Flechten brauchen einen Wirt, um wachsen zu können. Man trifft sie auf Bäumen, Felsen und Mauern an. Das Wasser, das sie zum Überleben brauchen, entziehen sie der Umgebungsluft, daher sind sie vor allem in Gebieten mit hoher Luftfeuchtigkeit weitverbreitet. Es gibt Hunderte verschiedene Flechten in einem reichen Farbspektrum von Orange, Gelb und Rostbraun bis hin zu allen Grüntönen. Halten Sie auf herabgefallenen Zweigen und Ästen nach ihnen Ausschau oder lesen Sie größere Stücke auf, die sich vom Wirt gelöst haben. Flechten trocknen schnell und fühlen sich dann fest an. Flechtenbedeckte Zweige können Sie in der Vase als Stütze für empfindliche Trockenblumen und Blätter verwenden. Größere Stücke eignen sich zum Abdecken von Drahtgeflechten in Gestecken.

Rechts Verwenden Sie trockene Moose und Flechten für die Gestaltung von Miniaturgärten in Gläsern oder Vasen (siehe Seite 160). Schichten Sie Moos, Kieselsteine und Zweige aufeinander und stecken Sie kleine getrocknete Blüten oder Samenstände in das Moos, als ob sie dort wachsen würden. Das Moos und die Kieselsteine stützen die Blumen.

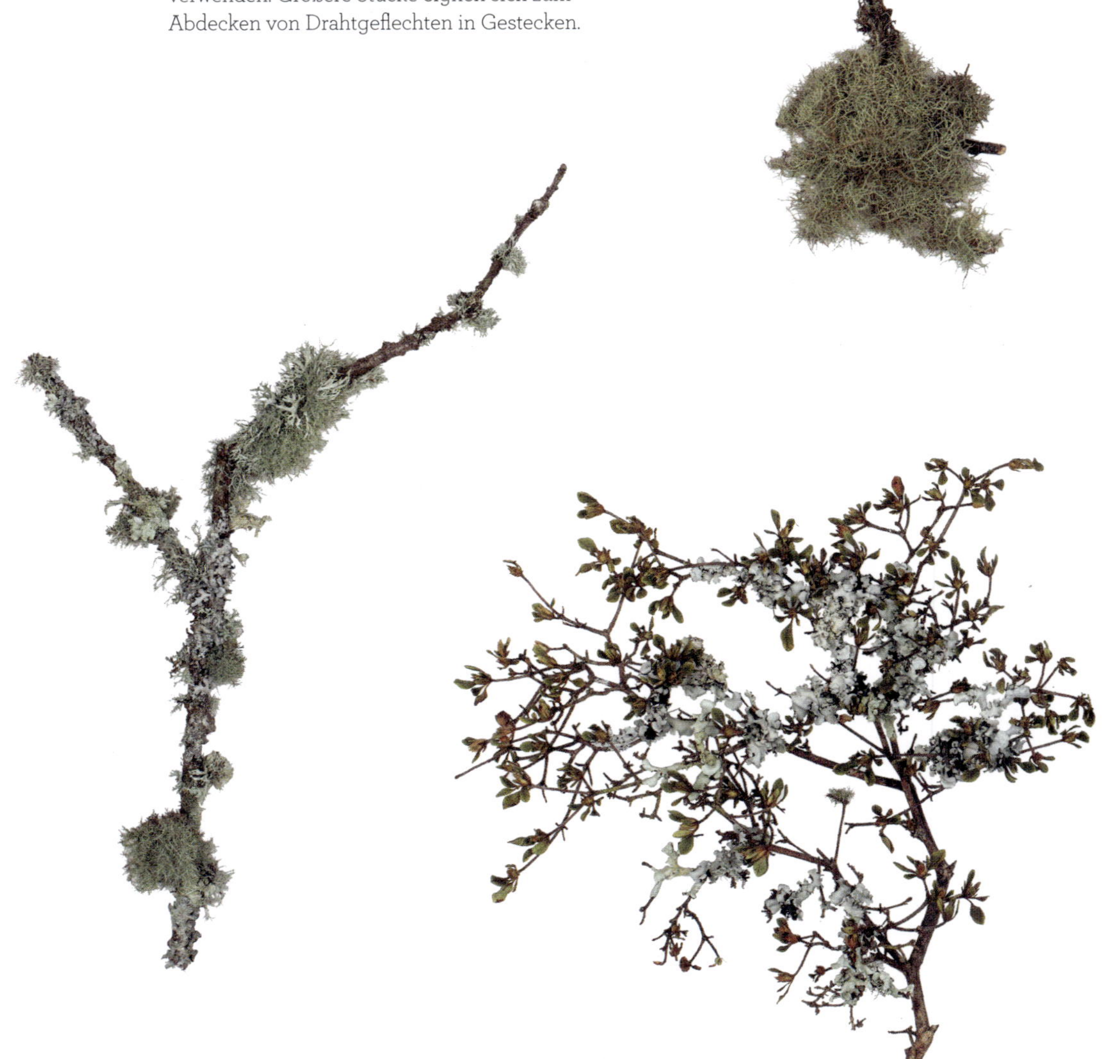

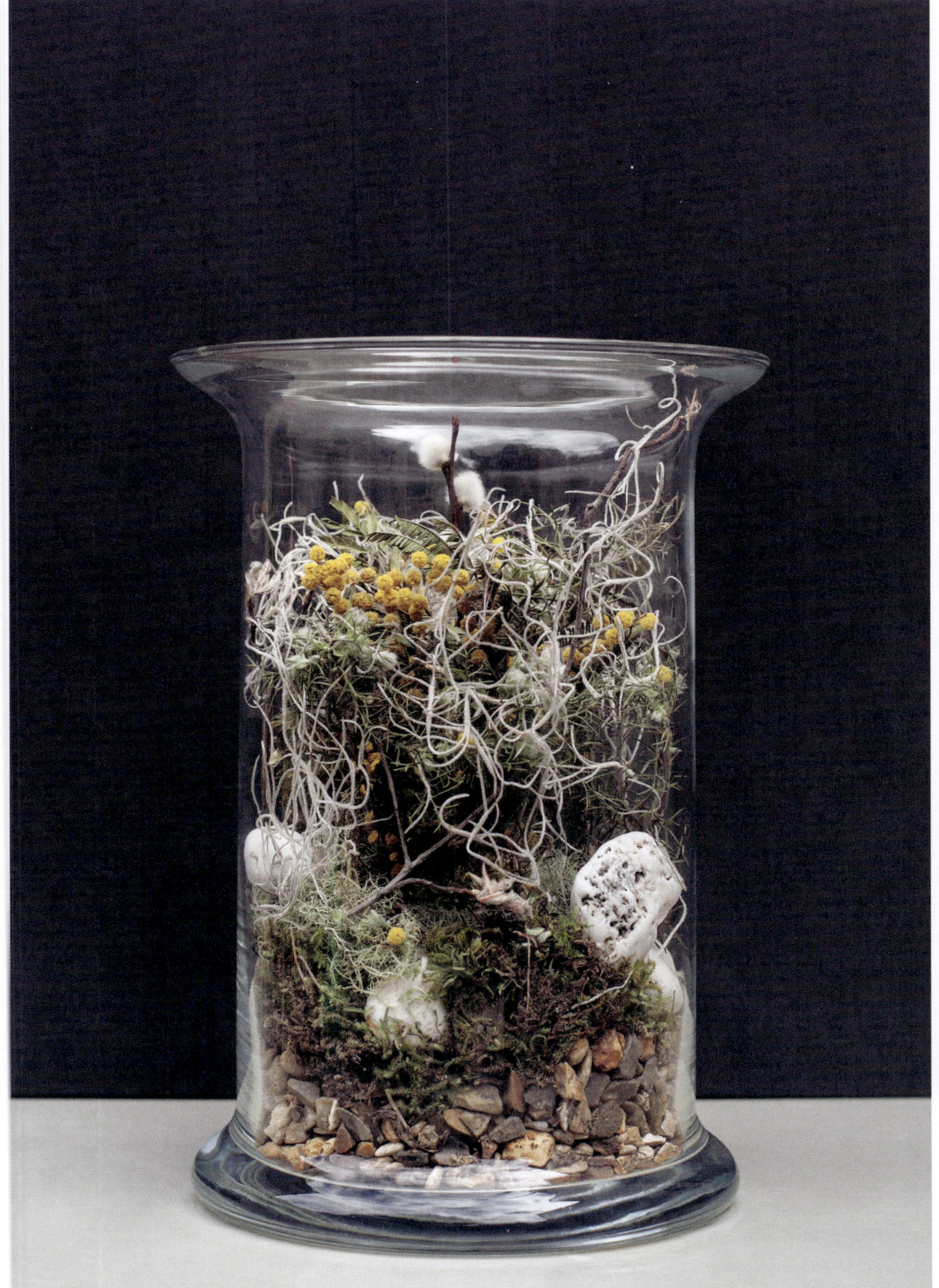

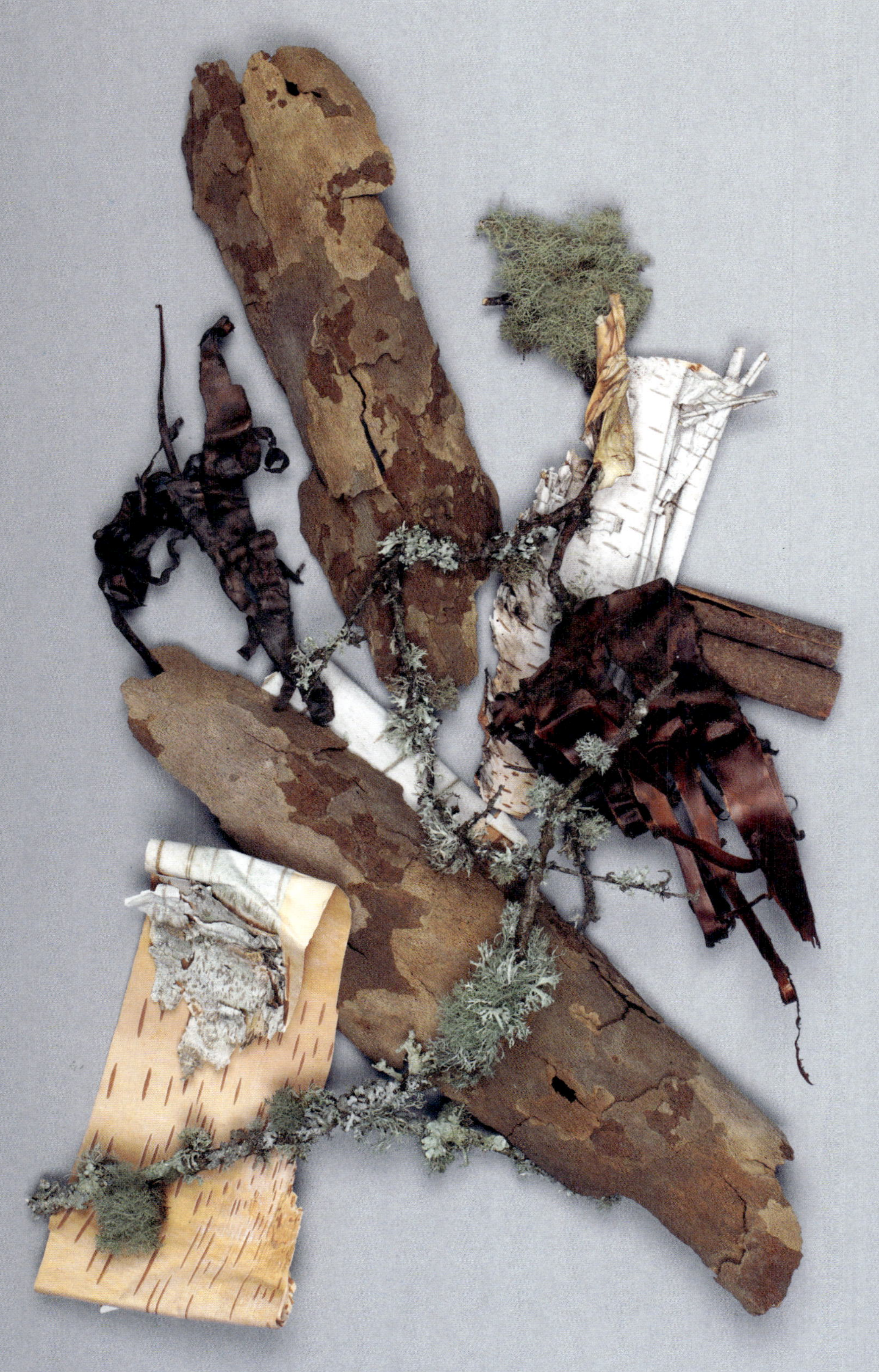

RINDE UND ZWEIGE

Getrocknete Zweige und verschiedenfarbige Rindenstücke bringen ohne weiteres Zutun die Natur ins Haus. Aus wissenschaftlichen Studien geht eindeutig hervor, dass regelmäßiger Kontakt mit der Natur unsere Gesundheit und unser Wohlbefinden fördert. Suchen Sie nach einem Zweig, an dem sich gerade die ersten Blättchen entfalten oder die Blütenknospen öffnen. In diesem Stadium haltbar gemacht, verbreitet er in Ihrem Zuhause eine Atmosphäre von Lebenskraft und Zuversicht.

Es gehört zum Leben der Bäume, dass sie Stücke ihrer äußeren Borke abwerfen. Während des Wachstums bildet der Baum im Inneren des Stamms fortwährend neue Schichten. Dadurch wird der Stamm dicker, die Borke bricht auf und Stücke lösen sich ab. Extremer Rindenabwurf kann allerdings ein Hinweis darauf sein, dass ein Baum unter Stress steht. In Trockenperioden beispielsweise stoßen manche Bäume ihre Borke großflächig ab. Daher findet man bei sehr heißem Wetter bisweilen verstreute Borkenteile in Parks oder auf den Bürgersteigen unter Straßenbäumen.
In derartigen Zeiten bietet sich die Gelegenheit, große Rindenstücke von den häufigsten Stadtbäumen, den Platanen *(Platanus)* und dem Berg-Ahorn *(Acer pseudoplatanus)*, zu sammeln. Gönnen Sie ihnen etwas Olivenöl, das ihre schönen Strukturen und Farbnuancen zur Geltung bringt. Binden Sie kleinere Stücke um Gläser und Vasen, größere Teile stützen zerbrechliche Blumenstiele oder ergänzen Moose und Kieselsteine, beispielsweise im Stil eines japanischen Ikebana (siehe Seite 143).

Auch die schöne weiße Rinde der Hänge-Birke *(Betula pendula)* ist das Sammeln wert. Die wasserabweisende, kartonartige Rinde der Birke wird seit Urzeiten als Baumaterial verwendet. Heute kann man sie in größeren Abmessungen in Form von Platten oder Rollen im Internet kaufen. Birkenrinde lässt sich leicht biegen und für individuelle Bastelprojekte in jede beliebige Form schneiden. Oder Sie machen sich auf die Suche nach den dünnen Ringelstreifen, die sich von der papierartigen Außenschicht des Baums ablösen – ebenfalls ein schönes Material für Sträuße und Gebinde.
Sobald die jungen Blätter und ersten Blüten erscheinen, können Sie im Frühling frische Triebe von Bäumen und Sträuchern schneiden. In diesem Zustand halten sie sich wochen- oder sogar monatelang. Halten Sie Ausschau nach den leuchtend gelben Köpfchen der Mimose *(Mimosa)*, den rosa oder violetten Trauben der Glyzinie *(Wisteria)* und den silbrig-pelzigen Kätzchen der Weide *(Salix)*. Auch die sich frisch entfaltenden Blüten der Esskastanie *(Castanea)* sind ein schöner Anblick. Viele

Blüten eignen sich zum Trocknen an der Luft oder in der Vase – wenn man sie pflückt, bevor sie voll erblüht sind.

Etliche Bäume bringen Kätzchen hervor, darunter Weiden *(Salix)*, Birken *(Betula)*, Erlen *(Alnus)*, Haseln *(Corylus)* und Hainbuchen *(Carpinus)*. Die Kätzchen halten ewig am Zweig, aber Sie sollten sie sammeln, bevor sie Pollen bilden, da der Staub Flecken verursachen kann. Außerdem sind die Kätzchen dann schon zu weich, um gut zu trocknen.

Sammeln Sie im Herbst farbige Zweige für festliche Dekorationen oder bestellen Sie Weidenzweige bei Korbflechtern im Internet. Durch Einweichen machen Sie die Zweige biegsam. Dann können Sie Kränze und Körbchen winden oder flechten (siehe Seiten 155, 158). Genauso können Sie mit Ranken von Gewöhnlicher Waldrebe *(Clematis vitalba)*, Schlingknöterich *(Fallopia baldschuanica)* und Wildem Wein *(Parthenocissus quinquefolia)* verfahren.

Die roten, orangen, gelben, lindgrünen, purpurroten und schwarzen Zweige verschiedener Hartriegelarten *(Cornus)* behalten beim Trocknen ihre wunderschönen Farben. Ein Hartriegel eignet sich auch für kleine Gärten. Suchen Sie schöne Zweige vom Rückschnitt aus, entfernen Sie alles restliche Laub und lassen Sie die Zweige in der Vase trocknen.

Sammeln Sie gerade und verzweigte Reiser, wo immer sie Ihnen begegnen, denn sie liefern als natürliche Stütze nützliche Requisiten für Ihre Schaustücke. Sie werden sie brauchen, weil viele Trockenblumen auf ihren zerbrechlichen Stielen nicht von selbst aufrecht stehen. Gerade Zweigstücke können Sie gitterförmig verdrahten und über die Öffnung einer Vase legen, um Ihren Blumen damit Halt zu geben. Dieselbe Funktion erfüllt eine aus dünnen Zweigen geflochtene Kugel, die Sie in ein Gefäß schieben. Weichen Sie zur leichteren Handhabung spröde Zweige zunächst in Wasser ein, aber lassen Sie sie dann wieder komplett durchtrocknen, bevor Sie die Blumen hinzufügen. Eine solche natürliche Stützkonstruktion sieht wesentlich schöner aus als Draht und braucht keine Abdeckung oder Verkleidung.

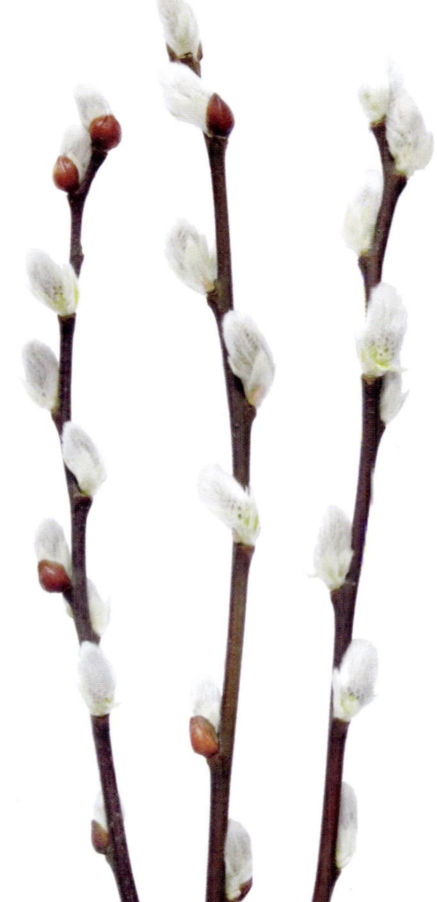

Links Weidenkätzchen

Rechts Mimosenzweig

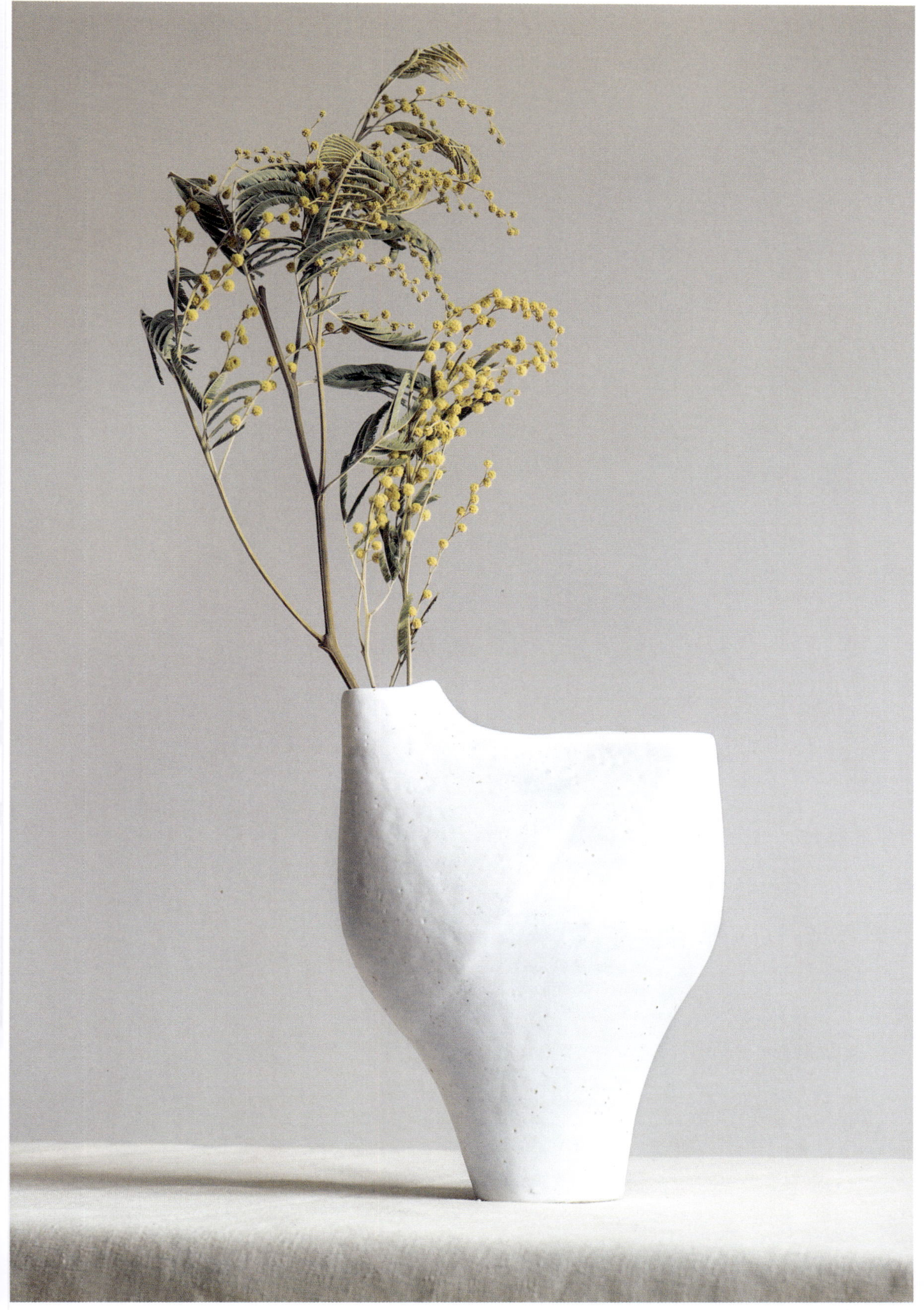

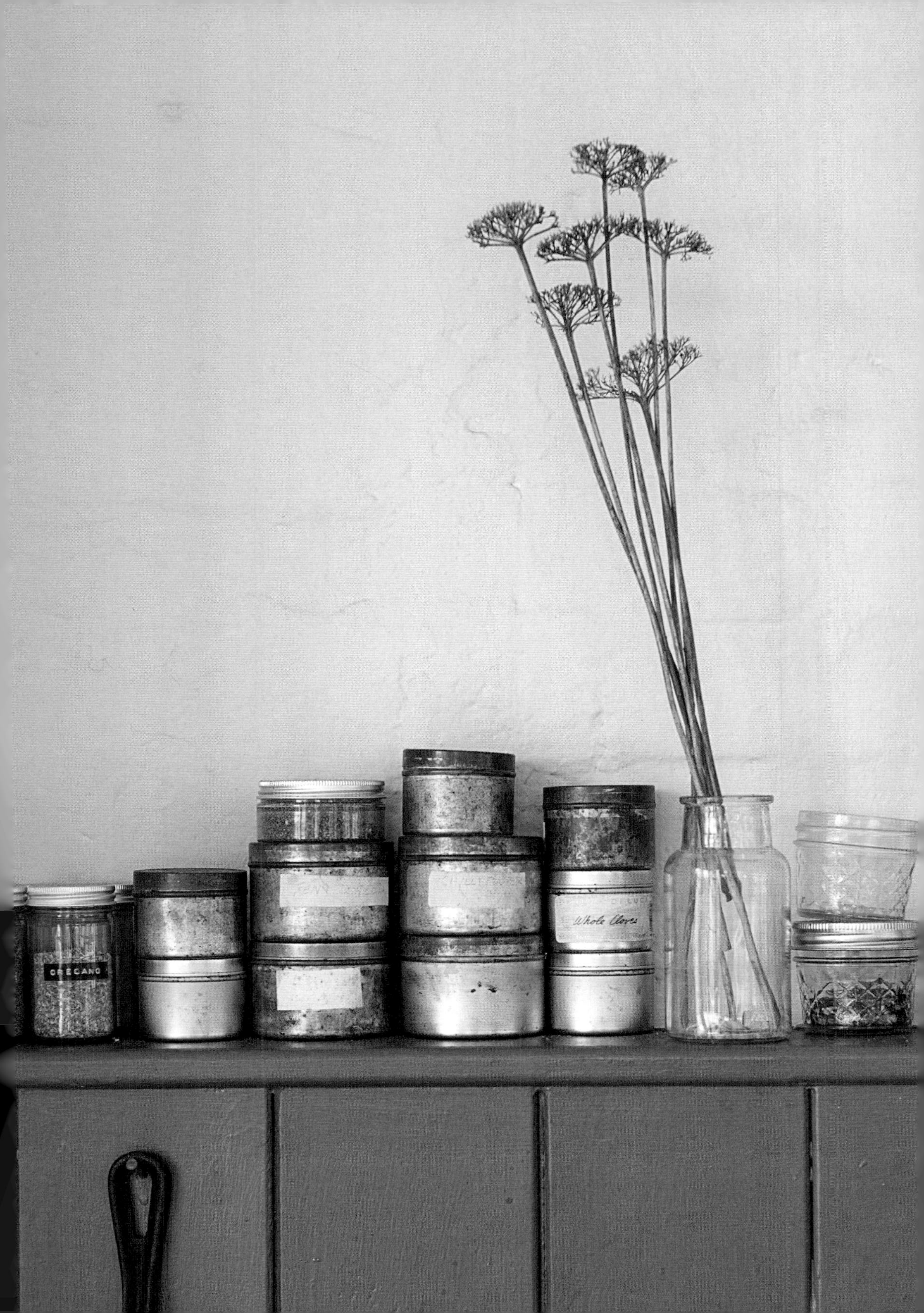
OREGANO
Whole Cloves

SAMENKAPSELN, NUSSFRÜCHTE, SCHOTEN

Samen sind das magische Element der Blütenpflanzen. Jeder einzelne Same besitzt die vollständigen Anlagen, um das Überleben seiner Art zu sichern. Dabei bedienen sich einige Arten faszinierender Methoden, um sich zu verbreiten. Für die sichere Verpackung und erfolgreiche Verbreitung der Samen hat sich die Natur vielfältige Formen ausgedacht, von saftigen Früchten (siehe Seite 79) über Nüsse, Kapseln, Schoten bis hin zu kleinen Fallschirmen.

Irgendwann ist selbst der langlebigste Blütenflor dahin. Dann wird Ihnen Ihr gärtnerisches Wissen sagen, dass Sie in alles Abgeblühte entfernen sollten, damit die Pflanze noch einmal blüht. Aber wenn Sie einmal die Gartenschere aus der Hand legen und beobachten, was weiter passiert, wird sich vor Ihren Augen eine spannende Metamorphose vollziehen. Während die Blütenblätter absterben, schwillt der Fruchtknoten an. Eine Frucht entsteht und in deren Inneren reifen die Samen. Im Unterschied zu den saftigen Früchten wie Beeren oder Steinfrüchten ist die Fruchtwand bei Schoten, Kapsel- und Nussfrüchten eher hart und dünn, manchmal sogar papierartig.

Solche Samenkapseln und Schoten gibt es in ungeheurer Formenvielfalt. Getrocknet sind sie jahrelang haltbar. Da Sie die Kapseln und Schoten zum Trocknen einfach am Stängel belassen können, erledigt die Zeit alle Arbeit für Sie. Wenn Sie die Kapseln und Schoten in ihren Einzelheiten aus nächster Nähe betrachten, werden Sie schnell entdecken, was für Wunderwerke Sie vor sich haben. Vergleichen Sie Form und Beschaffenheit der verschiedenen Samenstände, sie liefern Hinweise auf den Mechanismus, mit dem sich die jeweilige Art verbreitet. Viele Samenstände sind ebenso faszinierend anzusehen wie die vorausgegangenen Blüten, in einigen Fällen sogar noch schöner. So sind die schimmernden, durchscheinenden Samentaler des Einjährigen Silberblatts *(Lunaria annua)* um einiges markanter als ihre bescheidenen violetten Blüten.

Eine Auswahl verschiedener Samenstände bringt Struktur in Ihre Blumenarrangements und sorgt für markante Blickpunkte. Zum Beispiel die fedrigen Knäuel der Gewöhnlichen Waldrebe *(Clematis vitalba)*. Die einzelnen Samen lassen sich vom Wind von der Mutterpflanze fortblasen, um sich möglichst weit zu verbreiten. Auf einem Spaziergang sieht man bisweilen, wie die Samenknäuel vorübergehend in Hecken hängenbleiben und dort eine weiße Flauschdecke bilden. Nehmen Sie welche mit, wenn Sie daran vorbeikommen.

Schoten bieten den Samen eine stabile Hülle. Während die Hülle trocknet, gerät sie immer mehr unter Spannung, bis sie schließlich aufplatzt und die inzwischen reifen Samen mit großer Kraft weit in die Landschaft schleudert. Die Samenkapseln des Schlaf-Mohns *(Papaver somniferum)* wiederum stellen eine Meisterleistung des natürlichen Bioengineerings dar: Die Kapselwand besitzt kleine Lüftungsöffnungen, durch die die reifen Samen ins Freie rieseln. Erntet man die Kapseln, bevor sie ganz entleert sind, kann man die winzigen Samen im Inneren rasseln hören. Hängen Sie Mohnkapseln zum Auffangen der Samen für die spätere Aussaat kopfüber in eine Papiertüte, bevor Sie die Kapseln in ihre Deko einarbeiten.

Stern-Skabiose (*Scabiosa stellata* 'Sternkugel')
Diese eindrucksvollen kugeligen Samenstände stehen auf meiner Favoritenliste ganz oben (Anbau und Ernte siehe Seite 92). Samenstände der Stern-Skabiose bilden in Kombination mit anderen getrockneten Skabioseblüten ein zauberhaftes Trockenensemble.

Zier-Lauch *(Allium)*
Alle Vertreter der Gattung *Allium* bringen imposante Blütenbälle und Samenstände hervor. Durch Anpflanzen verschiedener Alliumsorten haben Sie immer eine Auswahl an Größen parat, aber tatsächlich tut es bereits ein einziger Samenstängel des Sternkugel-Lauchs *(Allium cristophii),* des Sterns von Persien. Wie wäre es mit den Kugelköpfen als natürliche Alternative zu Christbaumkugeln?

Wiesen-Kerbel *(Anthriscus sylvestris)*
Suchen Sie im Frühsommer wild wachsenden Wiesen-Kerbel – Sie erkennen ihn an den weißen Blütendolden, die wie Spitzenschleier in der Luft schweben. Merken Sie sich den Standort. Ist das Wetter entsprechend warm, verwelken die Blüten schnell. Sobald die Samen braun werden und sich trocken anfühlen, können Sie die Stiele schneiden und aufstellen. Gehen Sie vorsichtig damit um, die Stängel sind sehr empfindlich.

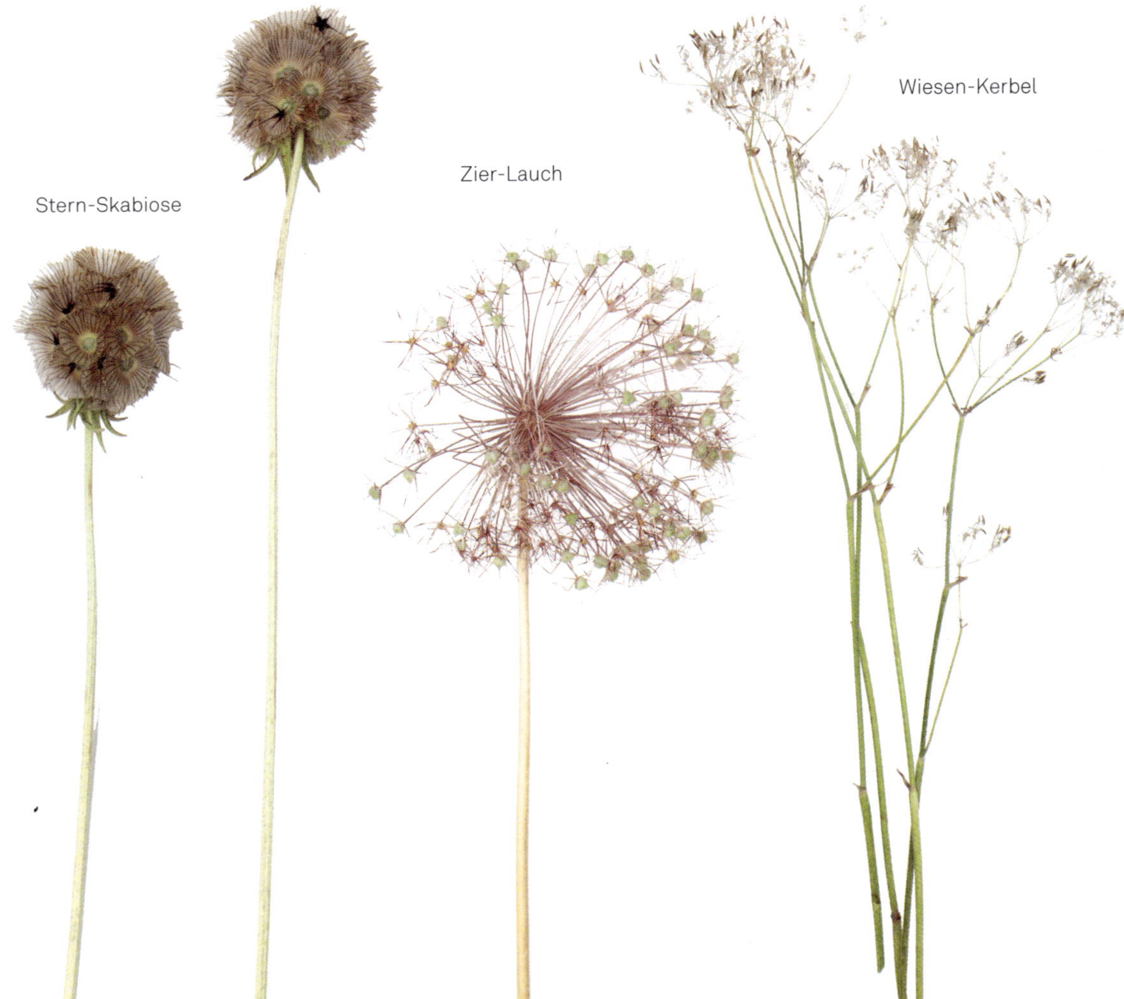

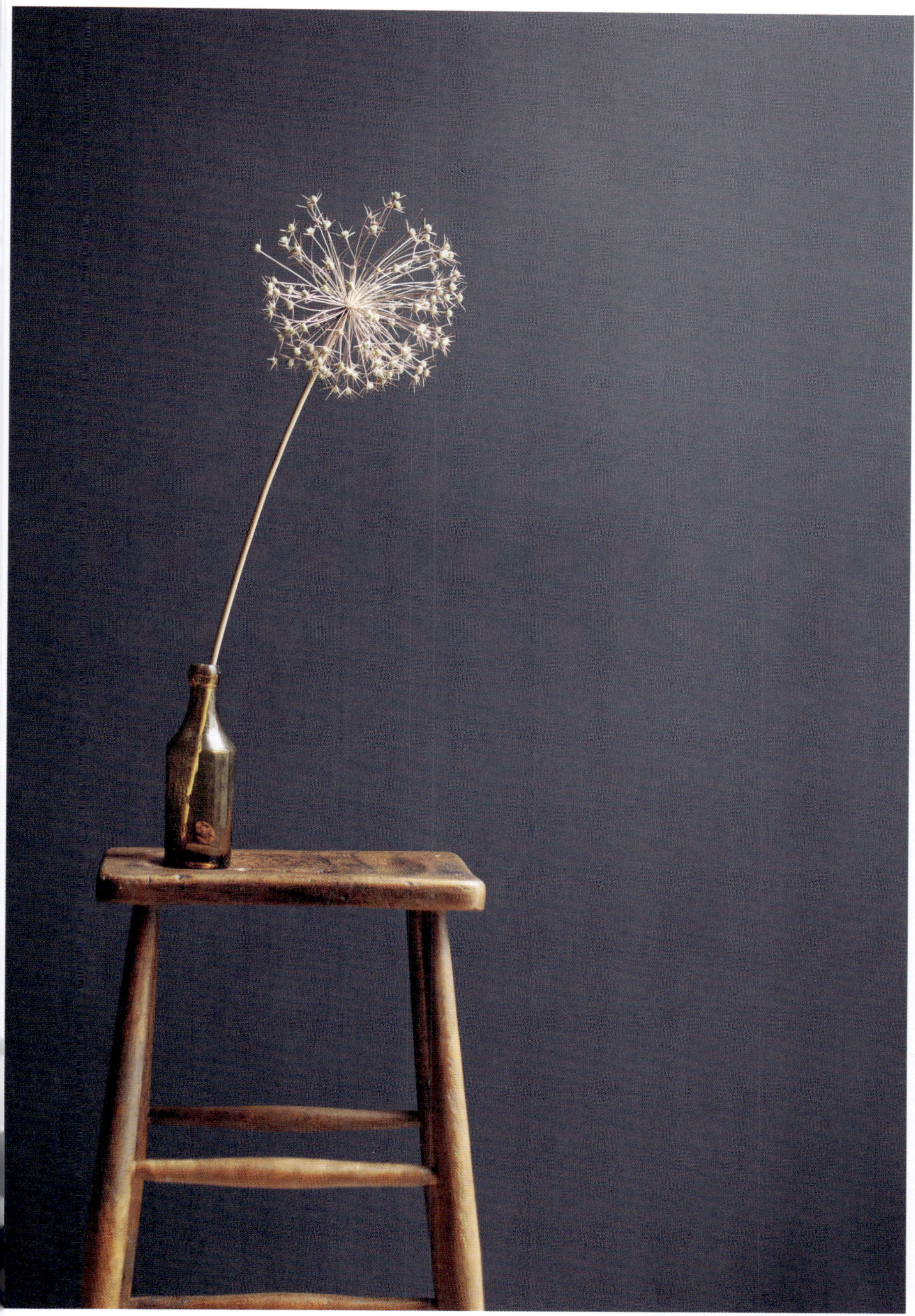

Schmucklilie *(Agapanthus)*
Hervorragend geeignet für Kübelpflanzung, da sich die Pflanze dicht gedrängt am wohlsten fühlt. Die leuchtend blauen oder weißen Blüten erscheinen ab Mitte des Sommers und halten bis zum Herbst. Die prächtigen kugelförmigen Samenstände können Sie so, wie sie sind, ins Zimmer holen.

Indigolupine, Blaue Färberhülse *(Baptisia australis)*
Die kräftig blauen Schmetterlingsblüten dieser unkomplizierten Staude entwickeln sich zu schwarzen Hülsenfrüchten, die wie Rumbakugeln rasseln, bevor sie die Samen entlassen.

Schafgarbe *(Achillea)*
So wie ihre Blüten (siehe Seite 21) eignen sich auch die Samenstände der Schafgarbe gut zum Trocknen. Belassen Sie einige Blütenköpfe während des Winters im Garten und Sie werden mit filigran verzweigten Samenständen belohnt. Verwenden Sie gleichzeitig sowohl die getrockneten Blüten- als auch die Samenstände.

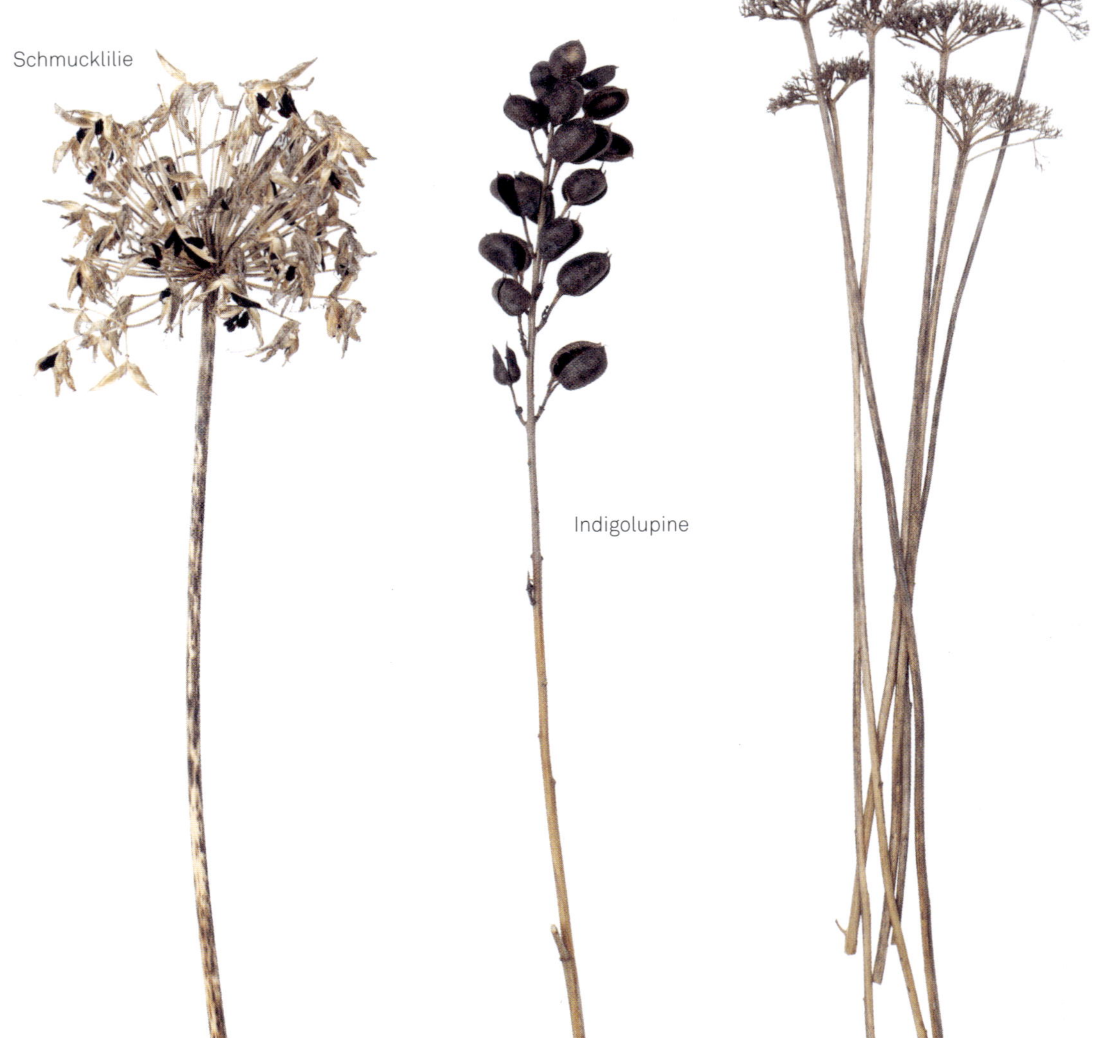

Schafgarbe

Schmucklilie

Indigolupine

Jungfer im Grünen *(Nigella damascena)*

Die Jungfer im Grünen gedeiht in jedem Boden. Sie ist einfach aus Samen zu ziehen und das sollte man ruhig üppig tun. Die hübschen Blütenköpfe sind kranzförmig von haarfeinen grünen Hochblättern umgeben. Die Samenkapseln sind lila gestreift und sehen aus wie kleine Luftballons.

Herbst-Anemone *(Anemone hupehensis)*

Diese Pflanze ist im Herbst überall zu entdecken. Bis zum ersten Frost trägt sie rosa oder weiße Blüten. Während die Blütenblätter vergehen, färben sich die Blätter schwarz und man ist versucht, die Stiele zurückzuschneiden. Lassen Sie sie stehen, bis die wolligen Faserbüschel entstanden sind: Das ist der richtige Zeitpunkt zum Ernten.

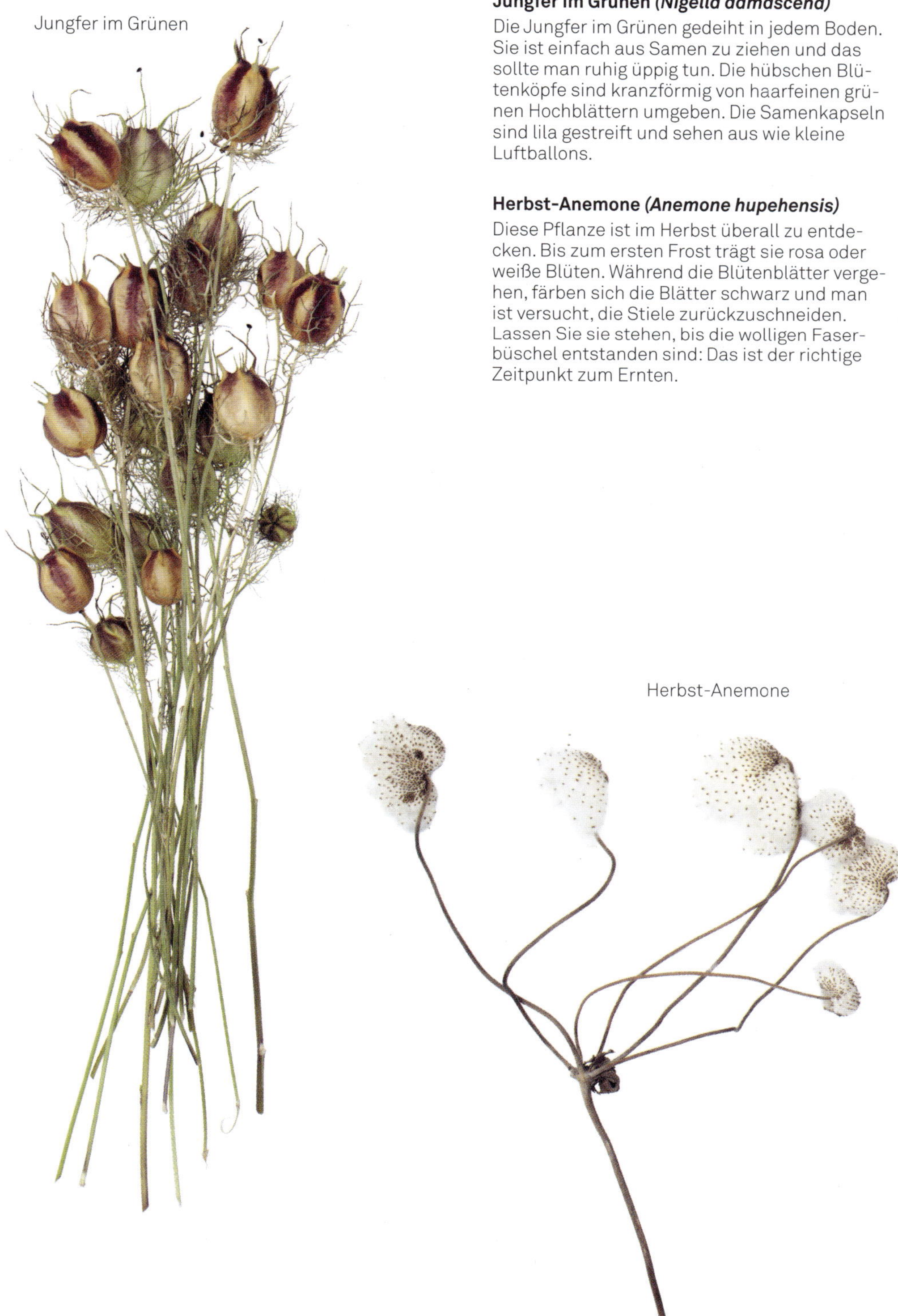

Jungfer im Grünen

Herbst-Anemone

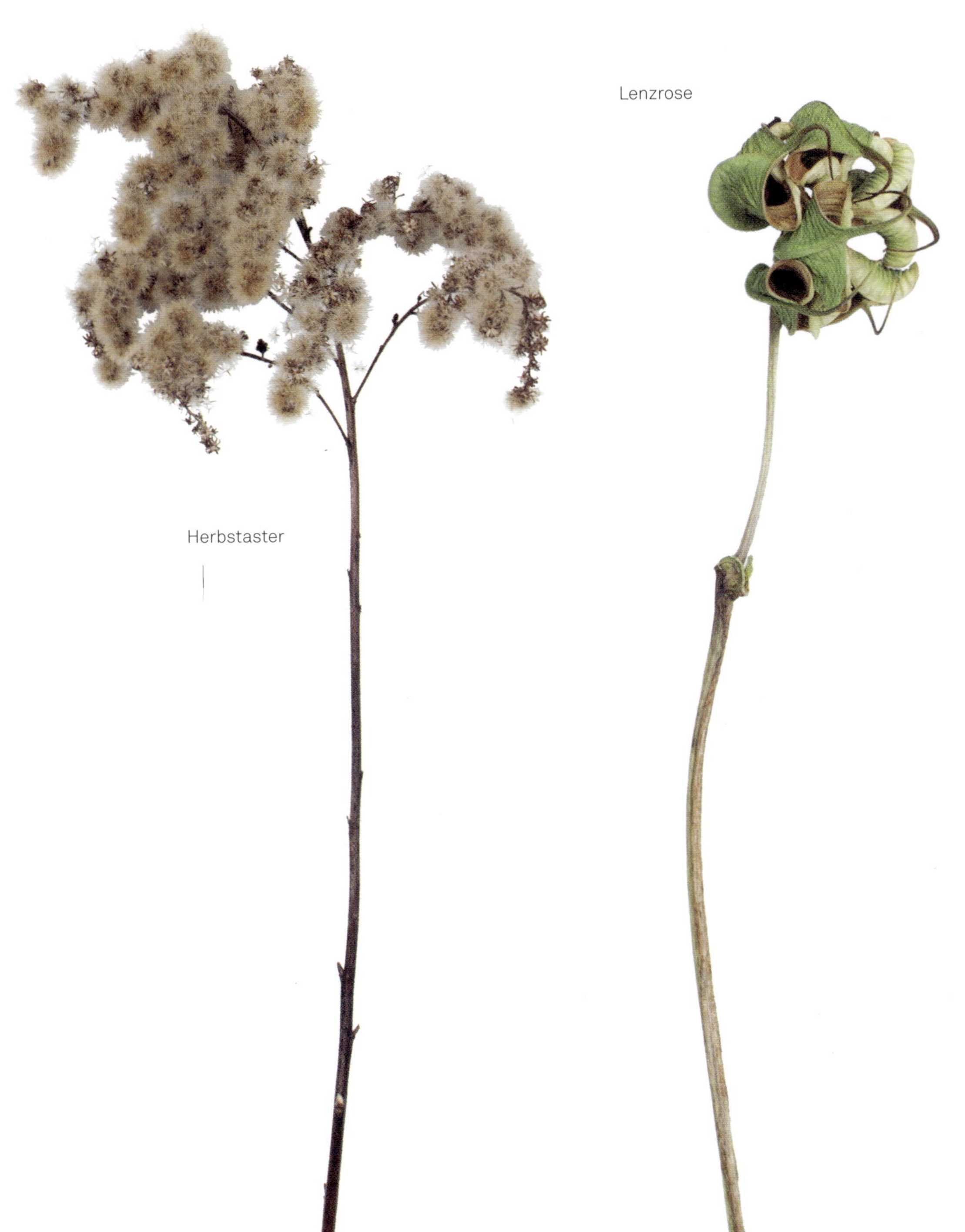
Lenzrose
Herbstaster

Herbstaster *(Symphyotrichum)*

Die Blütensternchen der Herbstastern sind ein untrügliches Zeichen für den Beginn des Herbsts. Siedeln Sie die herbstlichen Schönheiten im Garten an, wenn sie wild nicht zu finden sind. Die Blüten überstehen die ersten Fröste nicht. Belassen Sie sie dennoch an den Stielen, dann können Sie im tiefen Winter die schönen Samenstände pflücken.

Lenzrose *(Helleborus)*

Einer der ersten Frühblüher, der das nahende Ende des Winters verkündet. Wenn die Blüten absterben und die Samen sichtbar sind, ist es Zeit für die Ernte. Die äußeren Kelchblätter entfernen, sie verblassen und werden fleckig.

Gewöhnliche Kuhschelle *(Pulsatilla vulgaris)*

An geschützten Standorten mag man sie wild wachsend vorfinden, aber die kleinen Pflänzchen sind auch nicht schwer im Garten zu ziehen. Die empfindsamen lila Blüten entwickeln nach ihrem Frühjahrsspektakel prächtige silbrige Federköpfchen.

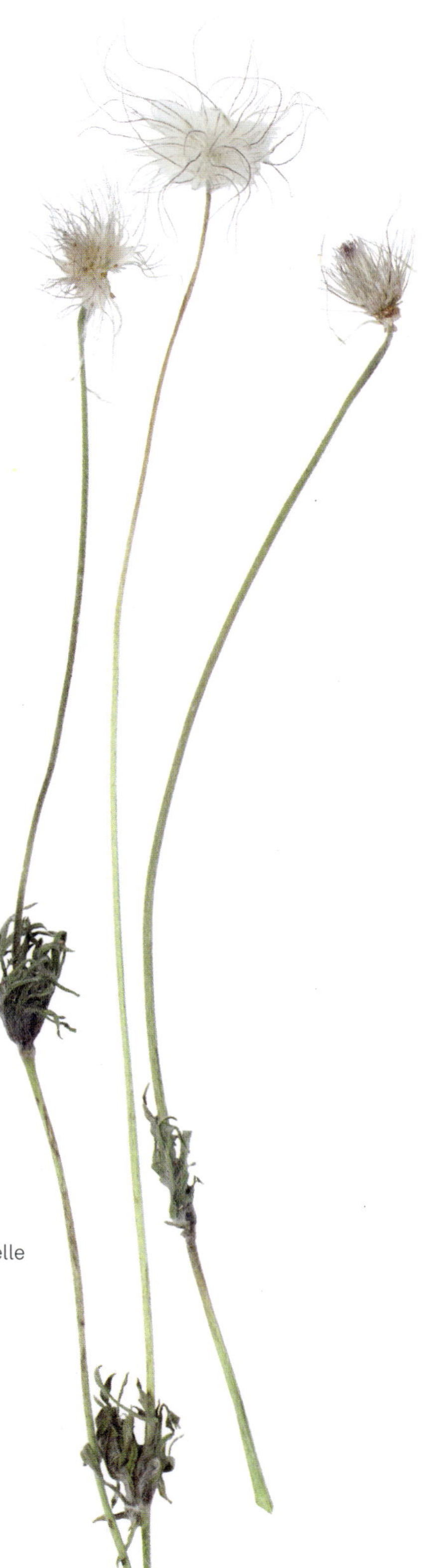

Gewöhnliche Kuhschelle

Woll-Ziest *(Stachys byzantina)*
Ein beliebter Bodendecker wegen seiner samtigen, silbrigen Blätter. Die hohen lila Blütenstiele schieben sich wie Speerspitzen aus den Blattrosetten und bleiben nach dem Absterben der Blüten in dieser Form erhalten.

Echtes Eisenkraut *(Verbena officinalis)*
Pflegeleichte ausdauernde Pflanze von aufrechtem Wuchs, die sich im Topf oder Kübel gut macht. Sie trägt dichte ährige Blütenstände in kräftigen Farben. Im Herbst machen die Blüten kleinen Nüsschen Platz, die getrocknet an der Pflanze bleiben.

Karde *(Dipsacus)*
Zweijährige Pflanze, die aus Samen gezogen wird. Die attraktiven, stachlig bewehrten Köpfe halten sich nahezu unbegrenzt und sollten in Trockenarrangements eine Hauptrolle spielen. Sie finden sie auch in der Natur, aber tragen Sie beim Sammeln Handschuhe, denn auch die Stiele tragen Stacheln.

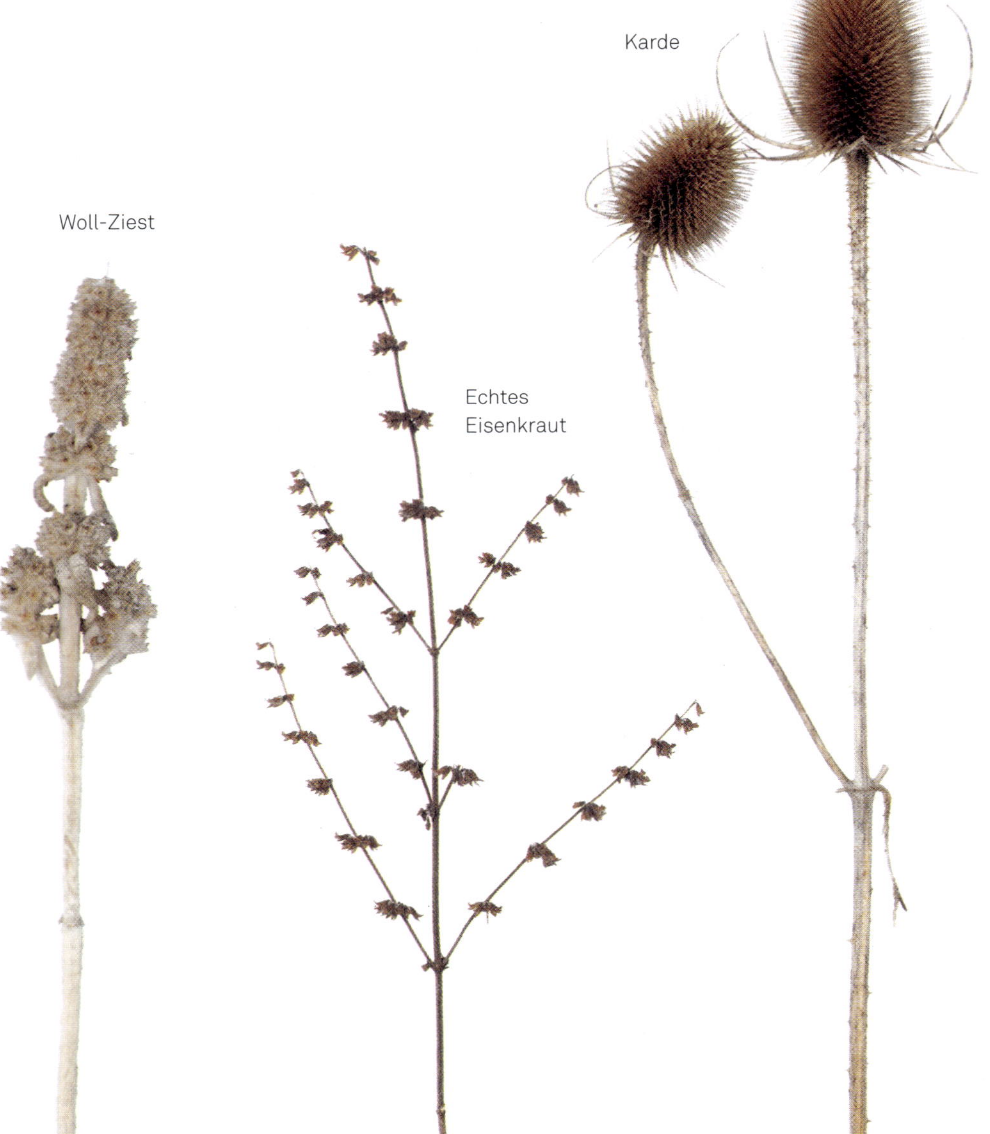

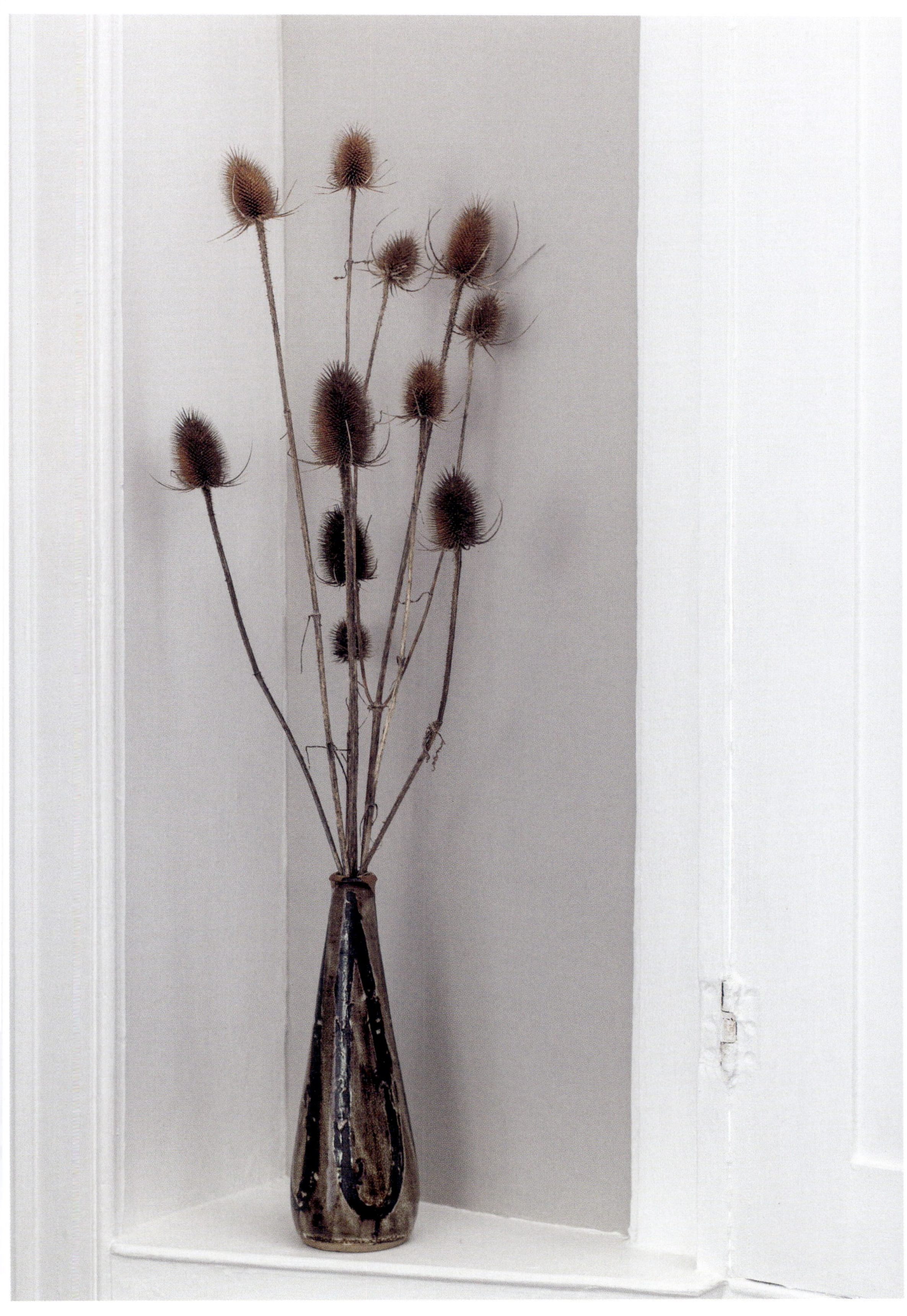

Schwarzäugige Rudbeckie *(Rudbeckia hirta)* und Sonnenhut *(Echinacea)*

Diese pflegeleichten Stauden sind wegen ihrer margeritenähnlichen Blüten in großer Farbauswahl eine Zierde in Töpfen und Beeten. Alle Vertreter bilden attraktive Korbblüten mit dunkler Mitte, in der sich die Samen entwickeln. Nachdem die Blütenblätter verwelkt sind, ist dies der Teil, den es zu sammeln gilt.

Wahrer Bärenklau *(Acanthus mollis)*

Die weißen Blütenähren dieser winterharten Staude gehen über in elegante, violett überhauchte Fruchtstände, die als einzelne Stiele am besten wirken.

Traubenhyazinthe *(Muscari)*

Die Blütentrauben sind so leuchtend blau, dass sie im Frühjahr trotz ihrer winzigen Größe nicht zu übersehen sind. Sie wachsen aus Zwiebeln, die im Herbst gesetzt werden. Das Blau schwindet nach und nach, aber die kleinen Kapselfrüchte behalten ihre Form und können Anfang des Sommers geerntet werden.

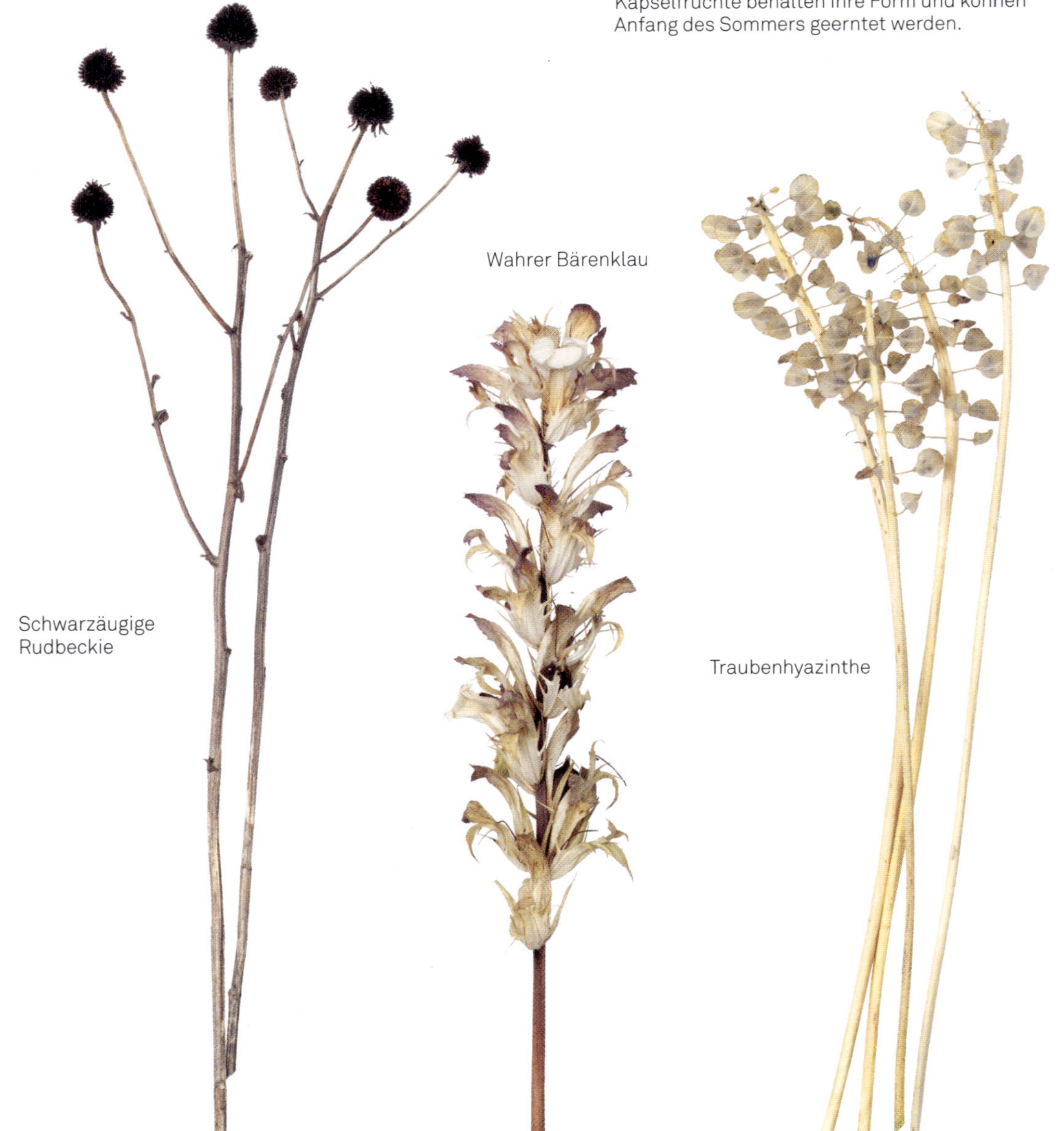

Schwarzäugige Rudbeckie

Wahrer Bärenklau

Traubenhyazinthe

Schlaf-Mohn *(Papaver somniferum)*

Egal welche Mohnsorte, sie alle bilden dekorative Kapselfrüchte. Während die Blüten so kurzlebig sind, dass sie oft nur einen Tag andauern, sind die Samenkapseln umso haltbarer. Durch Anpflanzen verschiedener Sorten verschaffen Sie sich eine Auswahl an unterschiedlich geformten Samenkapseln, mit denen Sie atemberaubende Arrangements zaubern können.

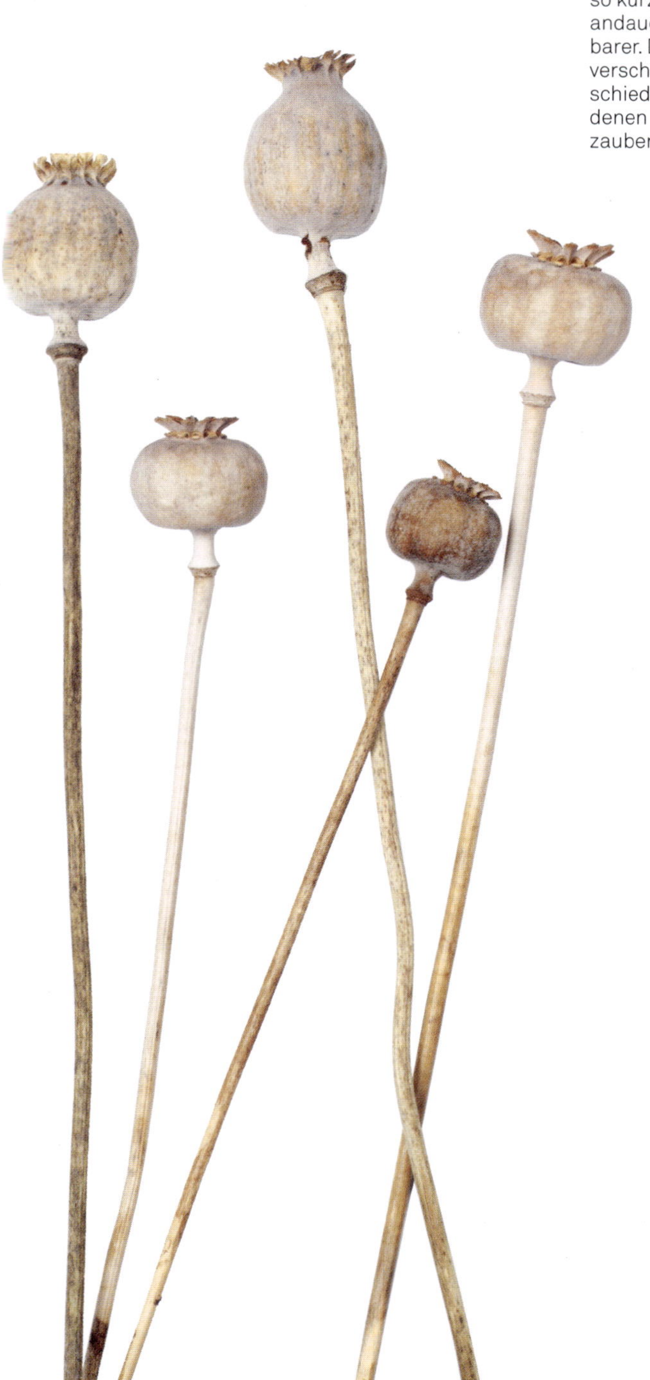

Montbretie *(Crocosmia)*
Immergrüne Staude, die sich schnell im Garten ausbreitet und auch in der Natur zu finden ist. Ihre aufrechten, in Rispen stehenden trichterförmigen Blüten zeigen sich von Spätsommer bis Herbst in leuchtenden Rot- und Orangetönen. Später machen sie dicht aneinandergeschmiegten braunen Samenkapseln Platz.

Einjähriges Silberblatt *(Lunaria annua)*
Entgegen ihres Namens handelt es sich um eine zweijährige Pflanze. Sie im Garten anzusiedeln, lohnt sich: Aus den unspektakulären lila Blüten entwickeln sich fast durchsichtigen Samentaschen. Einfach im Hintergrund einer Rabatte aussäen und vergessen – zwei Jahre später erwartet Sie eine schöne Überraschung.

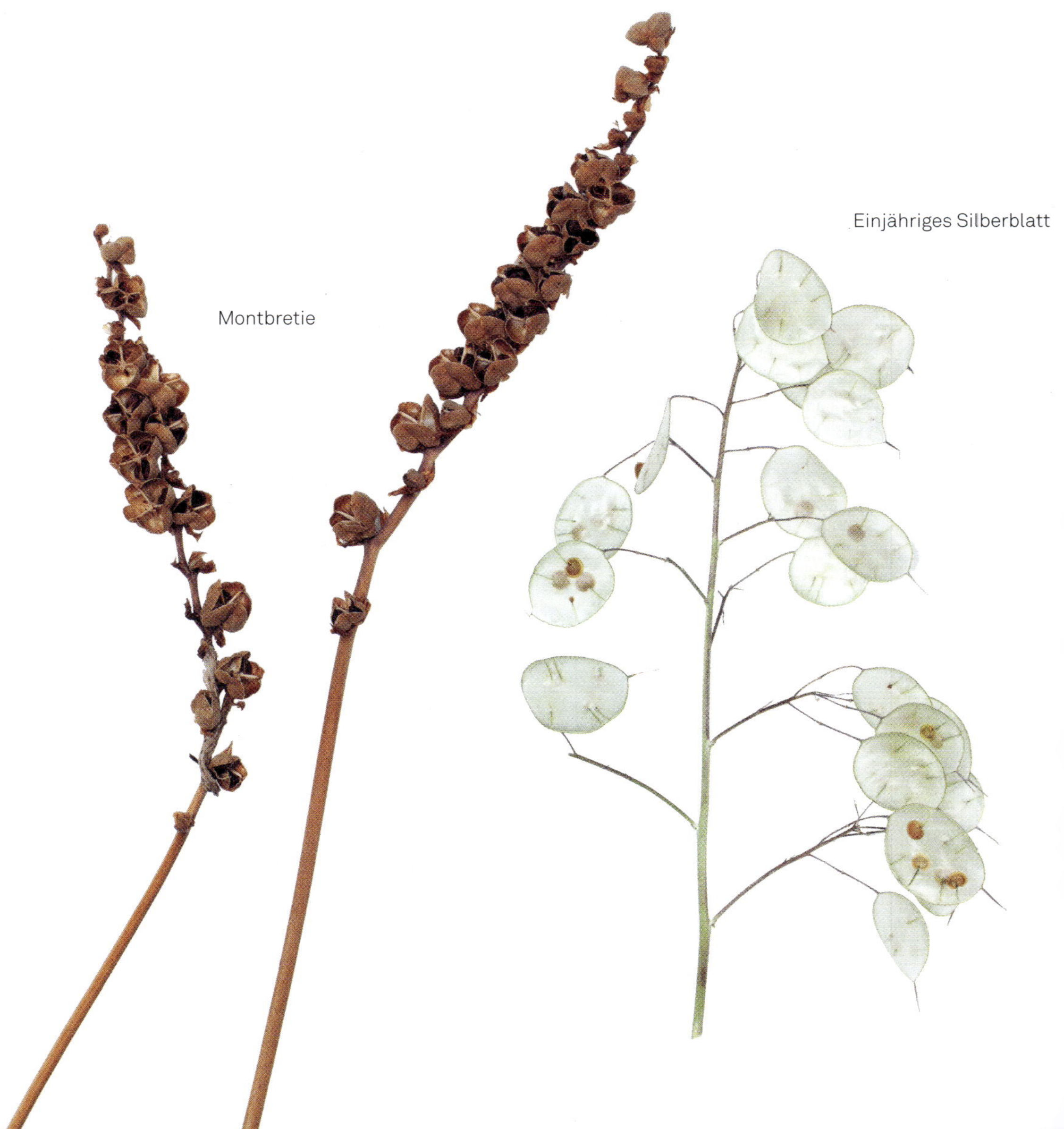

Einjähriges Silberblatt

Montbretie

Jacaranda *(Jacaranda)*

Jacarandabäume kommen ausschließlich auf der Südhabkugel vor, wo sie sich im Frühling über und über mit lavendelfarbigen Blüten schmücken. Unter ihnen spazieren zu gehen, ist ein atemberaubendes Erlebnis. Mit etwas Glück kann man ein paar herabgefallene Samenkapseln vom Boden auflesen.

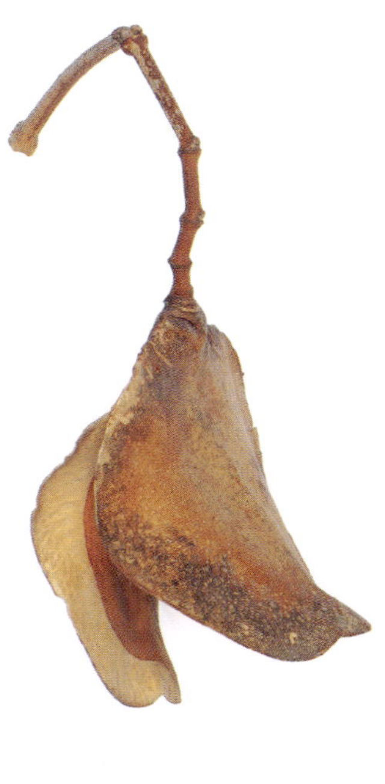

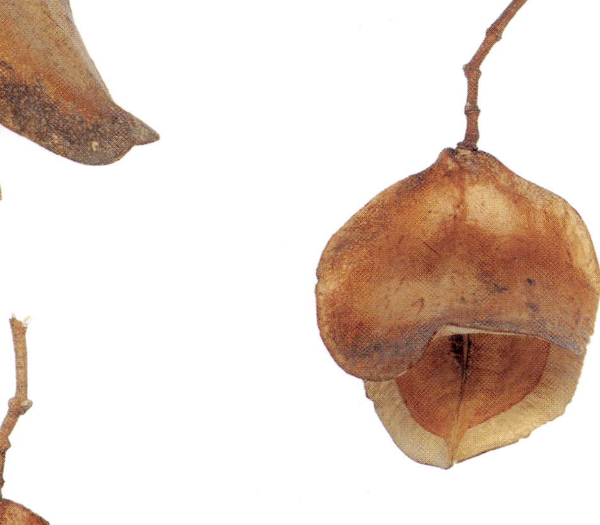

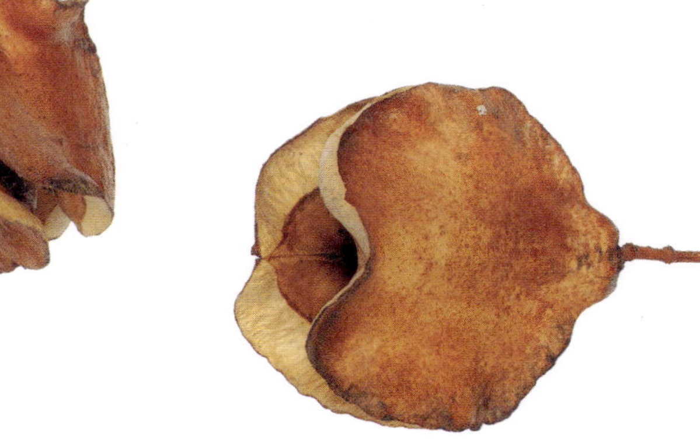

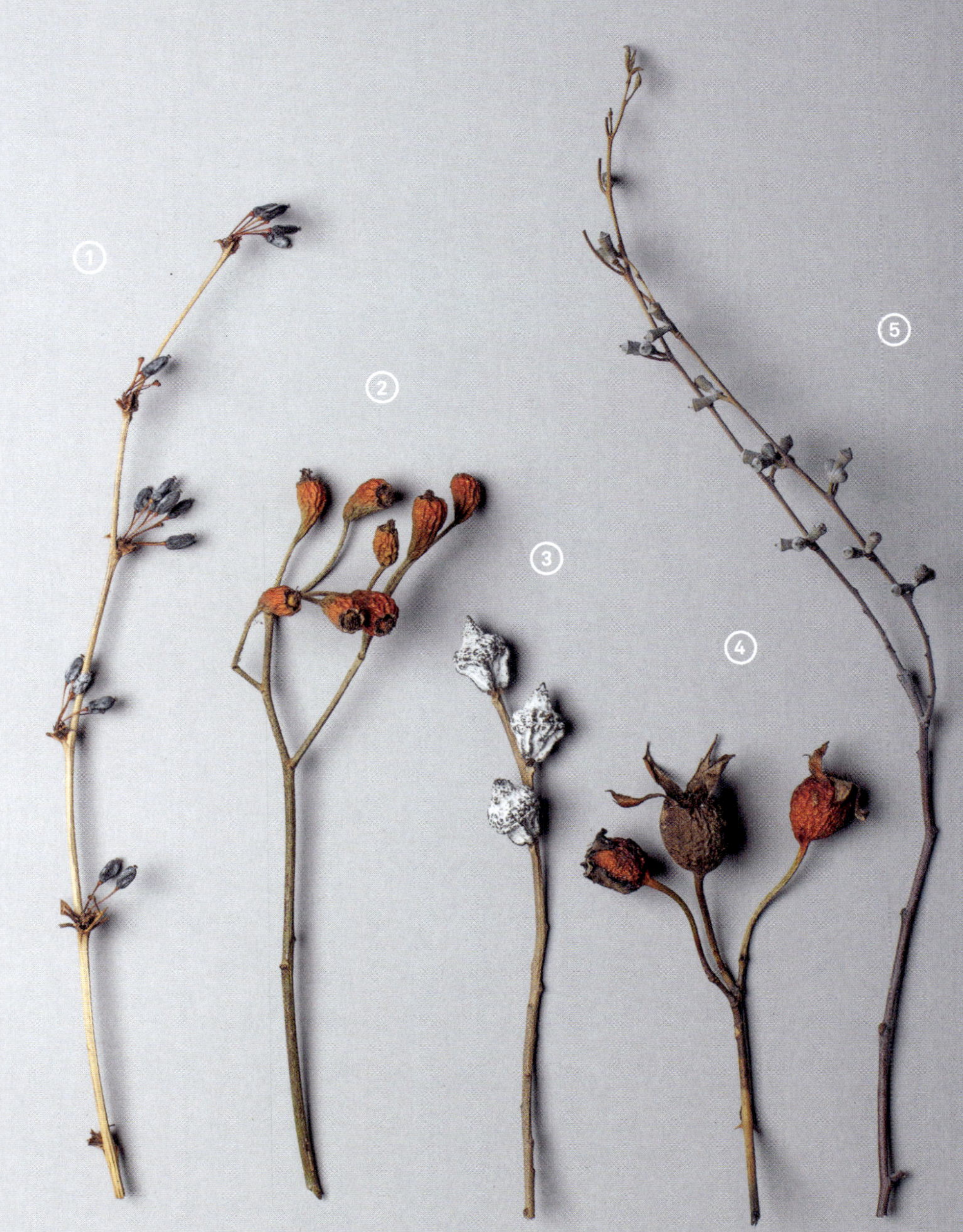
1
2
3
4
5

HAGEBUTTEN UND BEEREN

Einige Blütenpflanzen bilden Hagebutten oder Beeren. Die kleinen farbigen Früchte enthalten die Samen, die das Überleben der Art sichern. Wenn wir sie im Herbst und Winter von wilden Hecken und aus unseren Gärten ins Haus holen, knüpfen wir damit am Ende des Jahres noch einmal eine Verbindung zwischen uns und der Natur. Hagebutten und Beeren lassen sich ohne Aufwand in kurzer Zeit trocknen und konservieren. Sie sind ein schöner Farbtupfer in Weihnachtsdekorationen.

Zum Konservieren und Trocknen von Hagebutten sind der Spätsommer und Frühherbst, sobald die Blätter fallen, der richtige Zeitraum. Achten Sie darauf, dass sich die Früchte prall und fest anfühlen, und tragen Sie beim Schneiden unbedingt Handschuhe, damit Sie sich an dem oft dornigen Gestrüpp nicht verletzen. Schneiden Sie mit einem scharfen Messer möglichst mehrfach verzweigte Fruchtstände und entfernen Sie das Laub von den unteren Stielen. Konservieren Sie anschließend die Hagebutten in Glyzerinlösung – sie verhindert, dass sie matschig werden oder schimmeln. Dann lassen Sie sie an der Luft trocknen. Sie werden runzlig, behalten aber ihre schöne Farbe.

- Kletterrosen aus dem Garten liefern mit die schönsten Hagebutten **(2, 4)**. Es lohnen sich besonders die Sorten 'Rambling Rector', 'The Garland' und 'Bobbie James' sowie 'Kiftsgate'.
- Halten Sie auch nach Hunds-Rose *(Rosa canina)* und Kartoffel-Rose *(Rosa rugosa)* Ausschau, die oft Teil von Hecken und Randbepflanzungen sind.
- Getrocknete Hagebutten können mit anderen Trockenblumen kombiniert werden und eignen sich gut als Verzierung für winterliche Kränze oder Weihnachtsgeschenke.

Beeren sind oft farbenfrohe, fleischige Früchte – die bekannten Vertreter wie Heidel- oder Brombeeren sind ein beliebtes Obst. Zierbeeren hingegen sind meist nicht essbar, einige sind sogar giftig. Tragen Sie beim Umgang mit ihnen stets Handschuhe und waschen Sie anschließend die Hände.
Zum Trocknen wählen Sie möglichst verzweigte Äste. Konservieren Sie die Beeren in Glyzerinlösung oder experimentieren Sie mit dem Trocknen an der Luft, mit verschiedenen Wärmequellen oder in Sand. Je fleischiger die Beeren sind, desto länger dauert der Trocknungsprozess. Dass die Beeren runzlig werden, lässt sich nicht verhindern, sie behalten jedoch ihre Farbe.

- Zierbeeren sind sehr attraktives Trockenmaterial. Probieren Sie, Eukalyptus *(Eucalyptus)* in frühem **(1, 5)** wie auch in reifem Stadium **(3)**, Johanniskraut *(Hypericum)*, Heiligen Bambus *(Nandina domestica)* oder Efeu *(Hedera)* in Ihre Gebinde einzubeziehen.

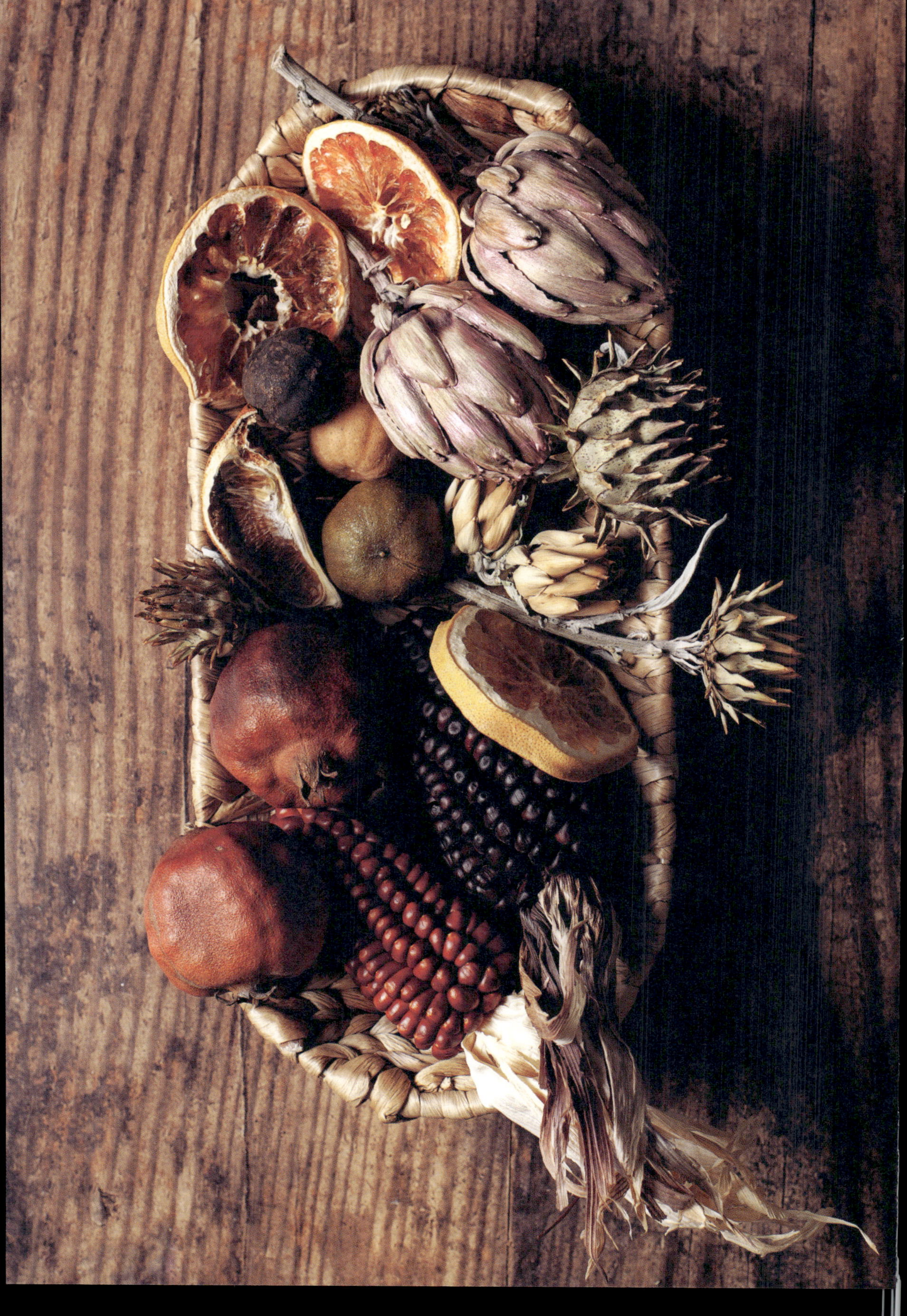

OBST UND GEMÜSE

Viele Obst- und Gemüsesorten, die regelmäßig auf unserem Speiseplan stehen, sind getrocknet ausgesprochen dekorativ. Die Früchte und das Gemüse sollten noch intakt sein, wenn Sie die verschiedenen Trocknungsmethoden ausprobieren.

Früchte geben zusammen mit Nüssen, Kerzen und getrockneten oder frischen Blumen stimmungsvolle Arrangements. Möchten Sie ganze Früchte verwenden, wählen sie Sorten mit fester Schale: Beste Ergebnisse liefern Zitrusfrüchte, Passionsfrüchte und Granatäpfel. Legen Sie das Obst für mehrere Wochen in einen Trockenschrank oder an einen luftigen Ort, bis die Feuchtigkeit vollständig verdunstet ist, oder dorren Sie es im Ofen (siehe Seiten 114–115). Dabei wird die Schale härter und nimmt eine andere Farbe an.
Hier ein paar Anregungen für Experimente mit verschiedenen Obstsorten:

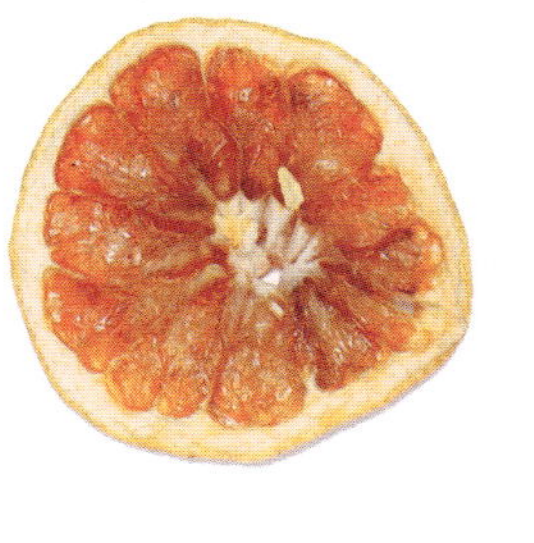

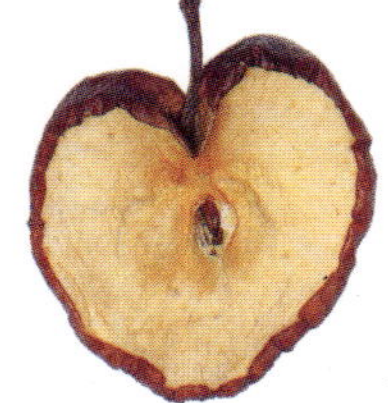

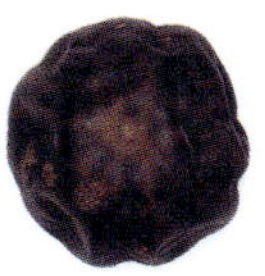

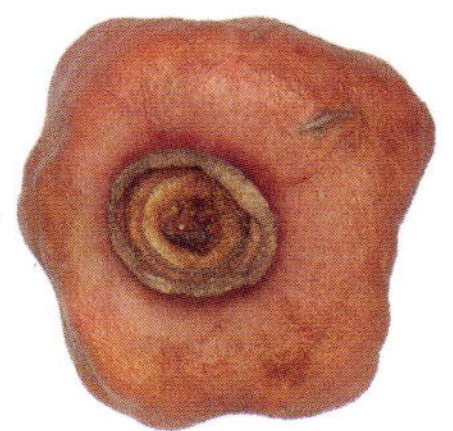

- Vergolden Sie getrocknete Orangen oder Granatäpfel oder überziehen Sie die Früchte mit einer Schicht Sprühfarbe.
- Gestalten Sie festliche Dekorationen mit Scheiben von Grapefruits, Orangen, Zitronen oder Limetten. Trocknen Sie die Scheiben dafür einzeln über Nacht auf einem Tablett in einem warmen Raum oder bei niedrigster Temperatur im Backofen. Mit einem Spieß können Sie ein Loch in die Schale bohren, solange sie noch frisch ist, um später ein Band oder eine Schnur zum Aufhängen hindurchzufädeln.
- Behandeln Sie Apfelscheiben auf die gleiche Weise. Belassen Sie das Kerngehäuse, es kommt später gut zur Geltung. Damit die Apfelscheiben nicht braun werden, betupfen Sie sie mit Zitronensaft.
- Schneiden Sie im Herbst Bündel von Zieräpfeln und lassen Sie sie in einer Glyzerinlösung stehen. Sie behalten ihre Farbe und bleiben viele Wochen lang fest.
- Kaufen Sie im Herbst Quitten oder pflücken Sie wilde Exemplare. Lassen Sie sie im warmen Zimmer trocknen – ihr Duft ist köstlich.

Auch Gemüse lässt sich trocknen und wirkungsvoll in Szene setzen. Sorten wie Chilis, Kürbisse und Artischocken eignen sich zum Trocknen im Ganzen, aber es lohnt sich auch, mit Pflanzenteilen wie Blüten, Laub, Stängeln und Schalen zu experimentieren.

- Optimale Trockenergebnisse erzielen Blätter von grünem Kohlgemüse *(Brassica)*. Legen Sie die äußeren Blätter, die Sie normalerweise beim Kochen wegwerfen, auf ein Blech und trocknen Sie sie über Nacht bei minimaler Temperatur im Ofen. Sie schrumpfen zwar dabei, behalten aber ihre Farbe.
- Ist Ihr Brokkoli oder Grünkohl im Garten geschossen, dann schneiden Sie die Blütenstiele ab und lassen Sie sie an der Luft trocknen.
- Suchen Sie nach blühendem Raps *(Brassica napus)* – die leuchtenden Felder sind im Frühsommer leicht zu entdecken. Die langen Stiele mit ihren kleinen gelben Blüten trocknen an der Luft.
- Violette Baby-Artischocken trocknen mit der Zeit von allein – probieren Sie, sie selbst zu ziehen, und schneiden Sie die Knospen, bevor sie voll ausgereift sind.
- Zierkürbisse sind einfach aus Samen zu ziehen und gelangen im Herbst zur Erntereife. Im Vorfeld von Halloween findet man sie überall auf Märkten und im Supermarkt.
- Ziehen Sie auf Balkon oder Fensterbank Chilis aus Samen für den kulinarischen Genuss. Sie färben sich mit zunehmender Reife von Grün zu Rot und sehen herrlich aus, wenn sie zum Trocknen in Bündeln aufgehängt werden.
- Fragen Sie auf Bauernmärkten nach Ziermais oder kaufen Sie Saatgut, um es in Töpfen auszusäen. Die Hüllblätter trocknen von allein und sind dann mit den bunt gemixten Körnern der Kolben wunderschön anzusehen.
- Bohnen, Erbsen und andere Hülsenfrüchte sind nicht nur kulinarische, sondern auch optische Leckerbissen. Entscheiden Sie sich für Sorten mit attraktiven Farben und Musterungen.
- Der Schwammkürbis *(Luffa)* ergibt fantastisches Trockenmaterial. Man kann ihn aus Samen ziehen, die Jungpflanzen sind sogar essbar. Lässt man ihn reifen und schält die schrumpelige Außenhaut ab, enthüllt sich die trockene, grobe Fasermasse im Inneren.

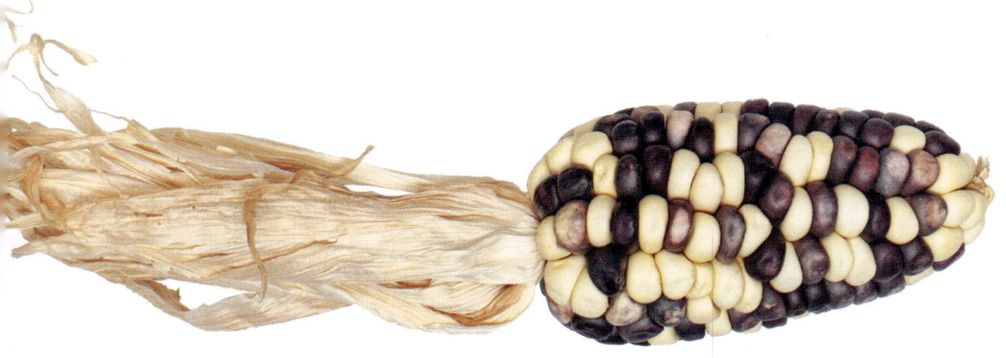

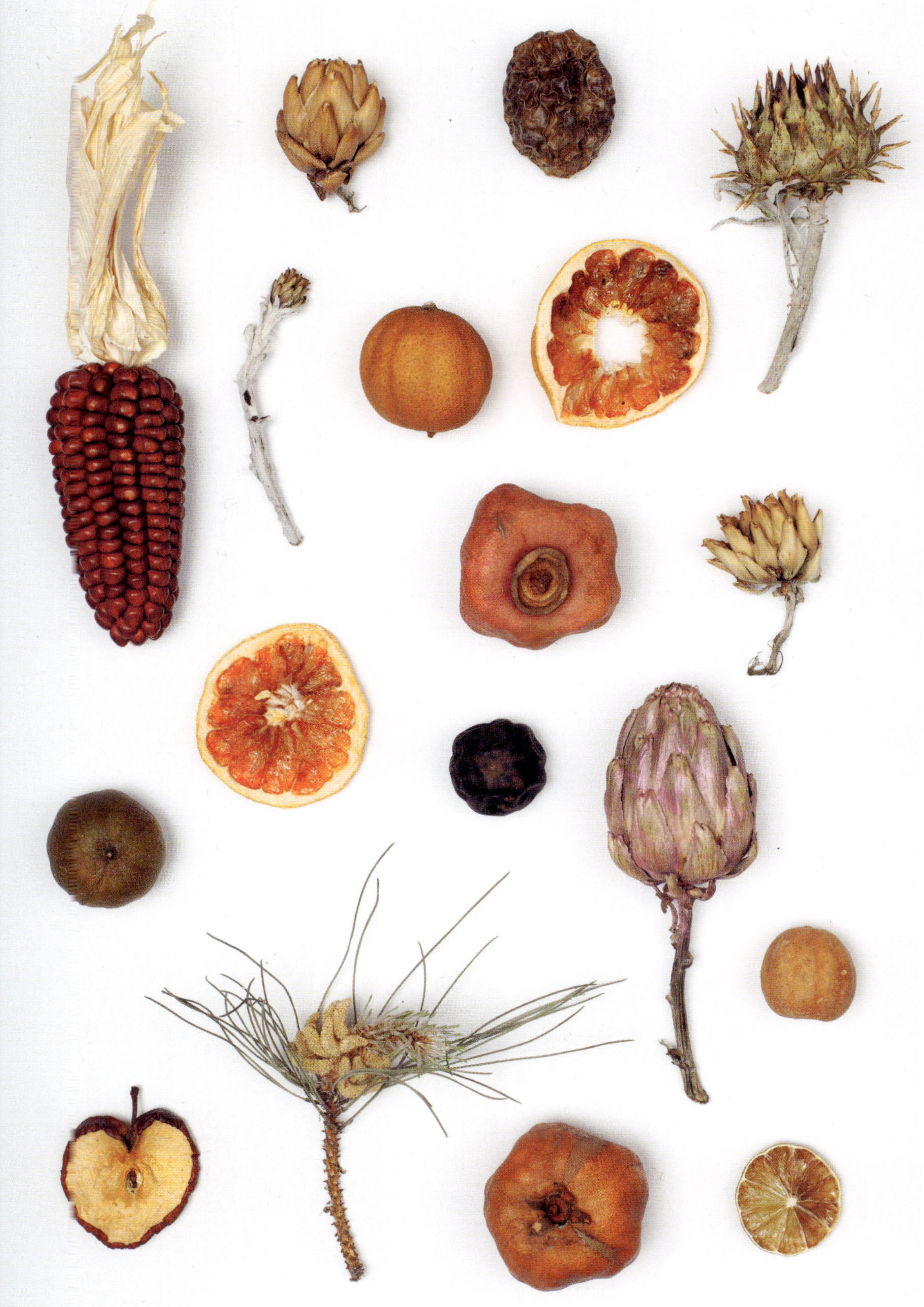

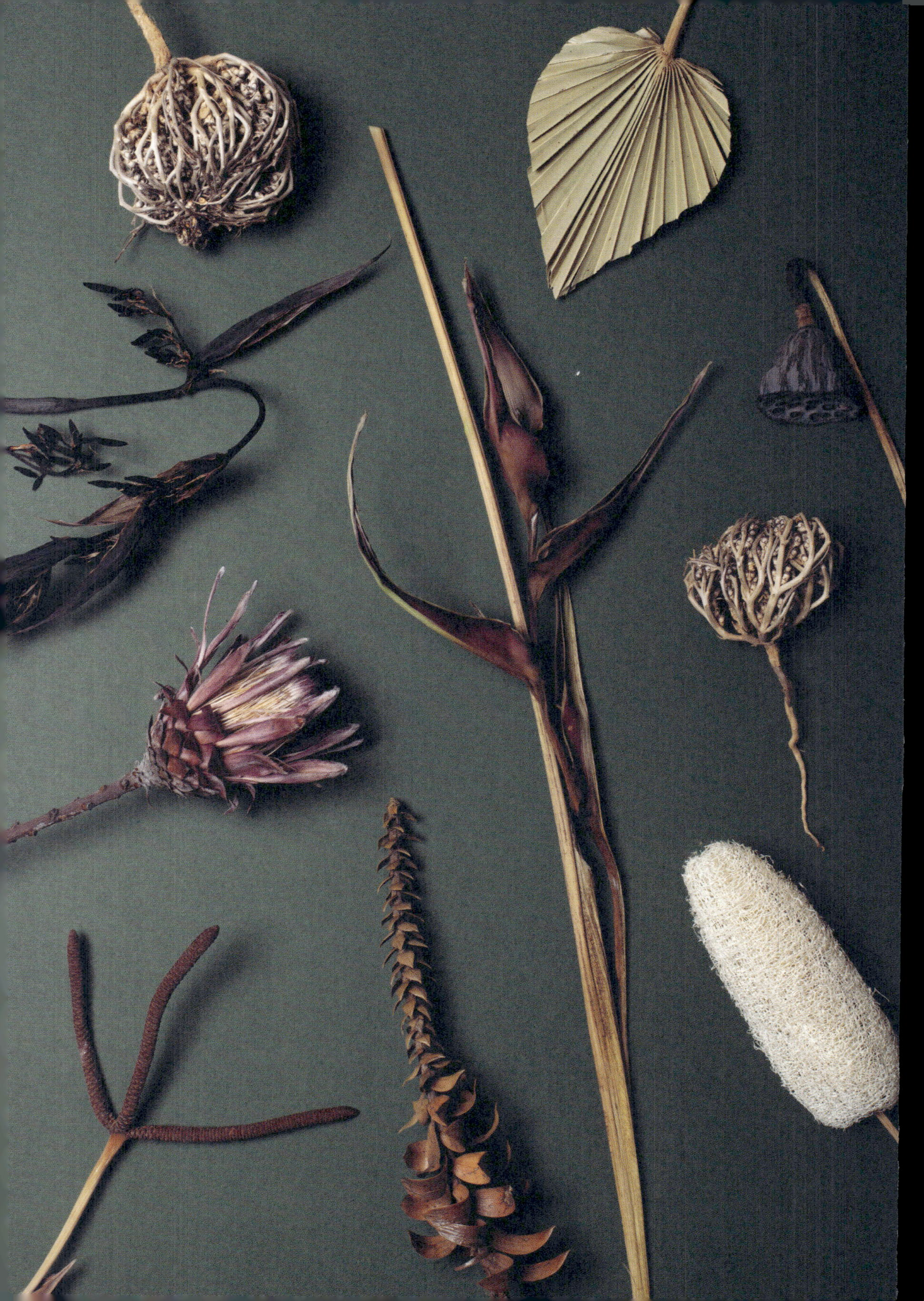

EXOTEN

Eine Idee, die es mir angetan hat, ist die „Souvenir-Pflanze“ als getrocknetes oder gepresstes Andenken an ferne Landschaften. Auf meinen Reisen erfüllt mich die Flora der fremden Länder stets mit großer Faszination und so gehören Blumenläden und Wochenmärkte zum regelmäßigen Sightseeing-Programm. Dort wähle ich etwas aus, das ich zum Trocknen mit nach Hause nehme, und freue mich später über das exotische Andenken, das die Erinnerung an die Reise wachhält.

Für Menschen, die auf der Nordhalbkugel leben, sind die farbenprächtigen Blüten der Pflanzenwelt aus tropischen und subtropischen Regionen besonders exotisch – im eigenen Garten haben sie meist keine Chance. Je nach Wohnort gibt es vielleicht andere Pflanzen, die das Kriterium „exotisch“ erfüllen – das Prinzip bleibt jedoch dasselbe.
In vielen Ländern ist es illegal, lebende Pflanzen aus- oder einzuführen. Totes Pflanzenmaterial stellt prinzipiell ein geringeres Risiko dar, Schädlinge oder Krankheiten zu übertragen. Erkundigen Sie sich jedoch trotzdem jeweils danach, ob es erlaubt ist, die Pflanze, die Sie mitnehmen möchten, aus dem Reiseland auszuführen und in das Land, in dem Sie leben, einzuführen.

Da die Schnittblumenindustrie global aufgestellt ist, haben Sie heute auch die Möglichkeit, exotische Blumen im Blumenladen zu kaufen oder zu bestellen. Und wenn Sie sie konservieren, um sie lange Zeit aufzustellen, ist die CO_2-Bilanz auch gleich weniger beunruhigend. Nachhaltig geerntete Meeresalgen und Naturschwämme sind ebenfalls interessante Ergänzungen für jede Trockendekoration und erfüllen das Kriterium „exotisch“ allemal.
Die Welt unter Wasser ist faszinierend. Wenige getrocknete Wasserpflanzen und Algen, die mit ein paar Muscheln und Kieselsteinen hübsch arrangiert wurden, sind ein Urlaubsandenken, das noch lange vorhält, nachdem die Sonnenbräune längst verschwunden ist.

Fynbos-Pflanzen

Der Fynbos ist ein ausgedehntes Ökosystem im Südwesten Südafrikas. Die dort wachsende Flora besteht hauptsächlich aus kleinen blühenden Sträuchern und immergrünen Pflanzen, die kollektiv als „Fynbos-Pflanzen" bezeichnet und für den Export geerntet werden. An der Luft trocknen.

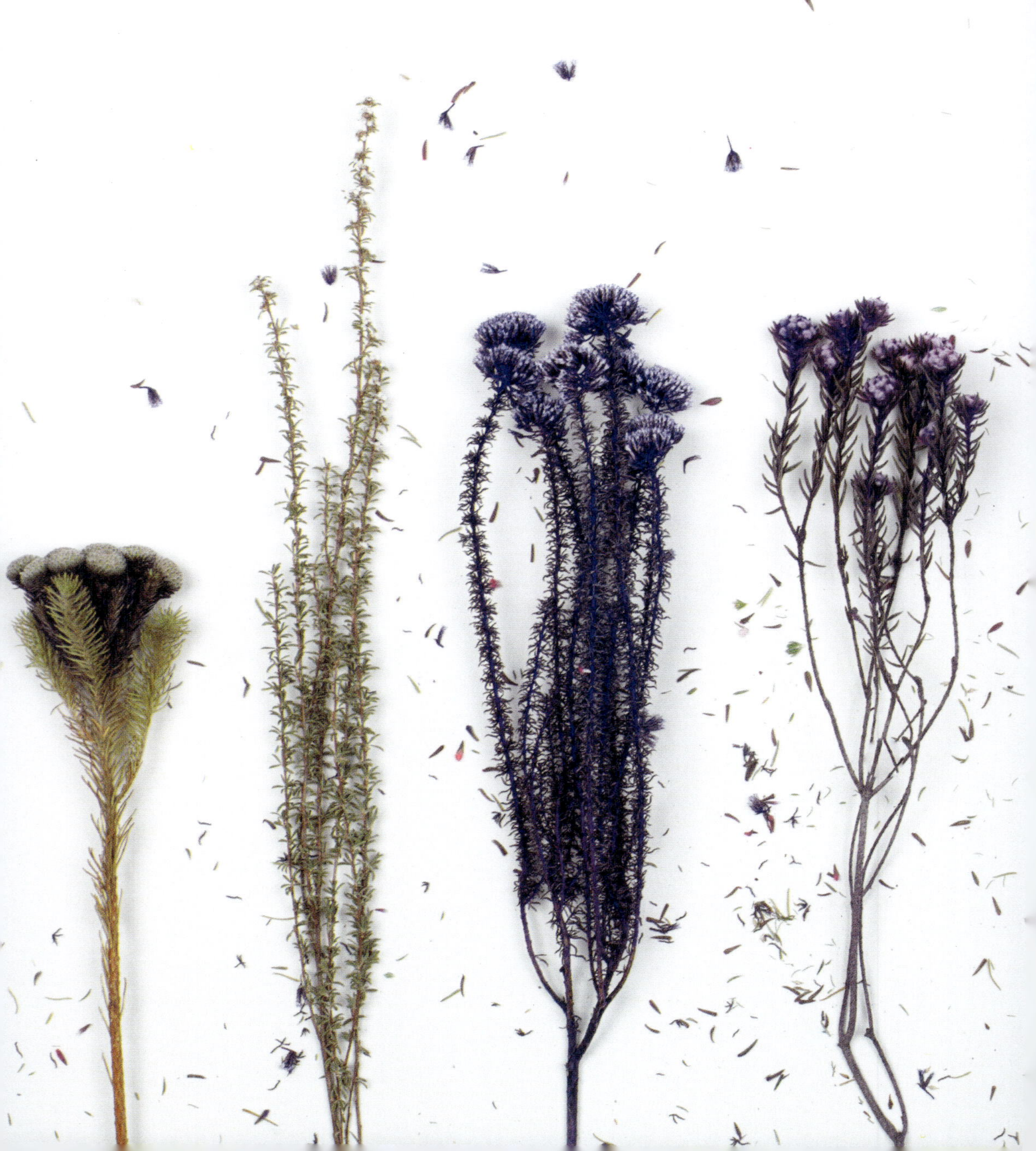

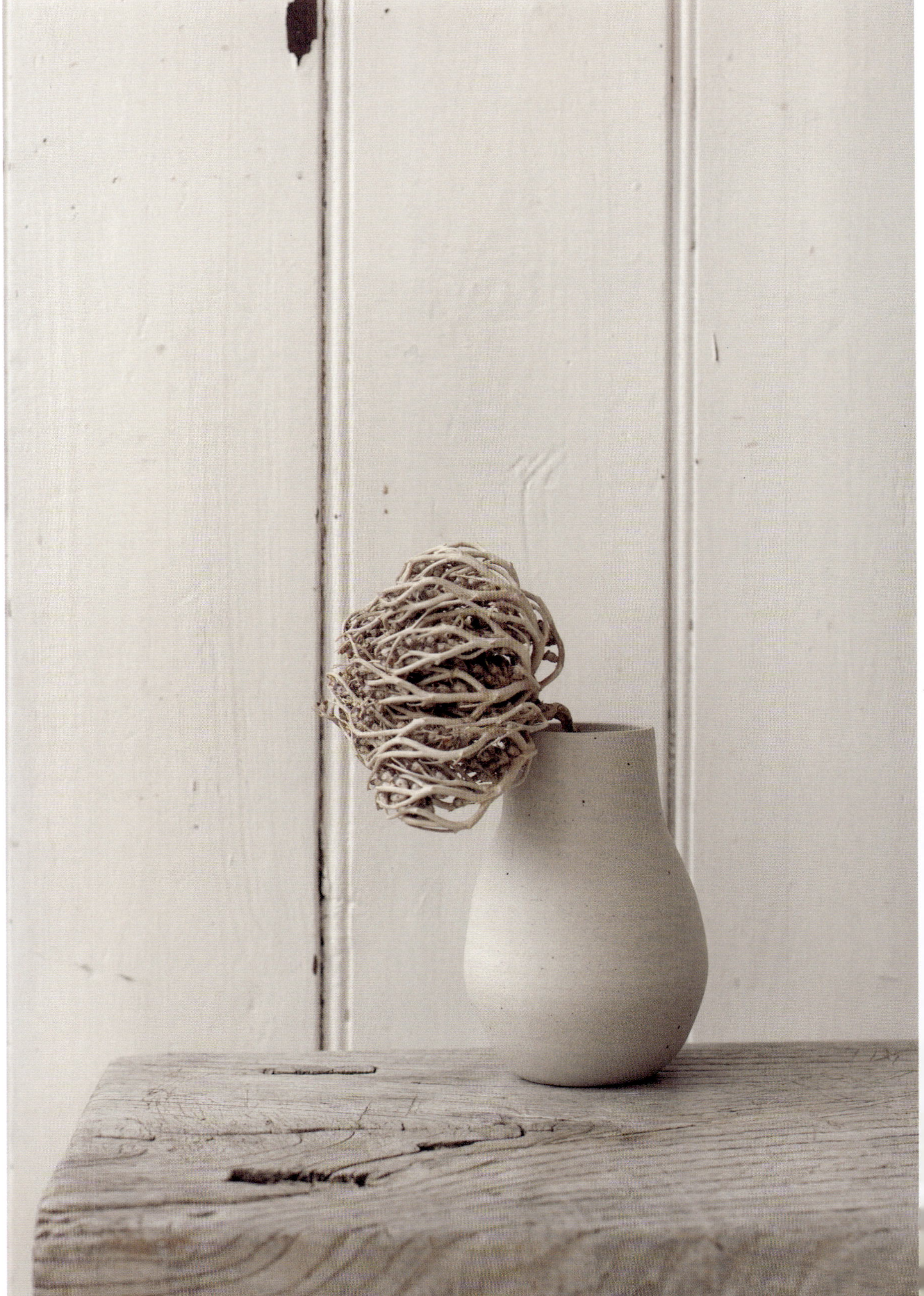

Paradiesvogelblume *(Strelitzia reginae)*
Der Name dieser Pflanze aus Südafrika verweist auf ihrer Ähnlichkeit mit einem Vogelschnabel. Die leuchtenden Farben verblassen mit der Zeit, aber ihre eigenwillige Form bleibt intakt. In der Vase trocknen.

Echte Rose von Jericho *(Anastatica hierochuntica)*
Diese sonderbare Schönheit findet man in den Basaren Nordafrikas und Vorderasiens, wo sie zu einer Paste vermahlen als Medizin Verwendung findet. Ihre Heimat ist die Wüste. Den dortigen Verhältnissen passt sie sich an, indem sie ihre Äste in Trockenzeiten zu einem dichten Knäuel einrollt. Ist wieder Feuchtigkeit vorhanden, entfaltet sie sich. Auch nach ihrem Absterben funktioniert dieser Mechanismus noch.

Indische Lotosblume *(Nelumbo nucifera)*
Ein Blick genügt und man versteht, warum die atemberaubend schönen Blüten des Lotos in ganz Asien verehrt werden. Zum Trocknen sind sie jedoch ungeeignet, umso mehr eignen sich die Samenkapseln. Die abgeflachten Kapseln mit den einzelnen Kammern sind eine Meisterleistung der Natur. Blumenläden führen sie frisch. Beim Trocknen geht das Grün der Kapseln in Braun über. In der Vase trocknen.

Palmen *(Arecaceae)*
Die Familie der Palmengewächse umfasst große wie kleine Vertreter. Palmen sind in tropischen und subtropischen Klimazonen beheimatet, bestimmte Arten gedeihen jedoch auch in kälteren Regionen. Die Blätter können dekorativ zurechtgeschnitten werden. Auch Palmfrüchte und ganze Fruchtstände eignen sich zum Trocknen.

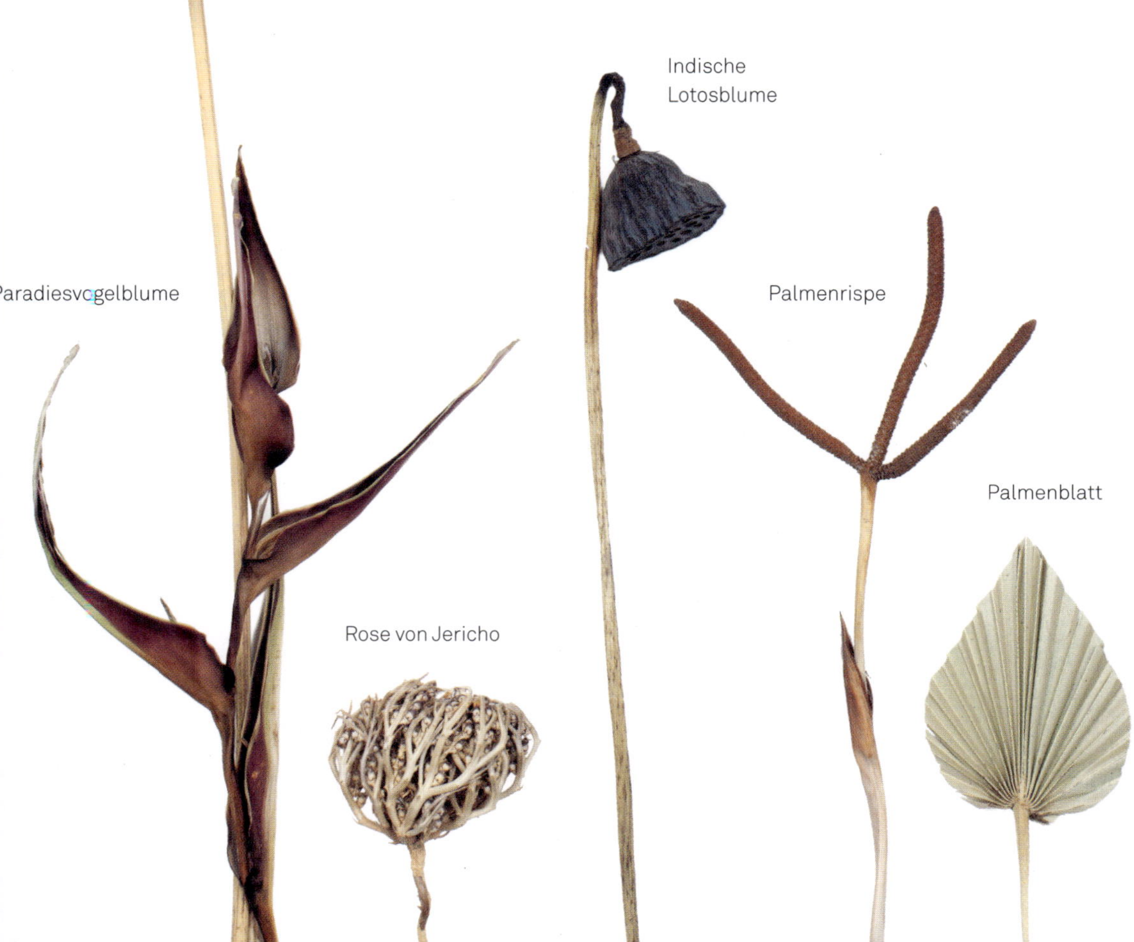

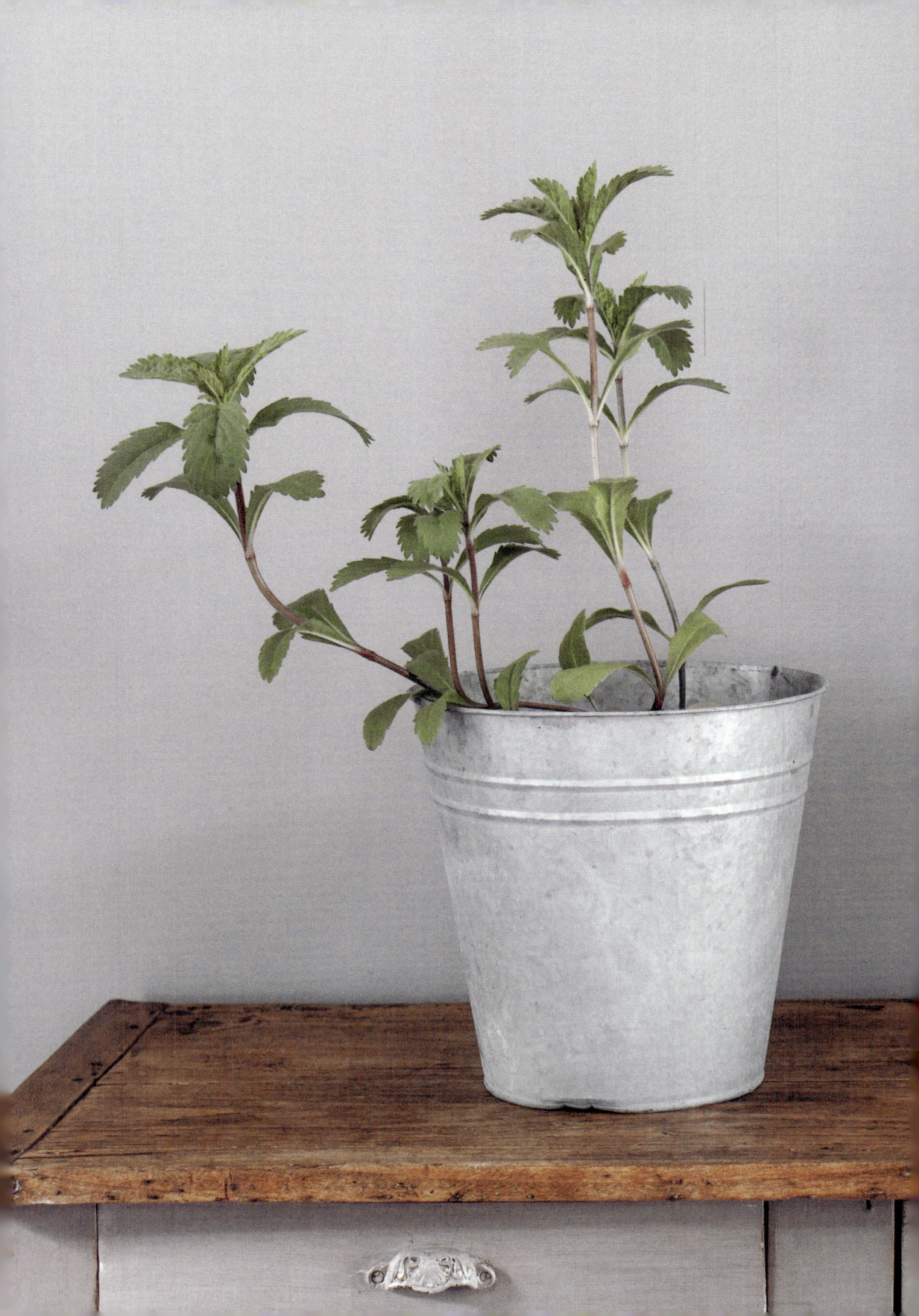

Pflanzen aus dem eigenen Garten

Die besten Voraussetzungen für das Anlegen einer Trockenblumensammlung bietet der eigene Garten. Für erfahrene Gärtner ist das kein Problem – Neulingen sei gesagt: Es winkt ein unkompliziertes und preisgünstiges Vergnügen, aus dem eine Leidenschaft werden könnte. Der Anblick eines Arrangements mit Trockenblumen aus dem eigenen Garten wird Sie mit einer wohltuenden Mischung aus Stolz und Befriedigung erfüllen.

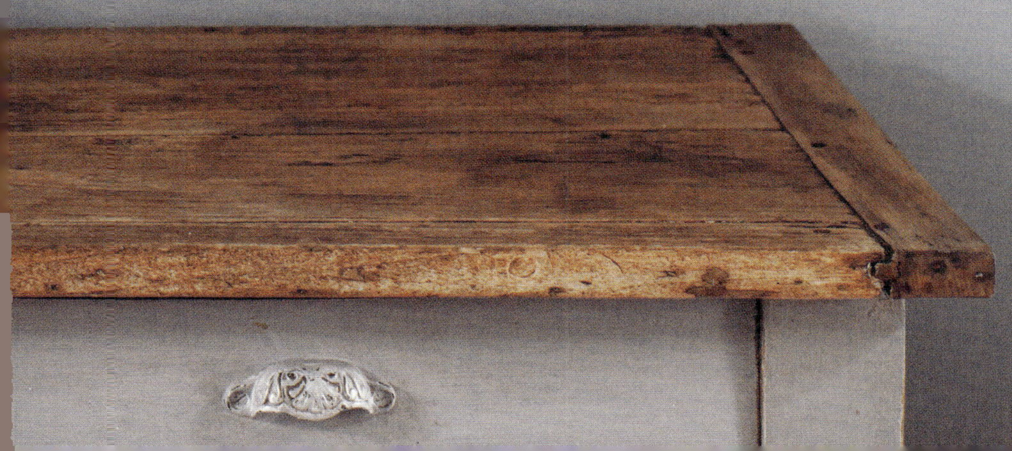

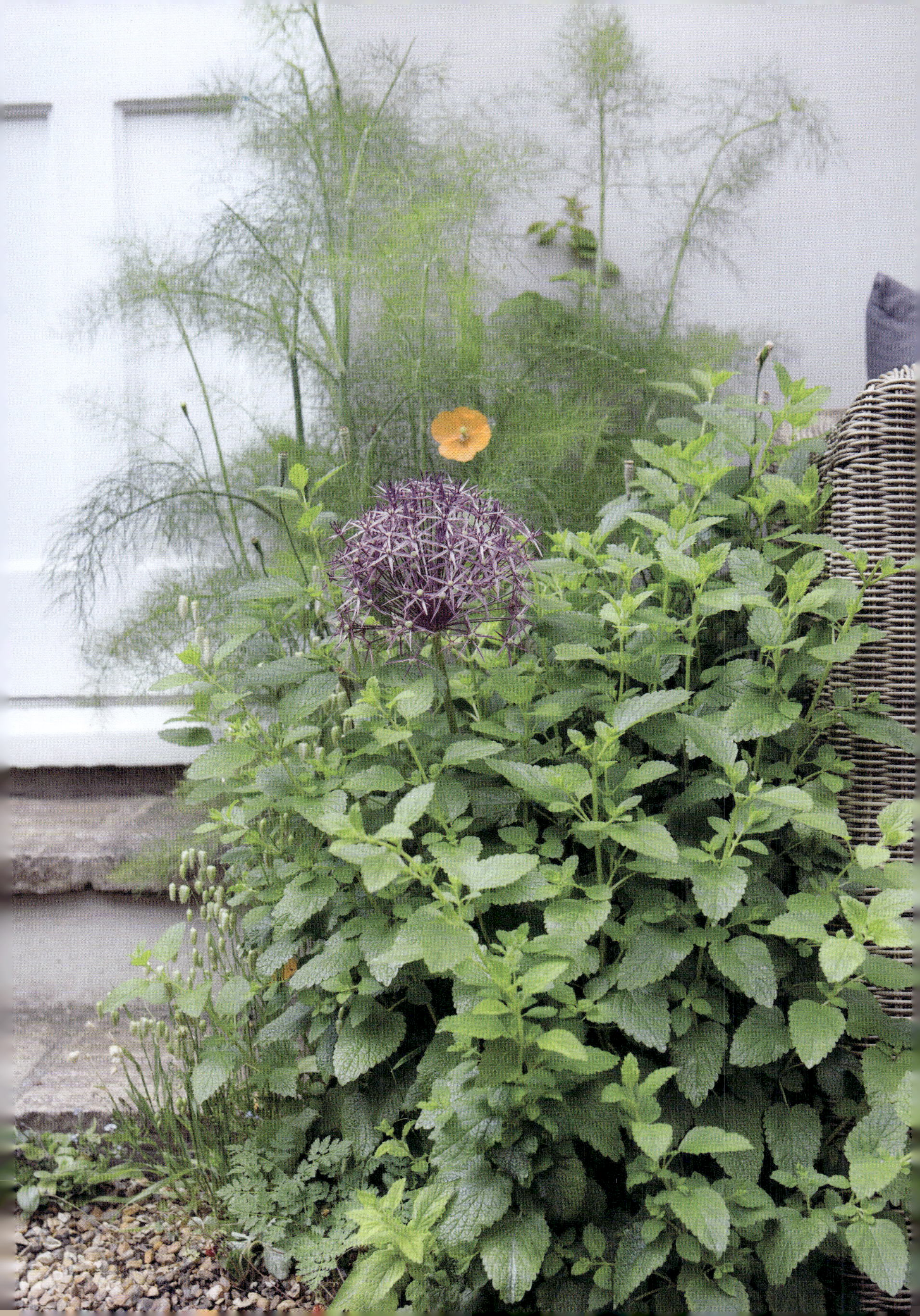

Was, wann und wie anbauen?

Pflanzen selber anzubauen, hat viele positive Einflüsse auf die Umwelt: Wer eine ungenutzte Bodenfläche mit Blumen füllt, bietet Bienen und anderen Bestäubern Nahrung, was wiederum Vögel und andere Kleintiere anlocken wird. Und Sie selbst werden mit der Pflege Ihrer Pflanzen eine viel stärkere Verbindung zur Natur verspüren.

Da sind zunächst die Einjährigen, die ihre gesamte Energie in die Blüte einer Saison stecken; sie sind besonders leicht aus Samen zu ziehen. Sie eignen sich ideal für Leerstellen im Beet, aber genauso für größere Flächen, besonders wenn man ein Blumenbeet von Grund auf neu anlegen möchte, ohne gleich ein Vermögen ausgeben zu wollen. Auch im Pflanzgefäß machen sie sich gut. Einjährige Pflanzen sterben nach einer Vegetationsperiode ab und wachsen nicht noch einmal aus derselben Mutterpflanze nach. Vorher produzieren sie Samen, die Sie für die Aussaat im nächsten Jahr absammeln und lagern können.

Bei den einjährigen Pflanzen gibt es solche, deren Saatgut einen Kältereiz benötigt, und solche, die frostempfindlich sind. Dies bestimmt folglich darüber, wann Sie Ihr Saatgut ausbringen müssen – alle Informationen darüber finden Sie auf den Saatgutpäckchen. Die frostbeständigen einjährigen Pflanzen können im Herbst oder Frühjahr ins Freiland gesät werden. Das Aussäen im Herbst bewirkt eine frühe Blüte im folgenden Jahr. Wird im Frühjahr ausgesät, blüht die Pflanze etwas später. Sie können ein Päckchen mit winterharten einjährigen Samen teilen und zur Hälfte im Herbst und zur Hälfte im nächsten Frühjahr aussäen, so erhalten Sie eine Blütenfolge, die Sie durch den ganzen Sommer begleitet. Frostempfindliche Einjährige können sie im Zimmer in Vorkultur ziehen und die Setzlinge draußen einpflanzen, wenn die Frostgefahr vorüber ist. Oder Sie säen draußen, wenn sich das Wetter erwärmt hat.

Zweijährige Pflanzen blühen wie die einjährigen nur eine Saison lang, dies jedoch erst im zweiten Jahr nach der Aussaat. Staudenpflanzen schließlich leben mehrere Jahre und treiben immer wieder aus. Winterharte Arten halten Minusgraden stand, indem zwar die oberirdischen Teile absterben, die Pflanze aber in den Wurzeln unter der Erde überlebt. Bedingt winterharte Stauden benötigen einen Winterschutz, nicht winterharte Arten überwintern drinnen.

Bei mehrjährigen Pflanzen breiten sich sowohl Wurzeln als auch oberirdische Pflanzenteile mit der Zeit aus. Werden sie zu groß, hebt man den gesamten Wurzelballen aus, teilt ihn und erhält kostenlos zwei Pflanzen. Stauden können Sie wie einjährige Pflanzen aus Samen ziehen. Wenn Sie schneller an Blütenmaterial kommen möchten, kaufen Sie zu Beginn der Wachstumsperiode vorgezogene Pflanzen und setzen sie direkt in die Erde oder in einen größeren Blumentopf. Bis zum Herbst werden Ihre Schützlinge Sie mit reichlich Erntegut zum Trocknen versorgen. Viele mehrjährige Pflanzen bilden dekorative Samenstände – widerstehen Sie daher der Versuchung, sie nach der Blüte zurückzuschneiden.

Links Ideal für den Eigenanbau: Mohn und Zier-Lauch (Mitte) wegen der Samenkapseln, Zitronen-Melisse (vorne), Fenchel (hinten) und Zittergras (links).

GARTENBLUMEN PFLANZEN

Die folgende Anleitung bezieht sich auf das Beispiel der einjährigen Stern-Skabiose (*Scabiosa stellata* 'Sternkugel'), kann aber für den Anbau der meisten Gartenblumen verwendet werden. Sowohl die kissenförmigen Blüten als auch die papiernen kugeligen Fruchtstände der Skabiose sind ein hervorragendes Material für Blumenarrangements.

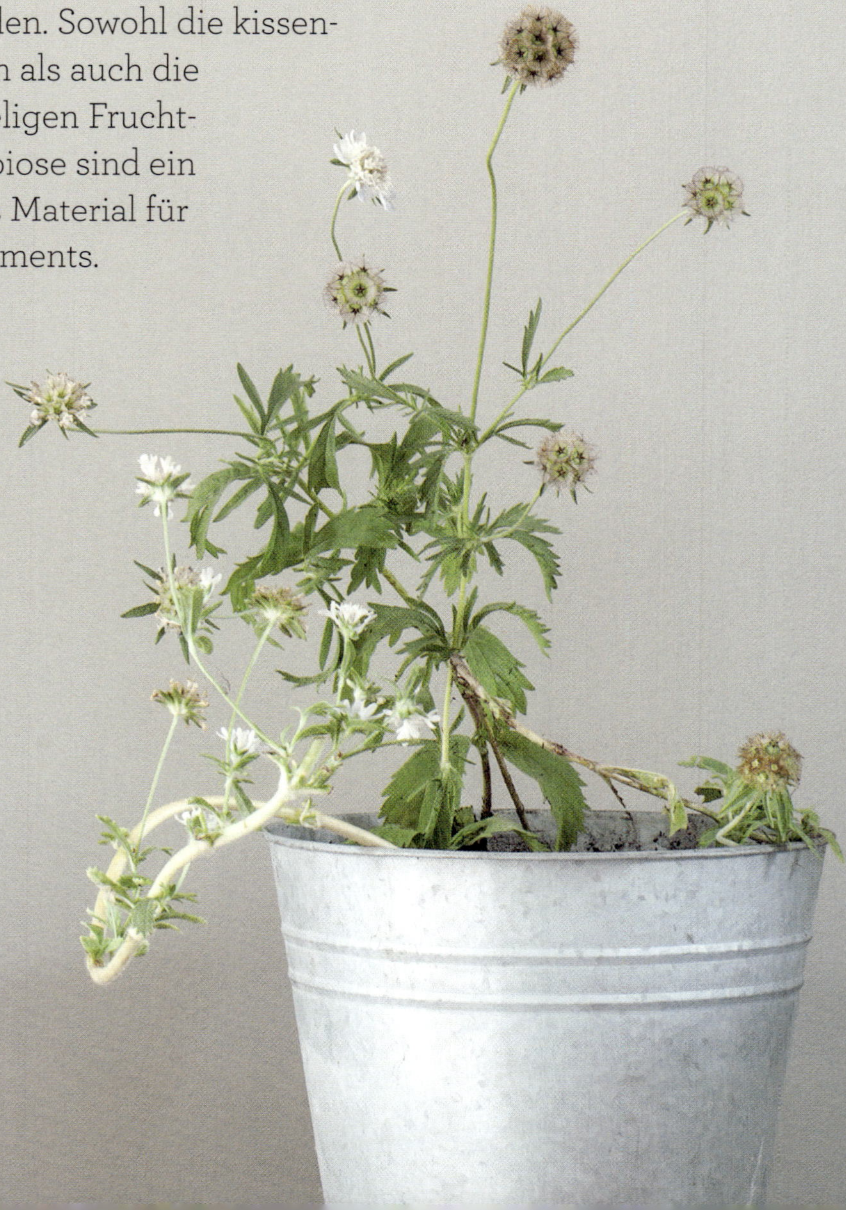

1. Aussäen
Füllen Sie eine Saatschale bis knapp unter die Oberkante mit Anzuchterde. Drücken Sie die Samen in gleichmäßigen Abständen sanft mit den Fingern in das Substrat und bedecken Sie sie mit Erde. Wässern Sie vorsichtig, bis die Erde gerade feucht ist. Stellen Sie die Anzuchtschale an einen hellen Ort, zum Beispiel aufs Fensterbrett. Jetzt brauchen die Samen Wärme und Licht zum Keimen. Achten Sie darauf, die Erde feucht zu halten, und gießen oder sprühen Sie vorsichtig Wasser nach, sobald die Oberfläche antrocknet.

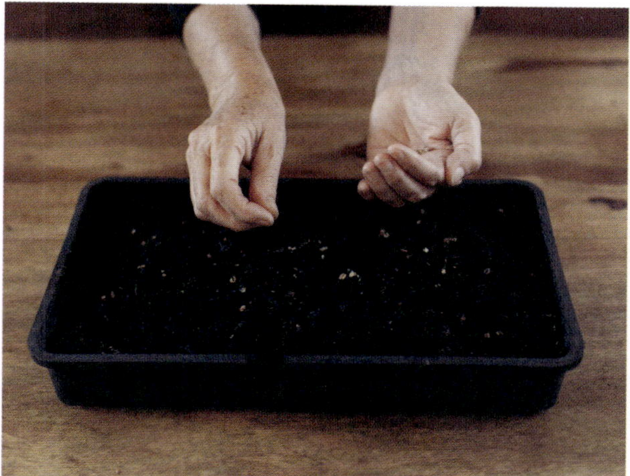

2. Keimen
Nach zehn bis 14 Tagen beginnt die Keimung. Allmählich bahnen sich winzige Stängel und Keimblättchen ihren Weg durch die Erdschicht und streben ans Licht. Sobald die Sämlinge ein wenig an Höhe gewonnen haben, sollten Sie sie abhärten. Stellen Sie dafür die Schale an einem warmen Tag nach draußen und nachts wieder zurück ins Zimmer.

3. Pikieren
Warten Sie ab, bis Ihre Sämlinge wenigstens ein zweites Blattpaar entwickelt haben und etwa 5 cm hoch geworden sind. Dann sind sie bereit zum Pikieren: Jedes Pflänzchen wird in einen eigenen Topf umgesetzt, um Wurzeln und Blättern Platz für ungehindertes Wachstum zu geben. Verwenden Sie dafür Anzuchttöpfe aus biologisch abbaubaren Kokosfasern statt Plastik. Füllen Sie die Töpfe mit Blumenerde und bohren Sie mit dem Finger oder einem Bleistift ein Loch in die Erde. Hebeln Sie den Setzling vorsichtig, ohne die winzigen Wurzeln zu beschädigen, mit einem stumpfen Messer oder einem Teelöffel aus der Anzuchtschale. Fassen Sie ihn an den Blättern und setzen Sie ihn in sein neues Heim. Dann die Erde um die Wurzeln andrücken und gießen.

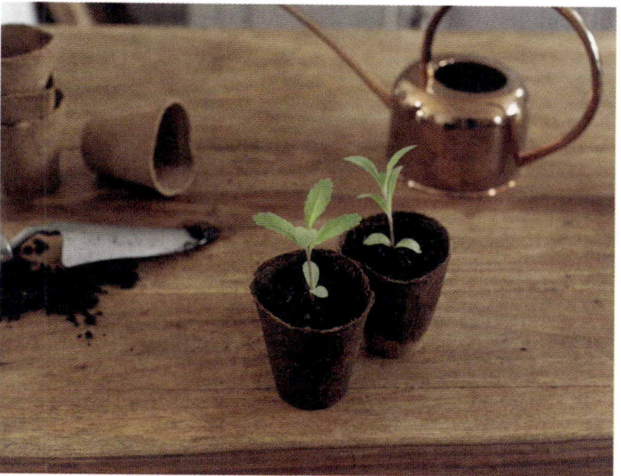

4. Pflanzen
Bringen Sie Ihre Setzlinge nach dem Frost an einen geschützten Ort im Freien und gießen Sie regelmäßig. Wenn die Wurzeln die Kokostöpfchen ausfüllen, setzen Sie die Pflänzchen direkt ins Beet oder zu mehreren in einen deutlich größeren Topf oder Kübel. Mischen Sie der Blumenerde etwas Kompost bei, graben Sie ein Loch, das etwas größer ist, als der Anzuchttopf, stellen Sie den Topf hinein und drücken Sie die Erde um die Pflanze. Die Wurzeln wachsen nun durch die sich von selbst zersetzenden Fasern der Anzuchttöpfe hindurch.

5. Schneiden und trocknen
Bald werden die ersten Blütenknospen erscheinen. Ernten Sie einzelne in diesem Stadium zum Trocknen. Durch regelmäßigen Schnitt der Pflanzen fördern Sie neuen Blütenansatz. Lassen Sie auch einige verwelkte Blüten an den Stielen und beobachten Sie, wie sich die kleinen Kunstwerke der Samenkapseln entwickeln. Schneiden Sie diese, wenn sie sich fest anfühlen, und arrangieren Sie sie zusammen mit den zuvor getrockneten Blütenköpfen.

GRÄSER PFLANZEN

Zittergras *(Briza media)* ist von allen Gräsern am einfachsten zu ziehen. Es ist einjährig, aber wenn Sie es nicht schneiden, sät es sich von selbst aus und kommt Jahr für Jahr wieder. Ihr Nachschub an Trockenblumen ist also langfristig gesichert.

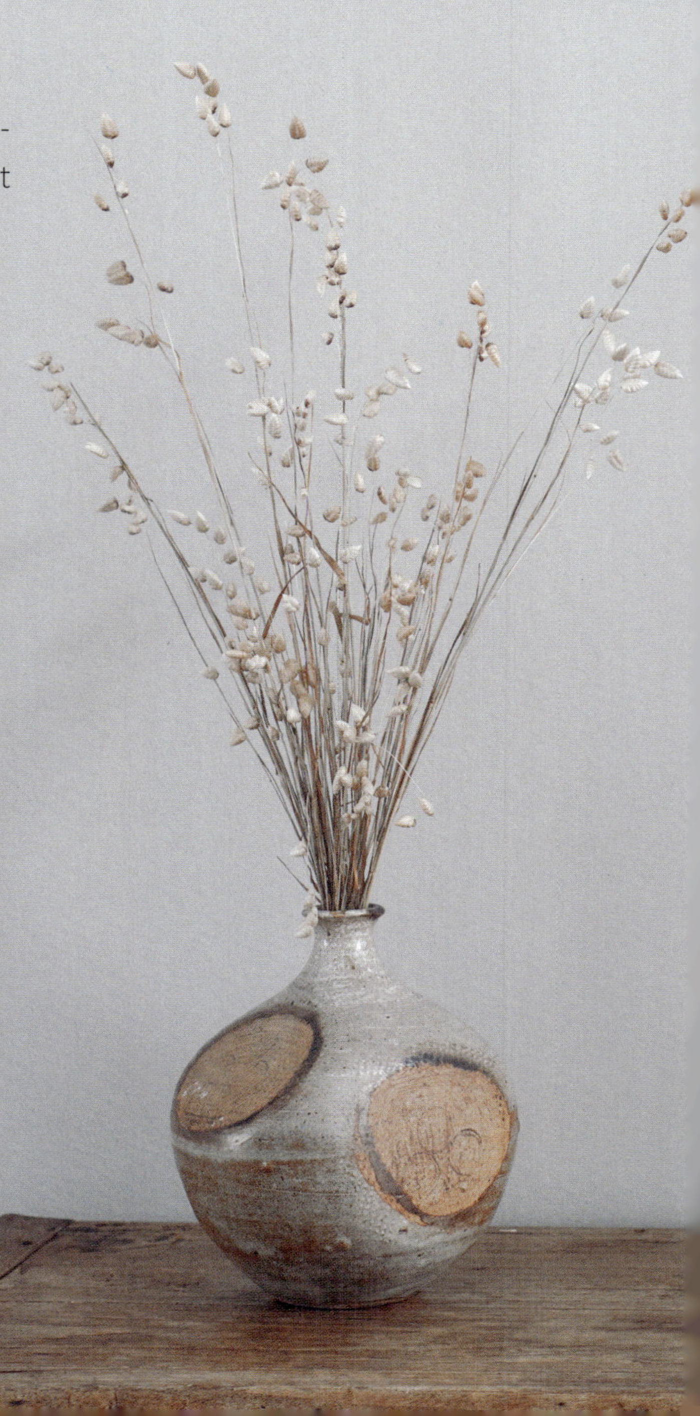

1. Aussäen
Verwenden Sie für die Anzucht im Haus eine Anzuchtschale. Grassamen sind so winzig, dass man sie nicht einzeln einsetzt, sondern dünn ausstreut. Das ist auch direkt im Beet möglich. Wenn Sie das Gras zeitlich versetzt vorziehen, wachsen während der gesamten Vegetationsperiode neue Sämlinge nach. Ungenutztes Saatgut heben Sie für das Folgejahr auf.

2. Pflanzen
Die Keimung beginnt bereits kurze Zeit nach der Aussaat: Schon bald schieben sich dünne Grashalme durch die Erde. Sobald sie ein paar Zentimeter groß sind, können Sie die Setzlinge in ein größeres Gefäß umtopfen oder direkt ins Beet setzen – zum Beispiel um eine entstandene Lücke im Blumenbeet zu füllen.

3. Schneiden und trocknen
Später erscheinen die Ährchen, die im Gegenlicht wie Regentropfen aussehen. Lassen Sie die Halme in die Höhe wachsen und schneiden Sie dann das ganze Bündel ab. Ersetzen Sie das abgeerntete Gras noch während der Wachstumsperiode durch neue Setzlinge und führen Sie den letzten Ernteschnitt vor den ersten Frösten durch.

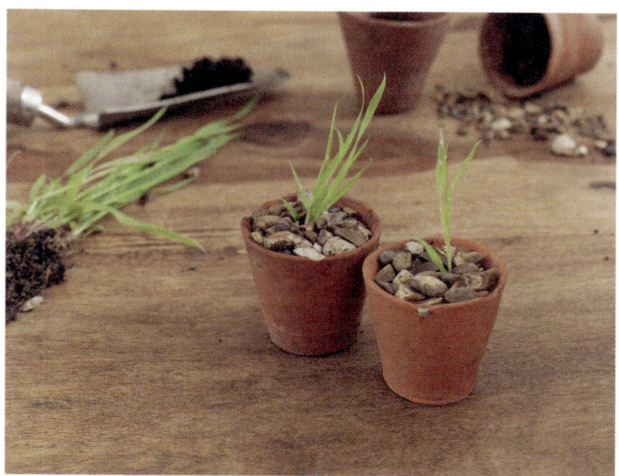

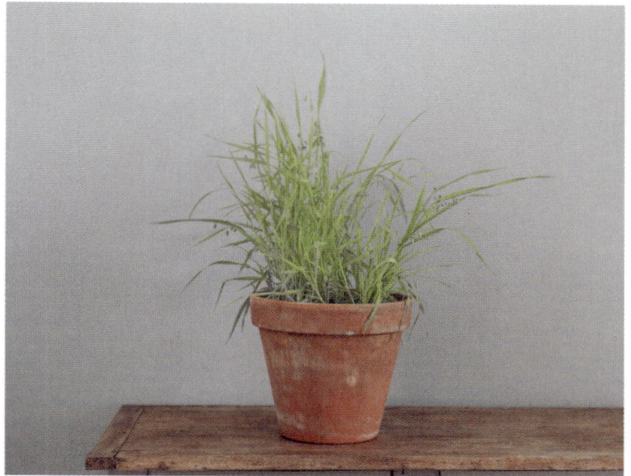

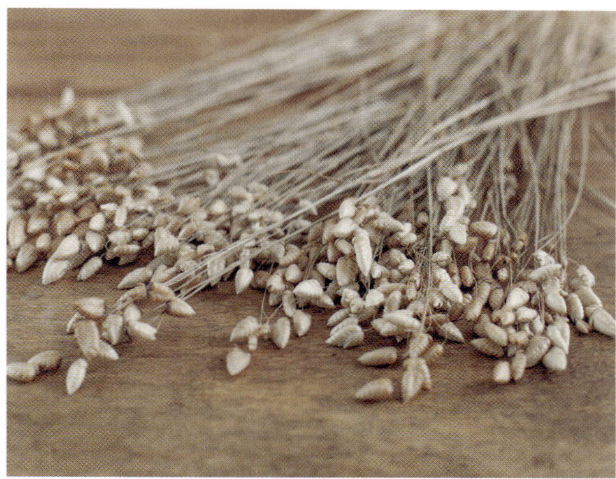

SCHOTEN ERNTEN

Das Einjährige Silberblatt (*Lunaria annua*) ist auch unter den Trivialnamen Silbertaler oder Mondviole bekannt, die auf seine zarten Schoten verweisen. Die Samen selbst sind wenige Millimeter groß und können direkt in Töpfe oder ins Beet gesät werden.

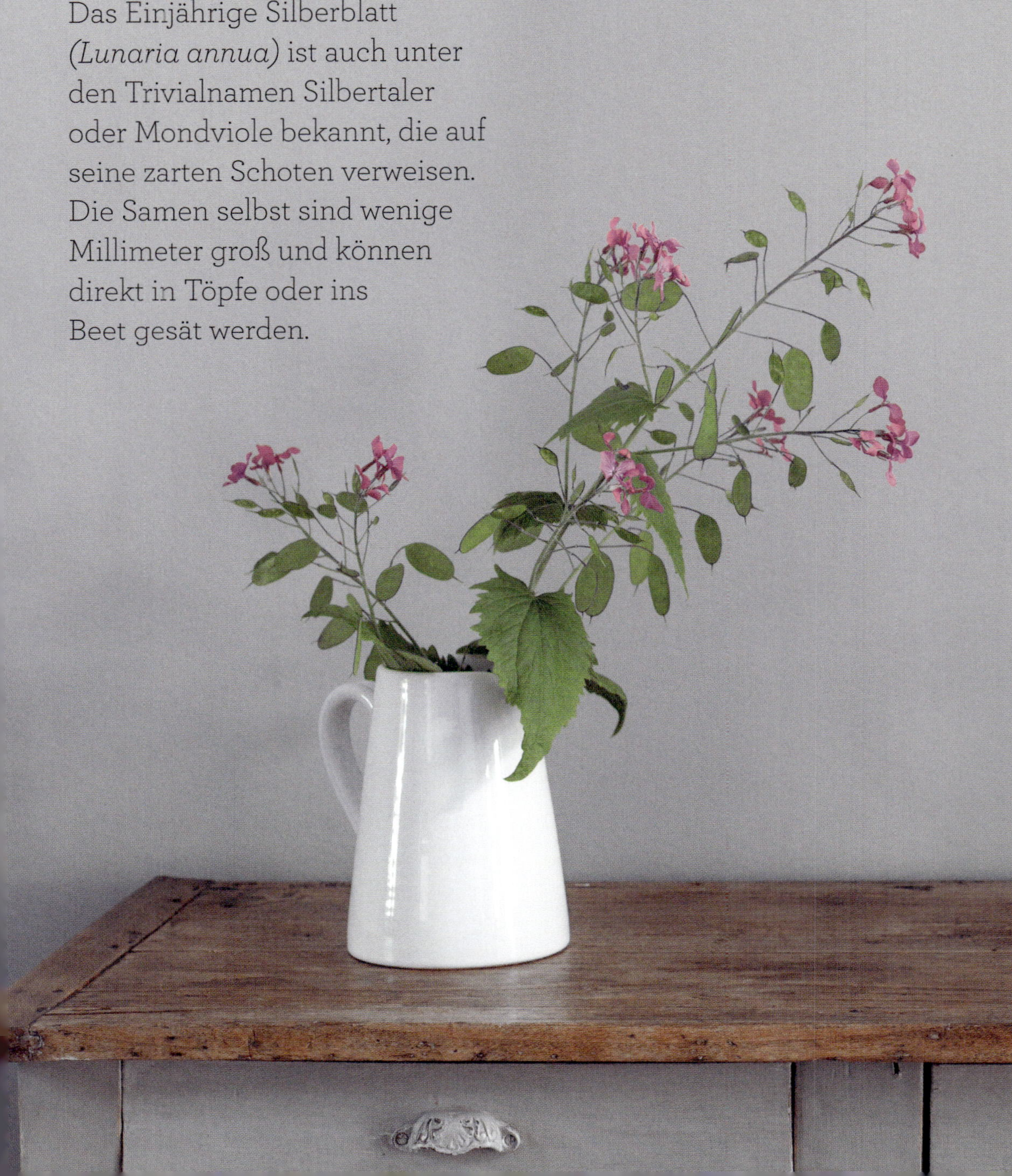

1. Aussäen

Sorgen Sie für ununterbrochenen Nachschub, indem Sie das Silberblatt mehrmals im Frühherbst und/oder Frühjahr aussäen. Pflanzen, die im Herbst ausgesät werden, keimen früh und wachsen schnell, sobald sich das Wetter wieder erwärmt. Das Silberblatt ist zweijährig, die Pflanze blüht also erst im darauffolgenden Jahr: Die Geduld ist es jedoch allemal wert.

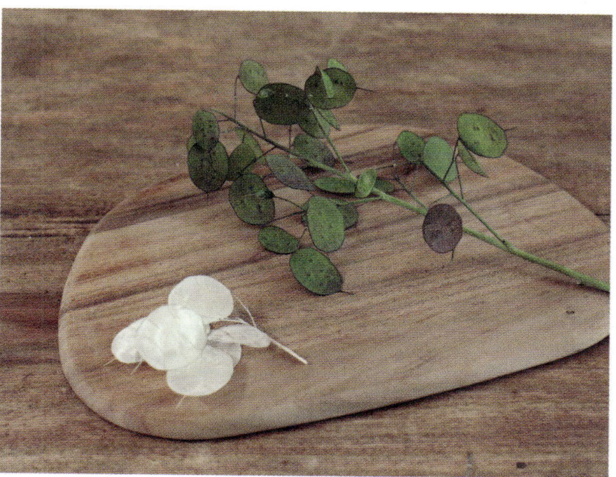

2. Schoten reifen lassen

Nach einem Jahr erscheinen im Spätfrühling oder Frühsommer Büschel violetter Blüten. Wenn sie allmählich verblühen und die Blütenblätter abfallen, kann man schon die jungen Samen in ihren grün-violett gefärbten Schoten erkennen. Lassen Sie die Schoten an der Pflanze ausreifen, aber entfernen Sie das Laub, sobald es anfängt, braun zu werden.

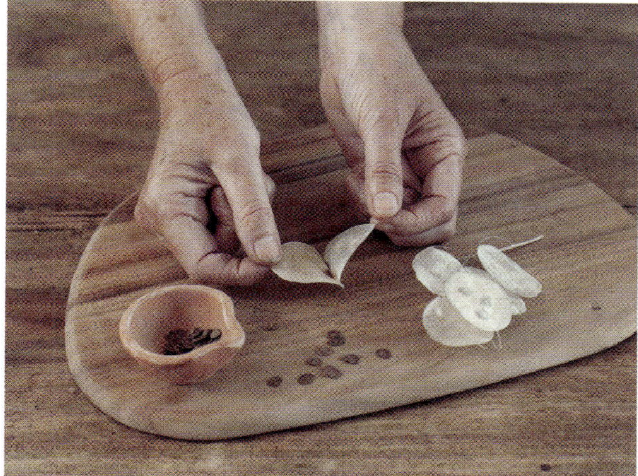

3. Schneiden und trocknen

Sobald Sie merken, dass die Schoten nicht mehr größer werden, sich trocken anfühlen und die Samen im Inneren bereits braun sind, ist es an der Zeit, die Stängel zu schneiden. Einige Schoten werden nun schon aufreißen und sich abschälen. Helfen Sie diesem Prozess nach, indem Sie behutsam die beiden äußeren Schichten von der Schote abziehen, wenn Sie die durchscheinende, schimmernde Haut im Inneren freilegen möchten. Entnehmen Sie dabei auch gleich die Samen und verwahren Sie sie in einem Briefumschlag an einem trockenen Ort. Nehmen Sie sich einen Moment Zeit, um dieses Wunder der Natur zu bestaunen.

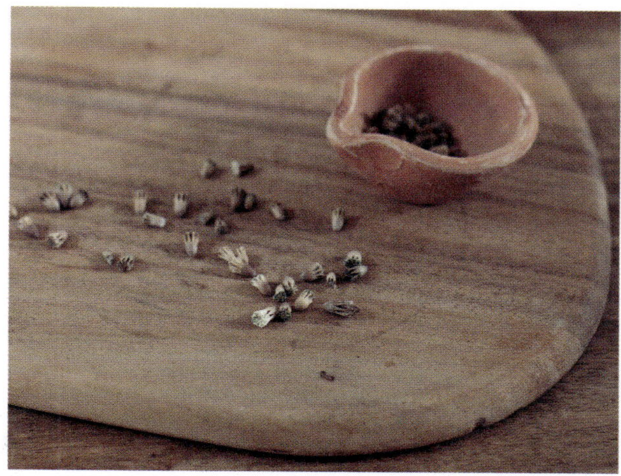

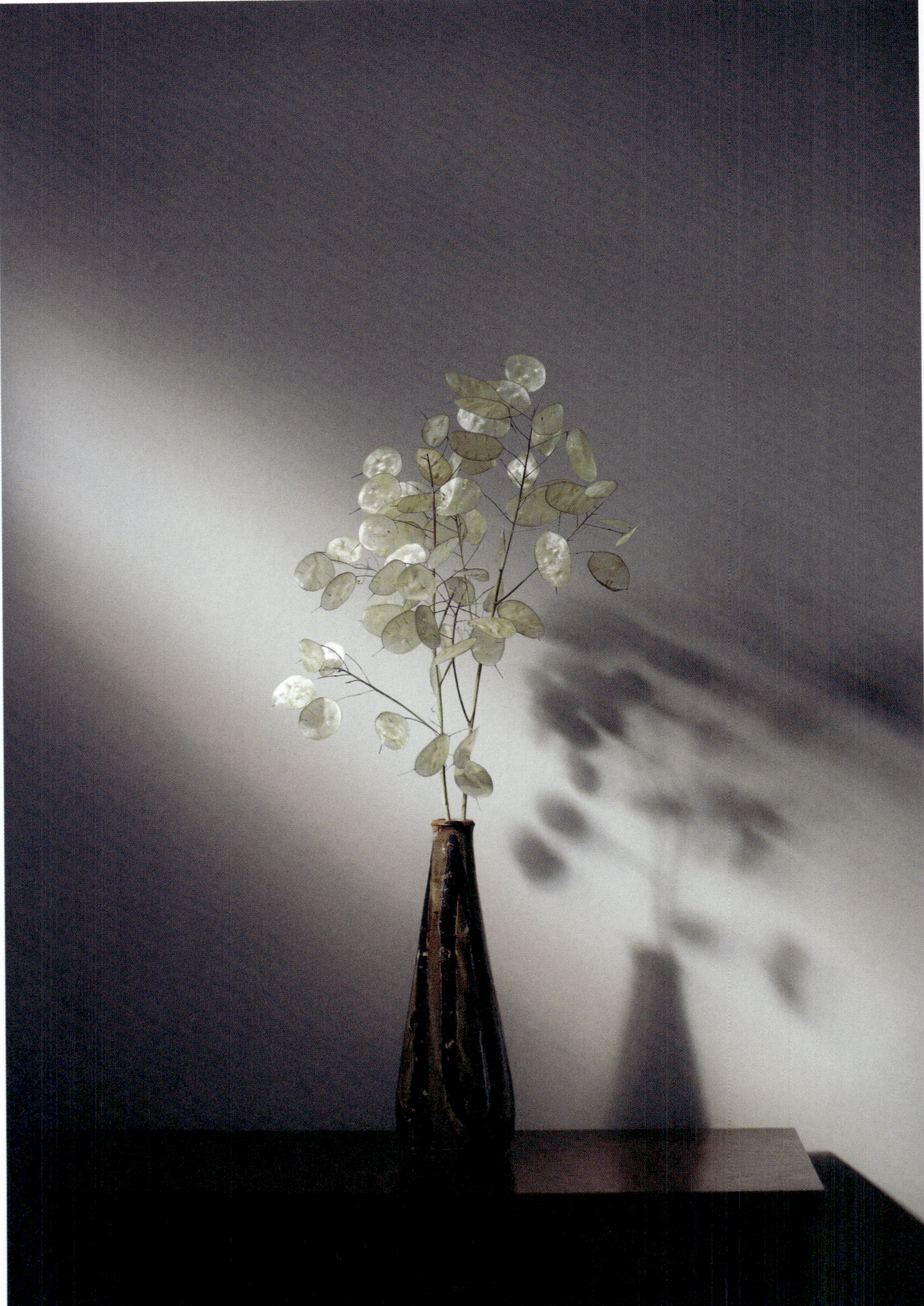

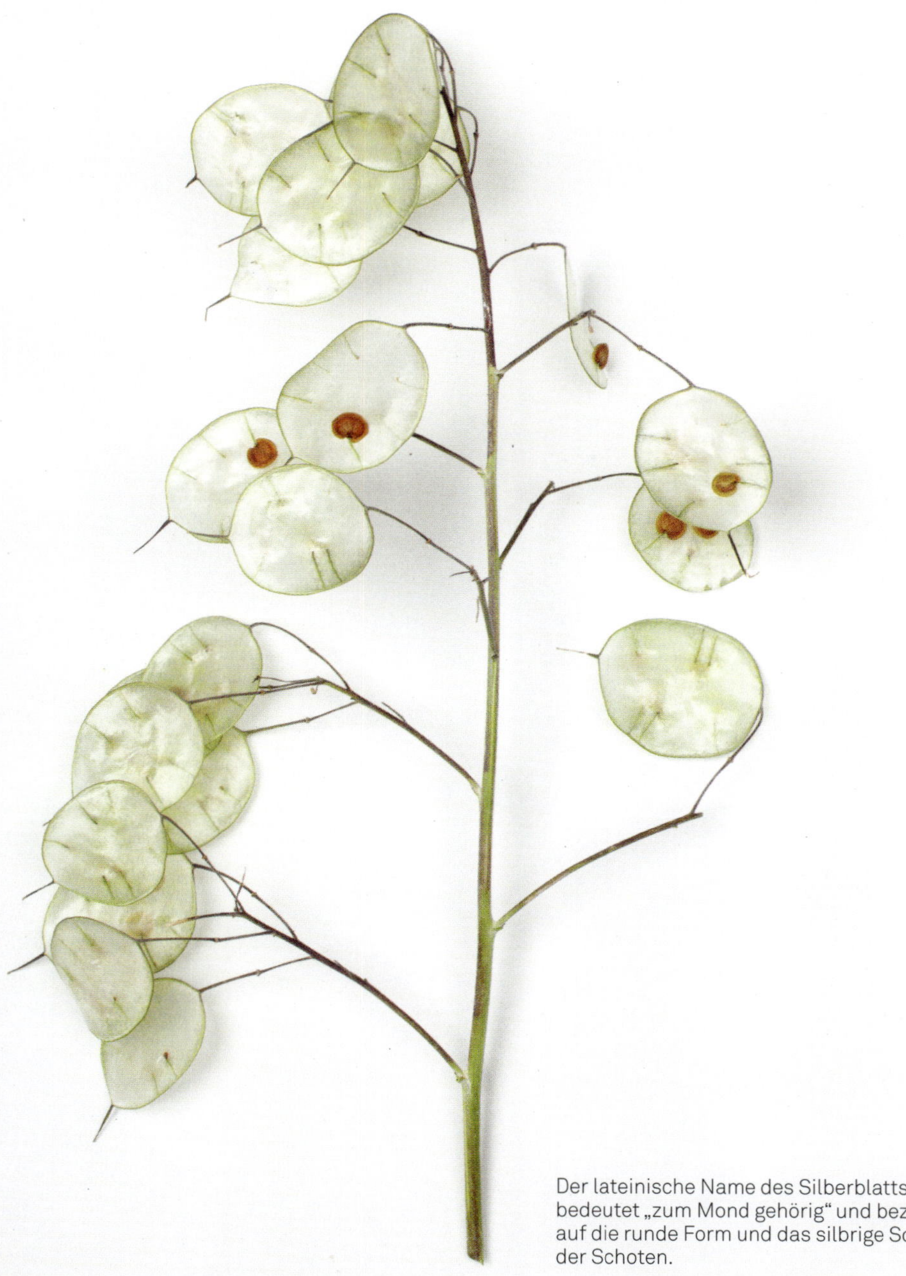

Der lateinische Name des Silberblatts *Lunaria* bedeutet „zum Mond gehörig“ und bezieht sich auf die runde Form und das silbrige Schimmern der Schoten.

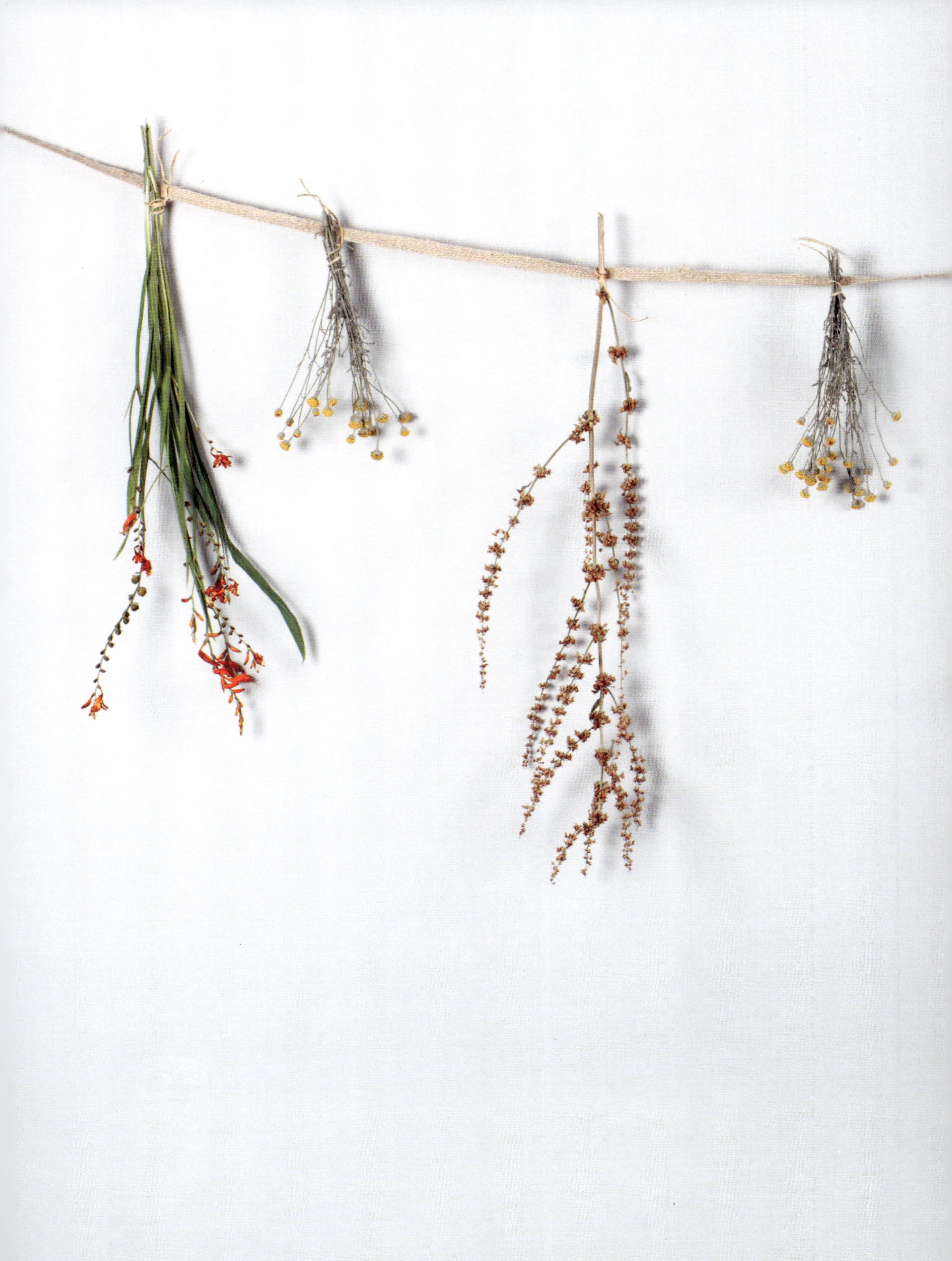

Pflanzen trocknen

Seit alters trocknen Menschen organisches Material, um es haltbar zu machen. Dieses alte Wissen zu nutzen, um mit einfachsten Mitteln Schönes zu erschaffen, bereitet gerade in unserer technisierten Welt unglaubliche Befriedigung. Die hier vorgestellten Techniken sind einfach und kommen ohne teures Equipment aus.

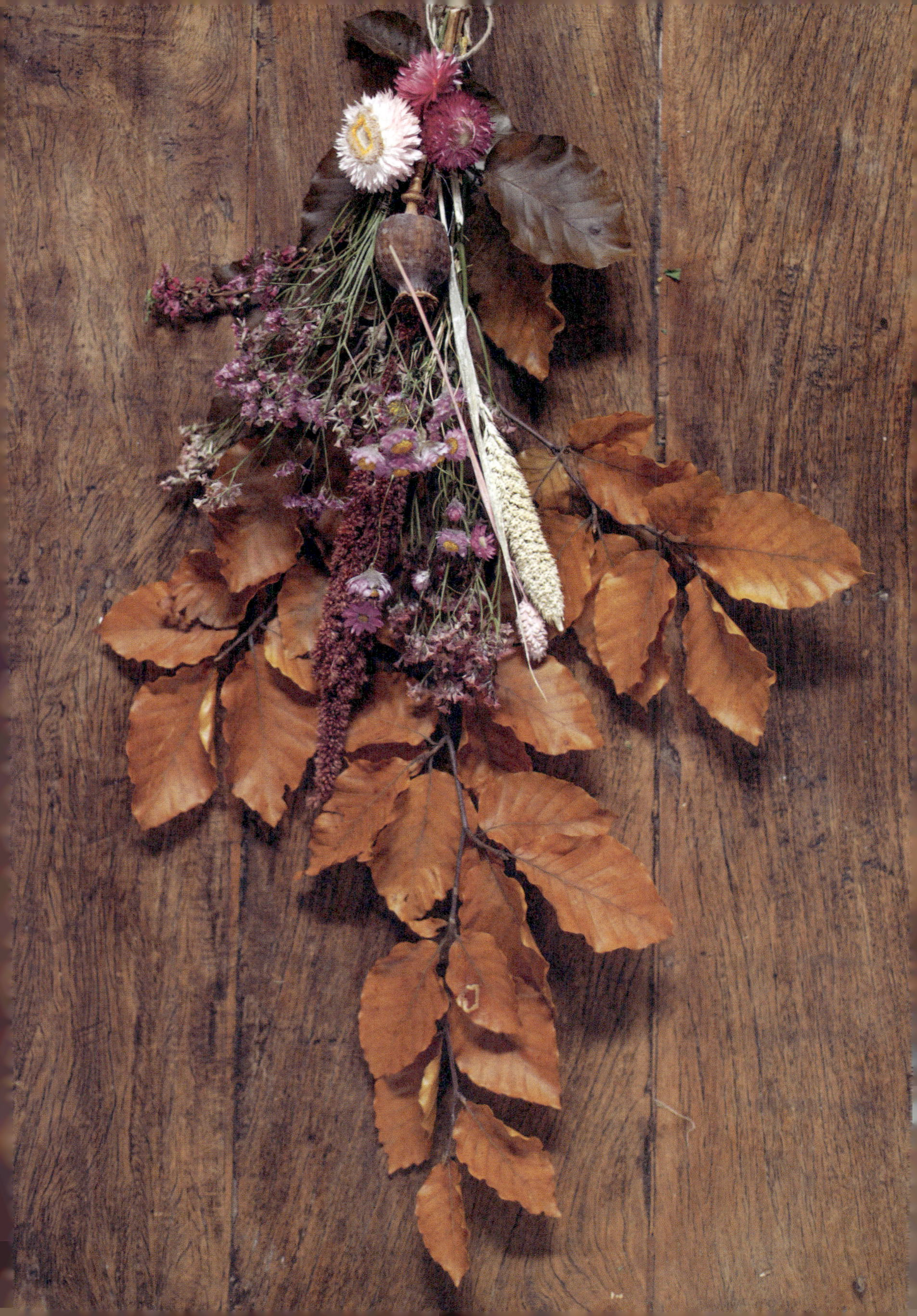

Erprobte Techniken

Der Schlüssel zum erfolgreichen Trocknen liegt darin, möglichst frisches Pflanzenmaterial zu verwenden. Je weniger Zeit zwischen der Ernte und dem Trocknungsprozess liegt, desto besser wird das Resultat.

Wenn Sie gekaufte Blumen für Ihre Trockenblumenprojekte verwenden, sollten Sie möglichst nur Saisonware kaufen. Der Schnittblumenhandel ist ein globaler Markt, die Blumen werden von einem Ende der Welt zum anderen geflogen, um unseren Wunsch nach immerwährendem Frühling zu befriedigen. Da die Blumen gekühlt verpackt und gelagert werden, damit sie den langen Transport besser überstehen, ist es schwierig, sie zu trocknen: Kaum nimmt man sie aus dem Wasser, lassen sie die Köpfe hängen oder die Stiele brechen ab.

Unschlagbar sind Pflanzen aus dem eigenen Garten oder vom Balkon. Wer keine Möglichkeit hat, sein Pflanzenmaterial selbst zu ziehen, kauft Blumen am besten entsprechend der Jahreszeit aus regionalem Anbau. Das stärkt die Verbundenheit mit unserer natürlichen Umwelt und verringert unseren ökologischen Fußabdruck. Bitten Sie Ihren Blumenhändler um Rat und fragen Sie nach, woher die Blumen stammen. Auch ein Besuch bei einer Gärtnerei kann sich lohnen. Viele bieten auf ihren Blumenfeldern die Möglichkeit zum Selberpflücken. Und nicht zuletzt gibt es den Online-Versandhandel, bei dem die bestellten Blumen am nächsten Tag geliefert werden.

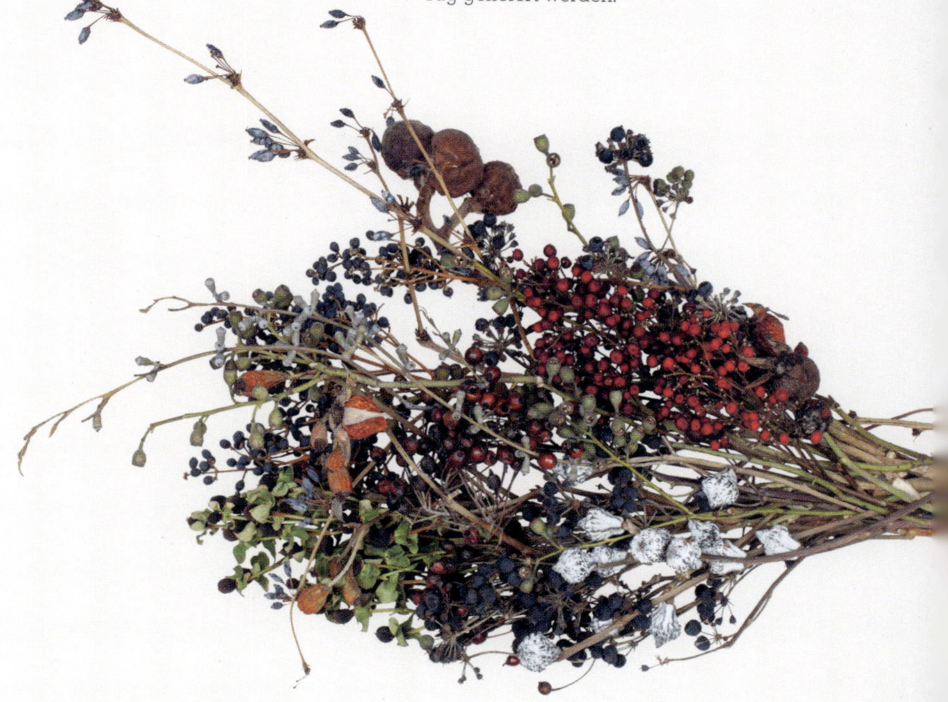

HÄNGEND TROCKNEN

Dies ist die einfachste Art, frisch gepflückte Blumen und Blätter zu trocknen. Die einzige Voraussetzung sind intakte Stiele und Stängel. Wie bei jeder Art von Lufttrocknung verdunstet das in den Pflanzenteilen enthaltene Wasser nach und nach von allein. Nur die Trocknungszeiten gilt es zu beachten: Je nach Art und Größe fallen sie teils sehr unterschiedlich aus. Während dünne, zarte Stiele oft schon nach wenigen Tagen trocken sind, benötigen kräftige, dicht belaubte Stängel mehrere Wochen.

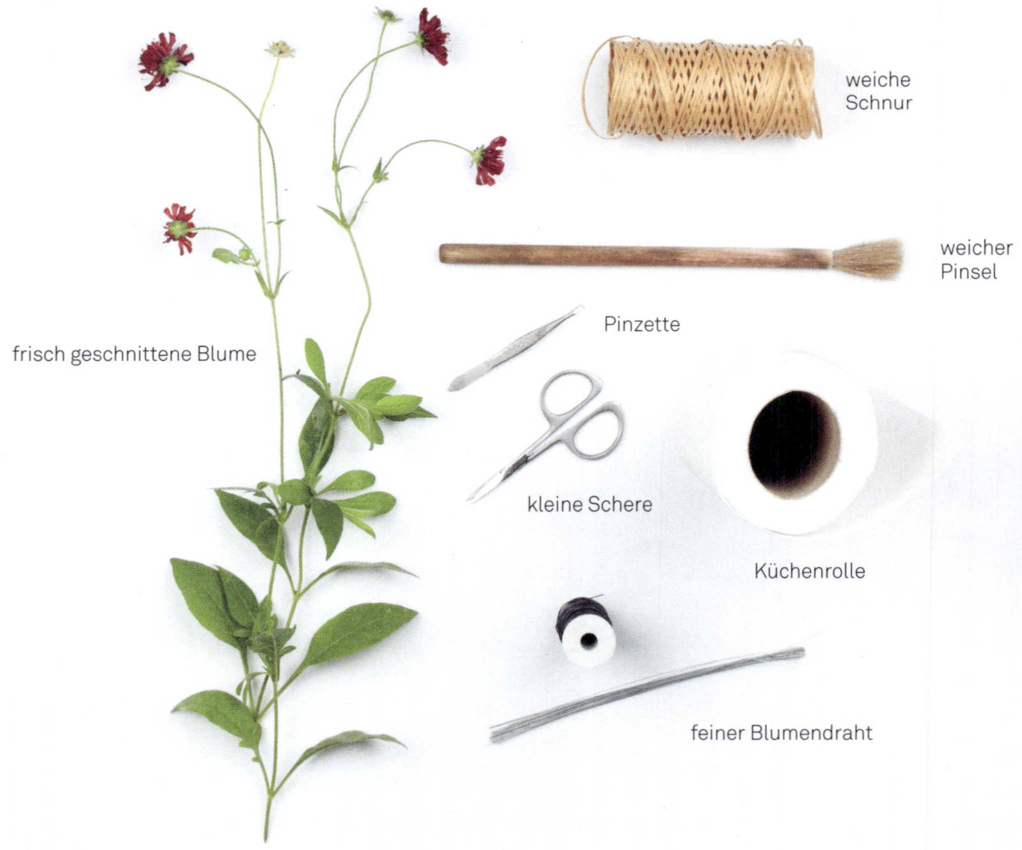

1. Blumen auswählen

Da sich während der Trocknung das Volumen einer Pflanze um 50 bis 70 Prozent verringert, benötigt man für Trockenblumengestecke erheblich mehr Pflanzenmaterial als für frische Blumensträuße. Kalkulieren Sie diesen zusätzlichen Bedarf an Pflanzenmaterial mit ein, wenn Sie Ihre Blumenbouquets oder Gestecke planen.

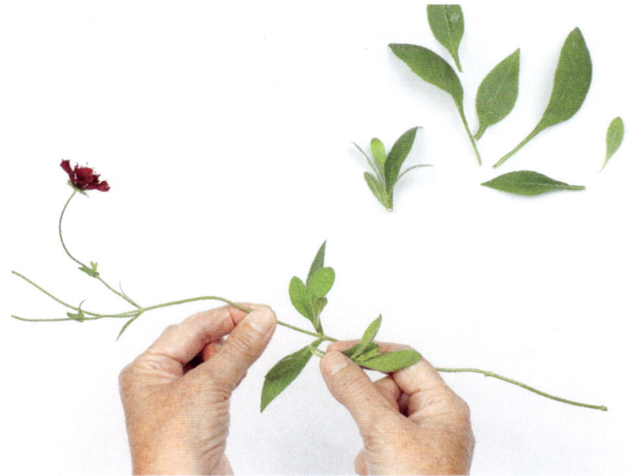

2. Vorbereiten

Legen Sie Ihre frisch gepflückten oder gekauften Blumen auf eine flache Unterlage und tupfen Sie mit einem Küchentuch feuchte Stellen trocken. Begutachten Sie jede einzelne Pflanze und entfernen Sie schadhafte Blüten, Blätter, Erdreste und Insekten mit einer Pinzette.

3. Zuschneiden

Kürzen Sie weiche, breiige Stielenden ein. Schneiden Sie mit einer kleinen, scharfen Schere alle Blätter am unteren Stängel, ab sodass sie einen kahlen Bereich von 12 cm erhalten.

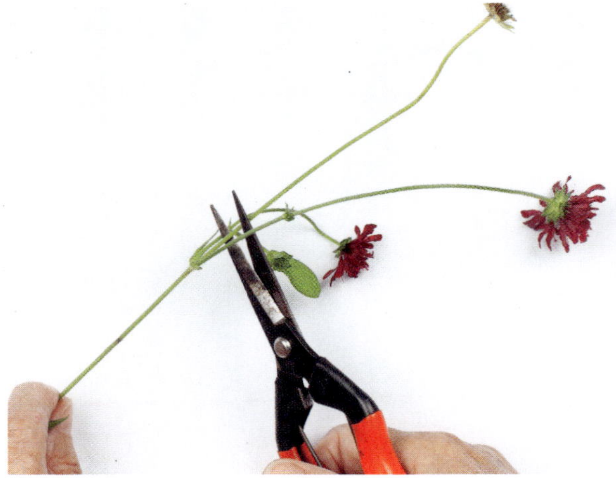

4. Schnur befestigen

Wickeln Sie ein Stück weichen Faden oder Blumendraht um das untere kahle Ende des Stiels und verknoten oder verdrillen Sie ihn. Lassen Sie einen längeren Faden oder Drahtrest stehen, damit Sie die Blumen aufhängen können. Bei sehr dünnen, zarten Stielen ist es empfehlenswert, mehrere Blumen zu einem kleinen Strauß zusammenzubinden. Achten Sie darauf, dass die Stiele unterschiedlich lang sind, damit die Blütenstände Luft haben.

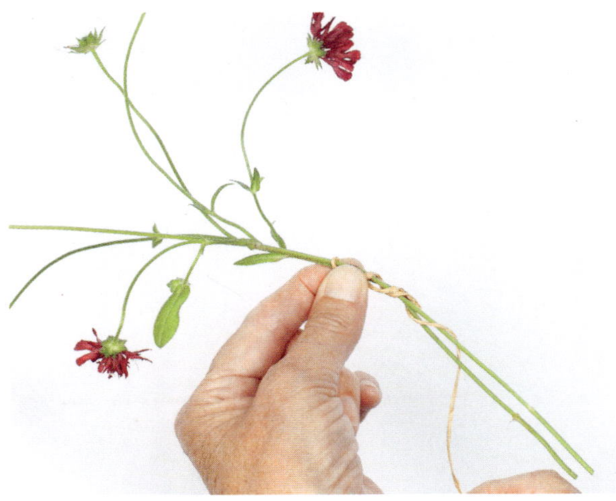

5. Blumen aufhängen

Wählen Sie einen trockenen, luftigen Ort, wo die Blumen ungestört hängen. Achten Sie darauf, dass sie keinem direkten Sonnenlicht ausgesetzt sind, da UV-Strahlen die Farben verblassen lassen. Hängen Sie die Blumen kopfüber an den Stielen auf. Ich hänge gerne Sträuße zum Trocknen mit S-Haken an die Zierleiste meines Küchenschranks. Alternativ hängen Sie sie an einem Drahtbügel oder einer Wäscheleine auf. Auch Garderobenhaken, Wäschespinnen oder Kleiderstangen, die sich in jedem Haushalt finden, eignen sich. Entscheidend ist, dass Sie Ihre Blumenbündel mit genügend Abstand zueinander aufhängen: Die Luft muss gut zwischen den einzelnen Stängeln zirkulieren können. Feuchte, ungenügend belüftete Stiele werden weich und verfaulen. Entdecken Sie faulige Stellen an einem Stiel oder einer Blüte, entfernen Sie diese sofort, damit sich der Schimmel nicht ausbreitet.

6. Gebinde abhängen

Die Trocknung vollzieht sich von der Schnittstelle hin zur Blüte. Hängen die Blumen an einem geeigneten Platz, werden die Stiele bald trocken und hart. Fühlt sich die gesamte Pflanze papierartig und spröde an, ist der Zeitpunkt zum Abhängen gekommen. Gehen Sie sorgsam vor, wenn Sie die Blumen vom Haken nehmen, vor allem die Blütenstiele sind empfindlich und brechen leicht. Die Umsicht lohnt sich: Mit Ihren frisch gewonnenen Trockenblumen haben Sie ein haltbares und vielfältig verwendbares Dekomaterial, mit dem Sie Ihr Zuhause jahreszeitenunabhängig verschönern können.

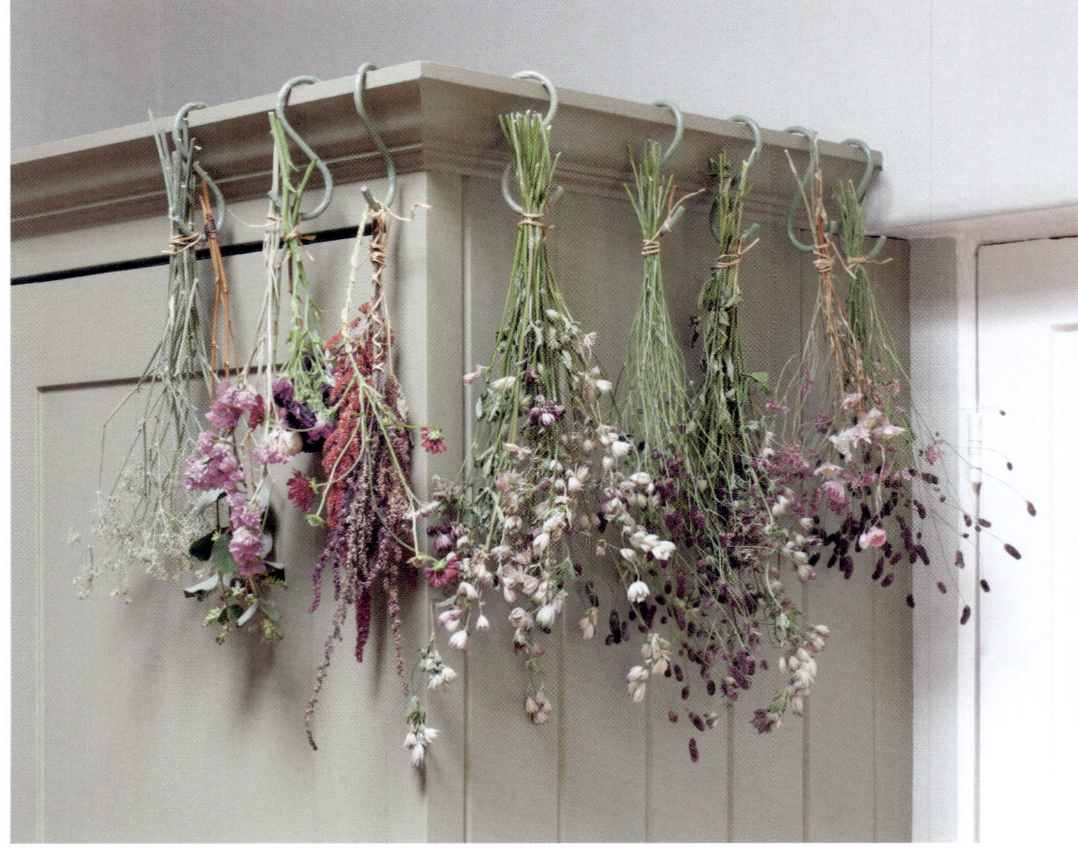

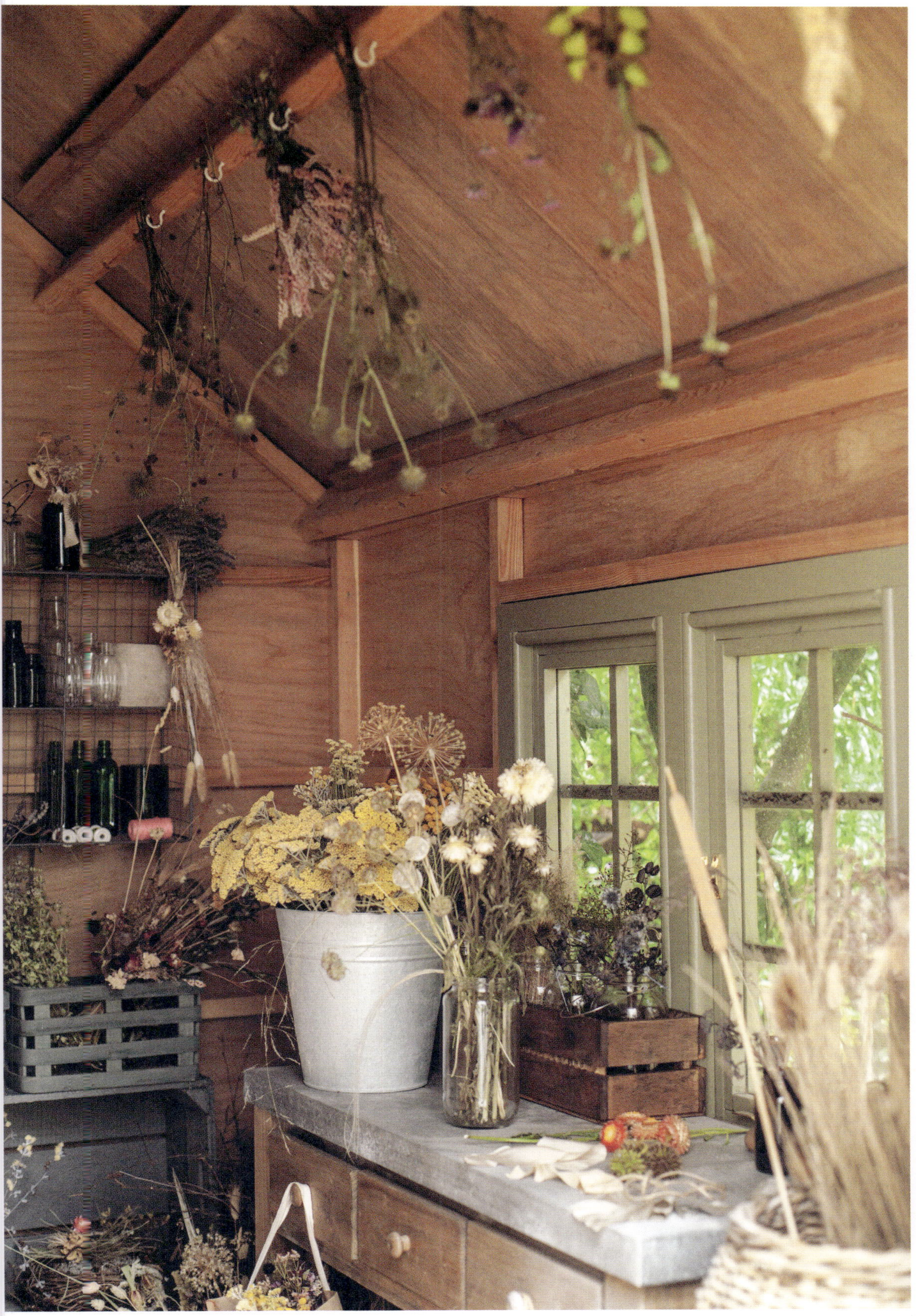

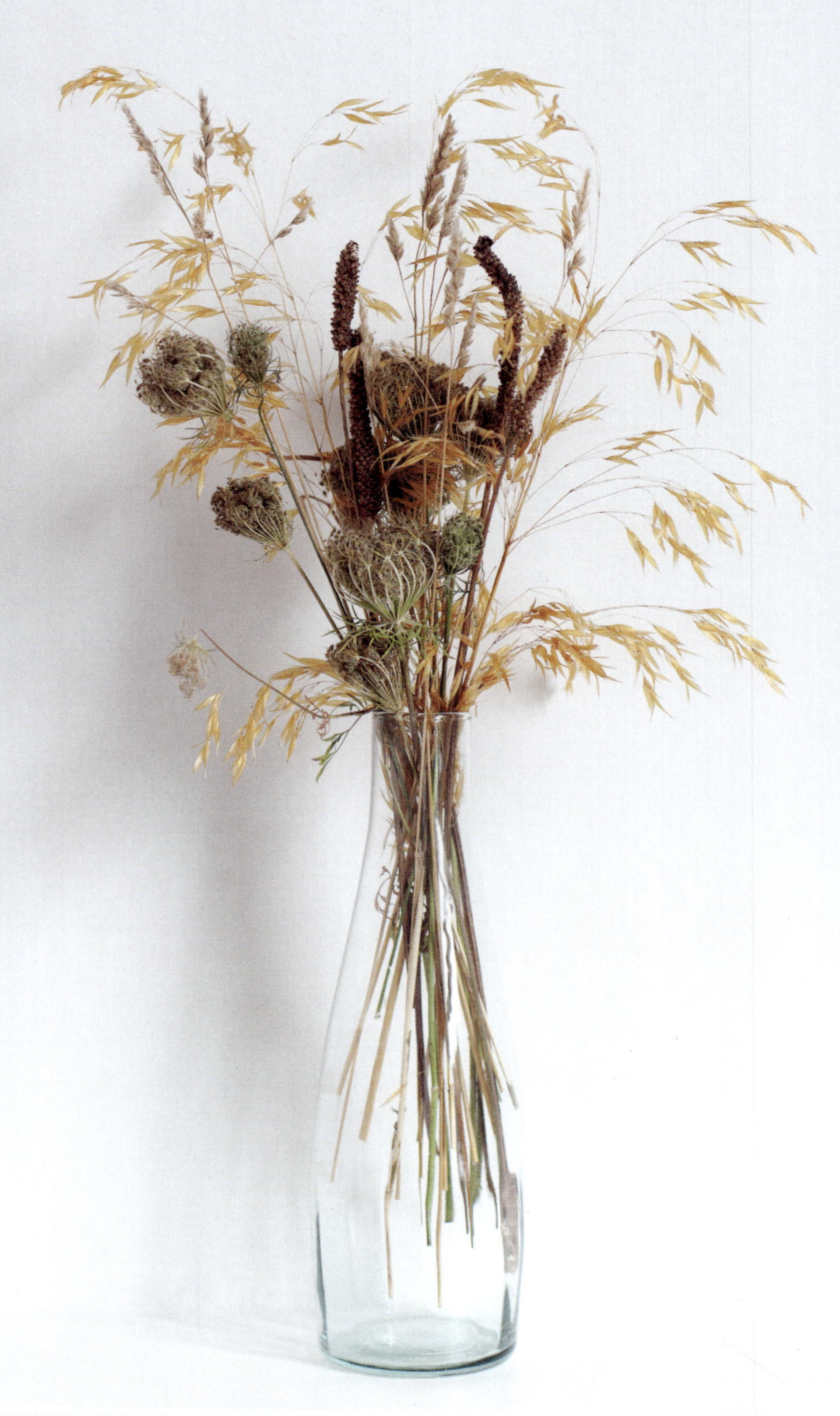

VORGETROCKNET ERNTEN

Diese Methode eignet sich besonders für Ziergräser, Frucht- und Samenstände. Sie ist denkbar leicht – warten Sie einfach, bis die Zeit ihr Werk vollbracht hat und die Pflanze von allein durchgetrocknet ist. Erst dann greifen Sie zur Schere und ernten.

1. Auswählen

Schneiden Sie im eigenen Garten verwelkte Blüten nicht ab, sondern warten Sie, bis sich Früchte und Samen gebildet haben. Schauen Sie regelmäßig nach Ihren Pflanzen, um den Erntemoment nicht zu verpassen. Wenn der Farbübergang von Grün nach Braun vollzogen ist und die Stiele sich hart anfühlen, können sie abgeschnitten werden. Entscheidend ist, dass Samenstände und Stiele noch fest, aber nicht mehr saftig sind.

In freier Natur sammeln Sie am besten im Herbst, wenn die meisten Wildblumen und Gräser Früchte gebildet haben. Benutzen Sie Handschuhe und eine Gartenschere, wenn Sie stachelbewehrte Pflanzen wie Karden *(Dipsacus)* ernten. Schneiden Sie bitte nicht die ganze Pflanze, sondern nur einzelne Stiele ab. Verwenden Sie zum Sammeln einen flachen Korb, damit Sie Ihre Ernte liegend transportieren können.

2. Schneiden

Geerntet wird mit einer scharfen Gartenschere. Kappen Sie die Stiele direkt an der Basis und entfernen Sie schadhafte oder abgestorbene Blätter. Sie können die frisch geernteten Pflanzenstiele zum Trocknen flach auslegen oder aufrecht in ein leeres Gefäß stellen. Wichtig ist bei beiden Varianten, dass sich die Köpfe nicht berühren. Gehen Sie behutsam mit Ihren Pflanzen um, damit die trocknenden Früchte nicht abbrechen.

3. Lagern

Belassen Sie die trockenen Früchte an ihren Stielen. Sofern Sie sie nicht sofort weiterverarbeiten wollen, wickeln Sie die Pflanzen einzeln in Seidenpapier und lagern sie ein.

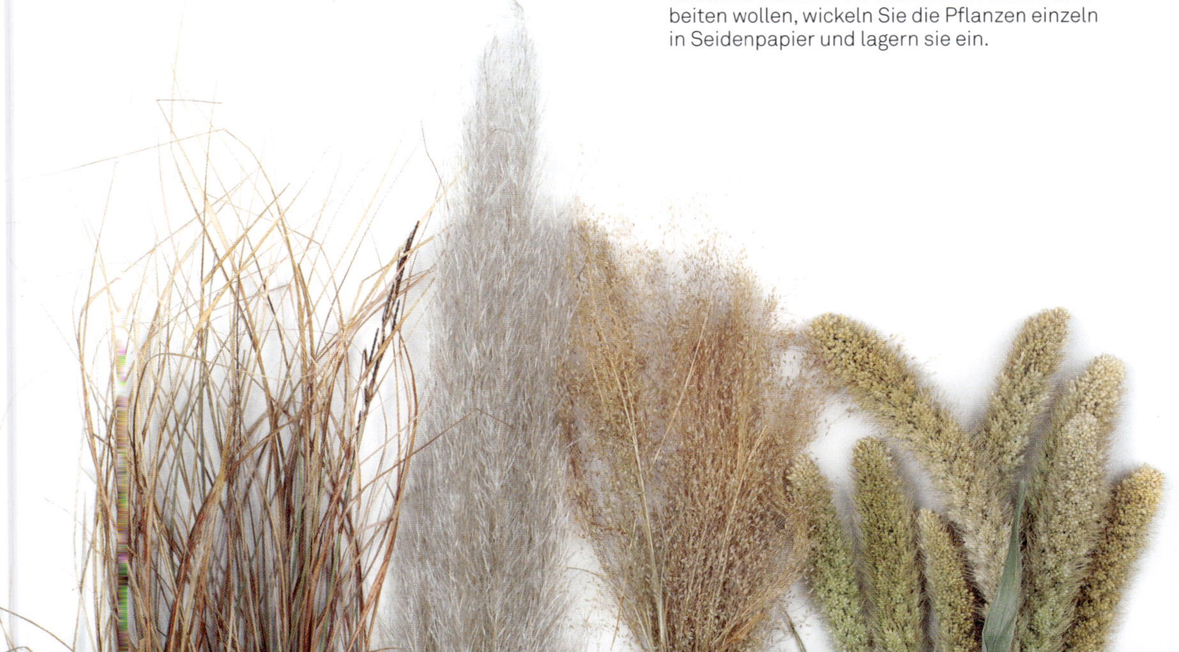

IN DER VASE TROCKNEN

Es mag widersinnig erscheinen, aber einige Arten trocknen tatsächlich am besten, während sie im Wasser stehen. Vor allem bei frisch geschnittenen Blumen mit sehr vollen oder büscheligen Blütenständen wie Hortensien *(Hydrangea)*, Schleierkraut *(Gypsophila)*, Zier-Lauch *(Allium)*, Giersch *(Ammi majus)* und Sterndolde *(Astrantia)* lassen sich mit dieser Methode sehr schöne Ergebnisse erzielen. Aber achten Sie darauf, dass der Wasserpegel nicht zu hoch ist.

1. Vorbereiten
Legen Sie die Blumen aus und suchen Sie sie nach schadhaften Stellen ab. Entfernen Sie sämtliche Blätter und schneiden Sie den Stiel 1 cm tief ein.

2. Vase wählen
Der Vasenhals sollte so hoch sein, dass der gesamte Stiel bis direkt unterhalb der Blüte darin Platz hat. Befüllen Sie die Vase etwa 5 cm hoch mit frischem, kaltem Wasser.

3. Wasser wechseln
Achten Sie darauf, dass das Wasser immer frisch und klar ist und wechseln Sie es regelmäßig, damit sich keine Bakterien ansiedeln. Sie können auch einen Tropfen Chlorbleiche zum Wasser dazugeben, um eine Bakterienbesiedelung zu verhindern. Nach etwa einer Woche färbt sich der Stiel gelb. Dann beginnt auch der Trocknungsprozess der Blüte. Sobald sich die Blütenblätter trocken anfühlen, nehmen Sie die Blume aus der Vase und schneiden das feuchte Stielende ab.

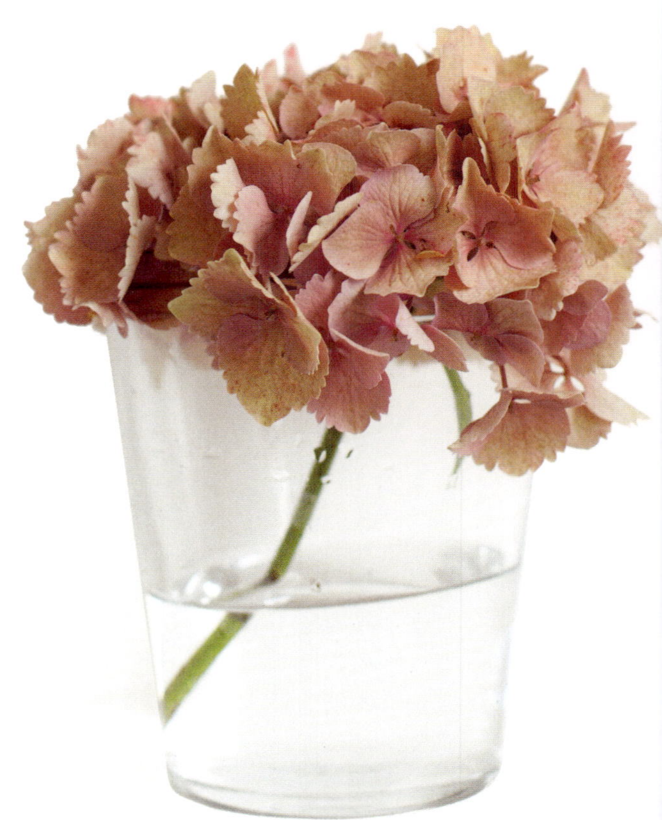

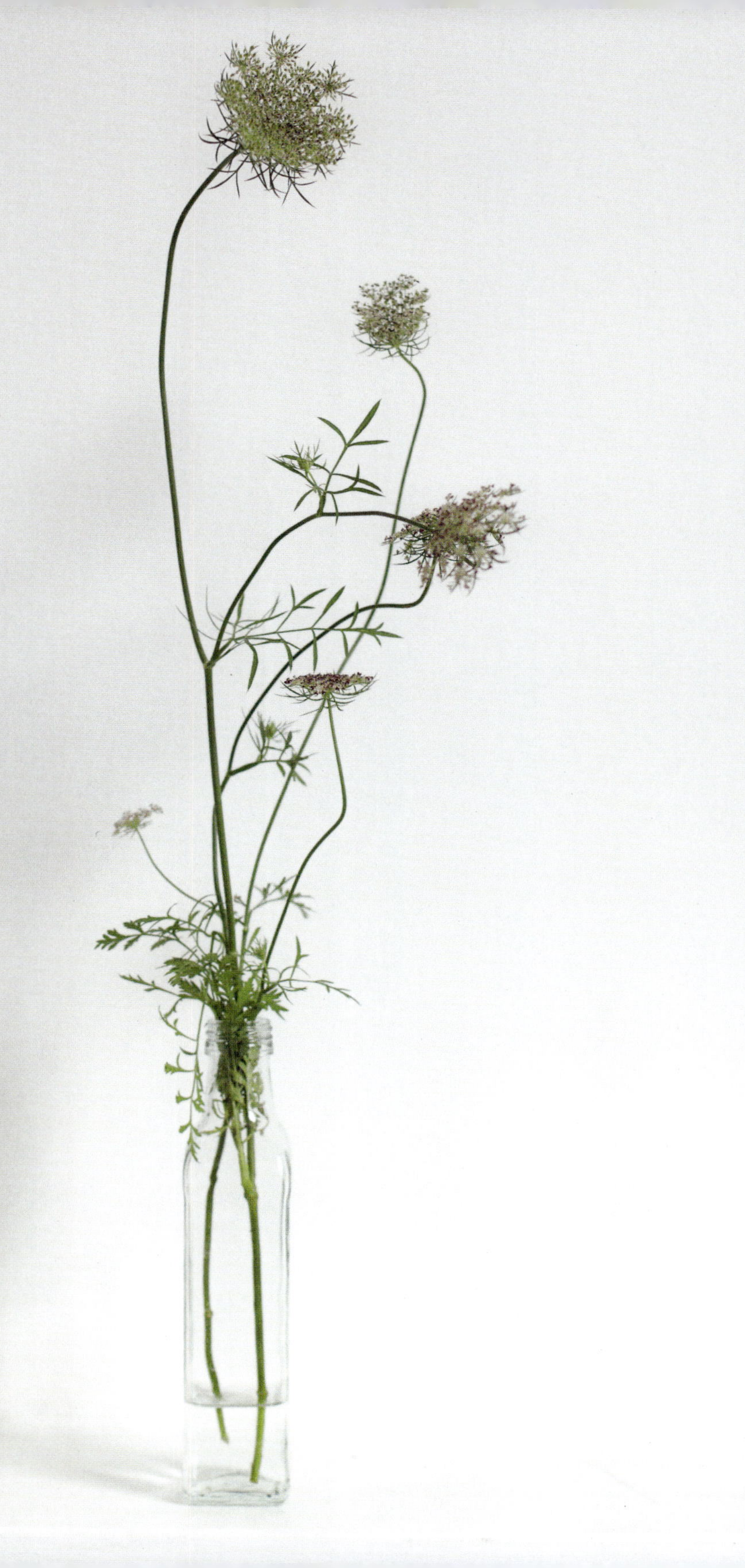

IM SAND TROCKNEN

Die Sandtrocknung verwendeten schon die alten Ägypter. Sie ist die einzige Methode, bei der die Duftstoffe erhalten bleiben, weshalb sie sich besonders für Duftgeranien (z. B. *Pelargonium citronellum* 'Bitter Lemon') und Nelken *(Dianthus)* eignet. Aber auch voll erblühte Blumen mit großen, gefüllten Blüten wie Ranunkeln *(Ranunculus)*, Land-Nelken *(Dianthus caryophyllus)* und Pfingstrosen *(Paeonia)* lassen sich im Sand hervorragend trocknen.

1. Trocknungsbehälter vorbereiten
Nehmen Sie einen stabilen, tiefen Behälter, zum Beispiel eine Waschschüssel, und befüllen Sie ihn zu einem Viertel mit feinem, trockenem und gewaschenem Sand (Spielsand ist ideal). Achtung, Sand ist schwer! Befüllen Sie den Behälter an Ort und Stelle oder nehmen Sie mehrere kleine.

2. Blumen vorbereiten
Beim Trocknen mit Sand werden nur die Blütenstände getrocknet. Entfernen Sie welke oder schadhafte Blütenblätter. Schneiden Sie die Stiele ab und setzen Sie die Blüten auf den Sand. Graben Sie die Blüten vorsichtig einige Zentimeter ein und füllen Sie mit einer Tasse oder Kanne die Bereiche dazwischen mit Sand auf. Schließlich bedecken Sie die Blüten vollständig. Achten Sie darauf, dass die Blumen ihre Form behalten und dass auch die Bereiche zwischen den Blütenblättern mit Sand gefüllt sind.

3. Trocknen
Lassen Sie die Schüsseln an einem warmen, trockenen Ort ruhen. Der Trocknungsprozess dauert mindestens zwei Wochen, kann sich aber auch länger hinziehen. Überprüfen Sie immer wieder die Blütenblätter. Fühlen Sie sich papieren an, sind die Blüten durchgetrocknet. Nehmen Sie nun die Blumen vorsichtig aus dem Sand, schütteln Sie sie leicht aus und entfernen Sie mit einem weichen Pinsel die Sandreste. Der Sand lässt sich selbstverständlich wiederverwenden.

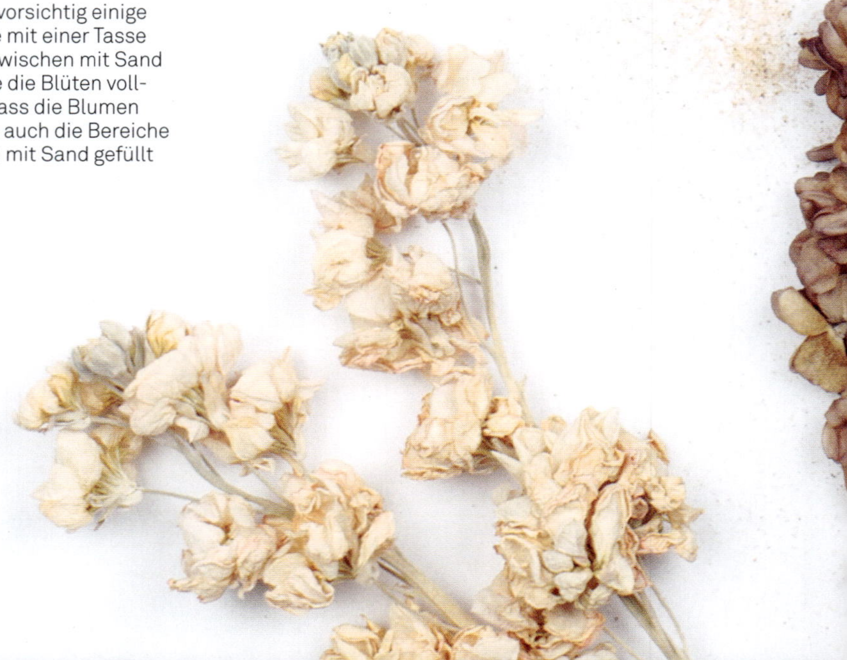

Mit Silikagel trocknen

Eine schnelle Alternative zu Sand ist Silikagel, eine ungiftige, geruchlose Chemikalie, die als Trockenmittel verwendet wird (die kleinen Tütchen, die man beim Kauf von Lederwaren manchmal im Karton findet, sind mit Silikagel befüllt). Silikagel gibt es in Form von kleinen weißen Kügelchen in großen Säcken online zu kaufen. Obwohl es nicht gesundheitsschädlich ist, würde ich von einer Verwendung in Haushalten mit kleinen Kindern abraten, da die Kinder daran ersticken könnten.

Das Trocknen mit Silikagel verläuft ähnlich wie mit Sand. Da es leichter ist als Sand, können Sie auch große Behältnisse verwenden. Verschließen Sie nach dem Befüllen den Behälter luftdicht. Der Trocknungsprozess geht sehr viel schneller vonstatten, meist genügen einige Tage, bis die Blüten durchgetrocknet sind.

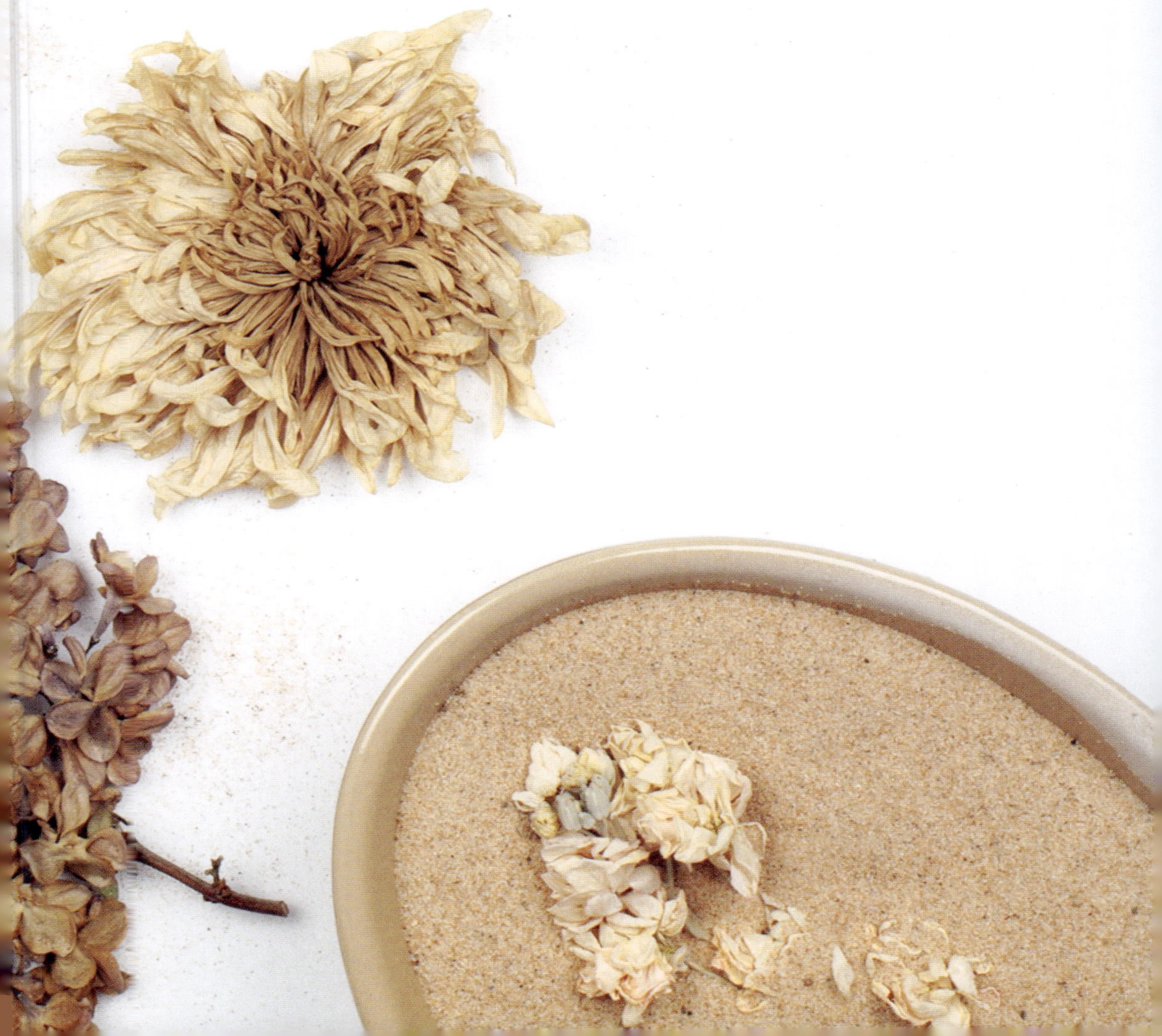

MIT WÄRMEQUELLEN TROCKNEN

Kommerziell hergestellte Trockenblumen werden maschinell getrocknet. Das lässt sich zu Hause nachahmen, indem man die Pflanzen in die Mikrowelle oder den Ofen legt. Vor allem bei Obst funktioniert diese Technik gut. Lufttrocknung und Trocknung mit Wärmequelle lassen sich auch effizient kombinieren, indem man die Blumen in einen Trockenschrank oder den Heizungskeller legt oder sie über einem Heizkörper aufhängt.

Auf dem elektrischen Wäscheständer

1. Vorbereiten

Wer regelmäßig größere Mengen an Trockenblumen herstellen will, sollte über die Anschaffung eines elektrischen Wäscheständers mit Gebläse nachdenken. Das Prozedere ist wie bei der hängenden Lufttrocknung (siehe Seite 104–106): Die Blumen werden einfach kopfüber an den Stangen aufgehängt.

2. Trocknung überwachen

Da Blumen an einem elektrischen Wäscheständer schneller trocknen als ohne zusätzliche Wärmequelle, sollten Sie regelmäßig nach ihnen schauen. Wenn Sie die Blumen nicht rechtzeitig abhängen, besteht die Gefahr, dass sie dürr und bröselig werden.

Im Ofen

1. Vorbereiten

Obst trocknet man am besten in einem konventionellen Gas- oder Elektroofen. Natürlich lassen sich auch ganze Früchte dorren, aber besser sind Obstscheiben. Schneiden Sie Zitrusfrüchte wie Mandarinen, Orangen, Zitronen oder Limetten in ca. 1 cm dicke Scheiben. Sollen die Zitrusscheiben nach dem Trocknen aufgehängt werden, bohren Sie mit einem Spieß ein kleines Loch in die Schale. Legen Sie die Obstscheiben auf ein mit Backpapier ausgelegtes Backblech und schieben Sie es in den Ofen.

2. Trocknen

Stellen Sie die niedrigste Temperatur ein und lassen Sie das Blech so lange im Ofen, bis der Saft komplett verdampft ist. Nehmen Sie das Blech heraus und lassen Sie die Obstscheiben abkühlen. Dabei härten die Früchte aus – wer sie auffädeln will, sollte dies im warmen Zustand tun. Das Trocknen von ganzen Früchten dauert naturgemäß länger, eventuell müssen sie sogar über Nacht im Ofen bleiben.

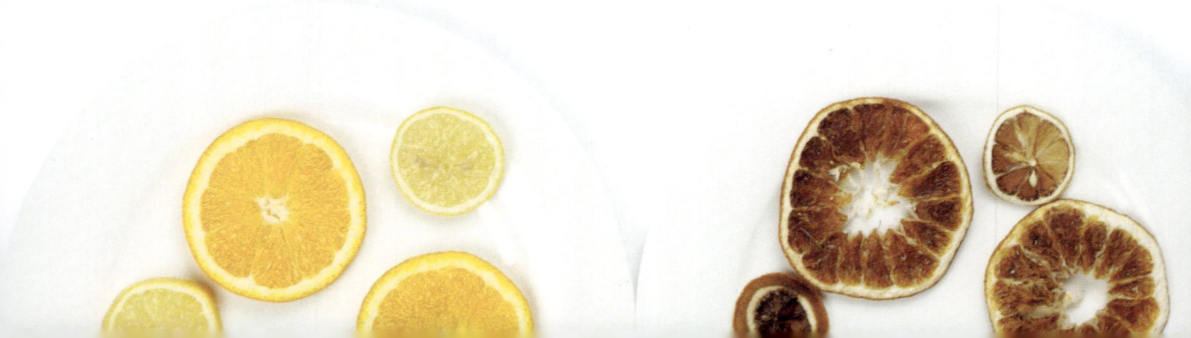

In der Mikrowelle

1. Vorbereiten

Blütenstände oder einzelne Blütenblätter lassen sich gut in der Mikrowelle trocknen, vor allem wenn Sie sehr viel Material gleichzeitig verarbeiten wollen. Schneiden Sie die Stiele ab und legen Sie die Blüten oder Blütenblätter direkt auf die Glasplatte.

2. Trocknen

Erhitzen Sie die Blumen auf der niedrigsten Stufe in Fünf-Sekunden-Sequenzen so lange, bis sich die Blüten trocken anfühlen. Achten Sie darauf, dass sie nicht die Farbe verlieren. Färben sich die Blätter braun, ist das ein Zeichen, dass sie zu lange in der Mikrowelle waren. Tipp: Notieren Sie sich für künftige Trocknungsaktionen die insgesamt benötigte Trocknungszeit.

PFLANZEN PRESSEN

Eine weitere Technik, Blumen haltbar zu machen, ist das Pressen. Die Methode ist denkbar einfach und funktioniert auch ohne professionelle Blumenpresse. Einfach aus dickem Papier oder Löschpapier, zwei Sperrholzbrettern und Gummiband eine Presse basteln oder die Blumen zwischen den Seiten eines Buches trocknen.

1. Pflanzen auswählen und vorbereiten
Wählen Sie möglichst perfektes Pflanzenmaterial aus. Tupfen Sie die Blumen oder Blätter vor dem Pressen trocken und entfernen Sie braune oder schadhafte Stellen.

2. Pflanzen anordnen
Legen Sie zwei Blätter Zeitungs- oder Löschpapier zwischen die Seiten eines dicken Buches und platzieren Sie darauf die Blumen. Korrigieren Sie, wenn nötig, die Position der Blätter mit einer Pinzette, bis die Anordnung perfekt ist.

3. Pressen
Klappen Sie das Buch zu und schließen Sie es mit zwei straffen Gummibändern. Widerstehen Sie der Versuchung, hin und wieder nach Ihren Schätzen zu schauen. Wenn Sie das Buch öffnen, verrutscht womöglich das sorgsam angeordnete Pflanzenmaterial. Nach zwei oder mehr Wochen sind die Blumen fertig, sie wirken dann wie Papier. Gepresste Blumen eignen sich besonders für Motivbilder, Glückwunschkarten oder Geschenkanhänger. Sehr dekorativ sind großflächige Bildmontagen, bei denen die gepressten Blumen direkt auf die Wand geklebt werden. Hierfür eignen sich am besten große Blütenblätter, zum Beispiel von Rosen.

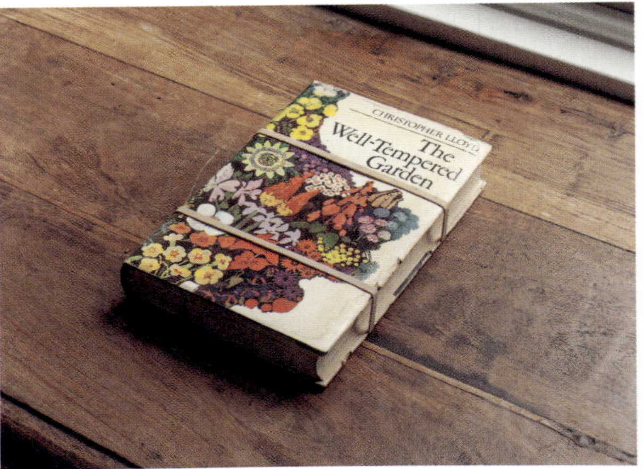

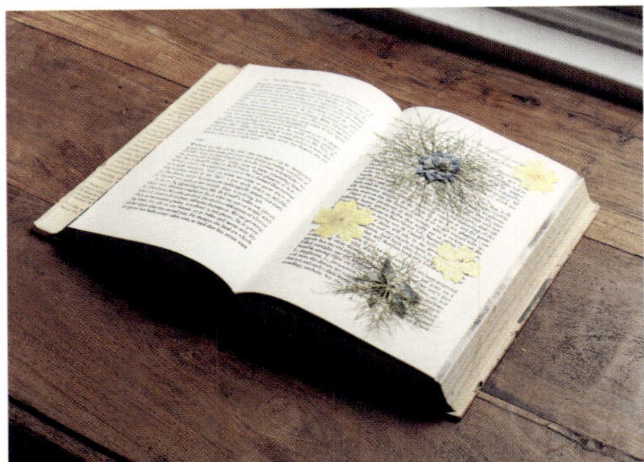

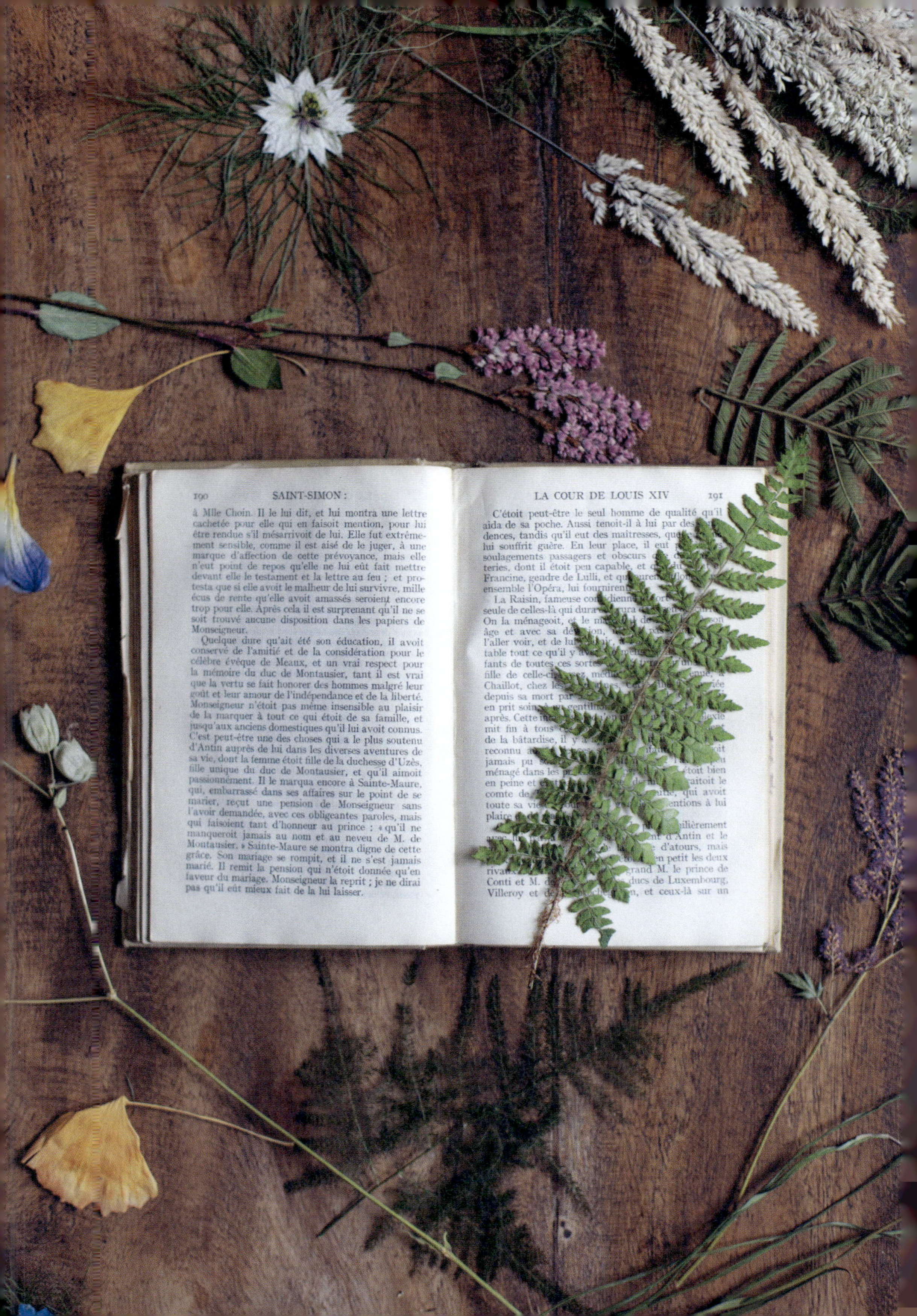
190 SAINT-SIMON :
à Mlle Choin. Il le lui dit, et lui montra une lettre cachetée pour elle qui en faisoit mention, pour lui être rendue s'il mésarrivoit de lui. Elle fut extrêmement sensible, comme il est aisé de le juger, à une marque d'affection de cette prévoyance, mais elle n'eut point de repos qu'elle ne lui eût fait mettre devant elle le testament et la lettre au feu ; et protesta que si elle avoit le malheur de lui survivre, mille écus de rente qu'elle avoit amassés seroient encore trop pour elle. Après cela il est surprenant qu'il ne se soit trouvé aucune disposition dans les papiers de Monseigneur.
Quelque dure qu'ait été son éducation, il avoit conservé de l'amitié et de la considération pour le célèbre évêque de Meaux, et un vrai respect pour la mémoire du duc de Montausier, tant il est vrai que la vertu se fait honorer des hommes malgré leur goût et leur amour de l'indépendance et de la liberté. Monseigneur n'étoit pas même insensible au plaisir de la marquer à tout ce qui étoit de sa famille, et jusqu'aux anciens domestiques qu'il lui avoit connus. C'est peut-être une des choses qui a le plus soutenu d'Antin auprès de lui dans les diverses aventures de sa vie, dont la femme étoit fille de la duchesse d'Uzès, fille unique du duc de Montausier, et qu'il aimoit passionnément. Il le marqua encore à Sainte-Maure, qui, embarrassé dans ses affaires sur le point de se marier, reçut une pension de Monseigneur sans l'avoir demandée, avec ces obligeantes paroles, mais qui faisoient tant d'honneur au prince : « qu'il ne manqueroit jamais au nom et au neveu de M. de Montausier. » Sainte-Maure se montra digne de cette grâce. Son mariage se rompit, et il ne s'est jamais marié. Il remit la pension qui n'étoit donnée qu'en faveur du mariage. Monseigneur la reprit ; je ne dirai pas qu'il eût mieux fait de la lui laisser.
LA COUR DE LOUIS XIV 191

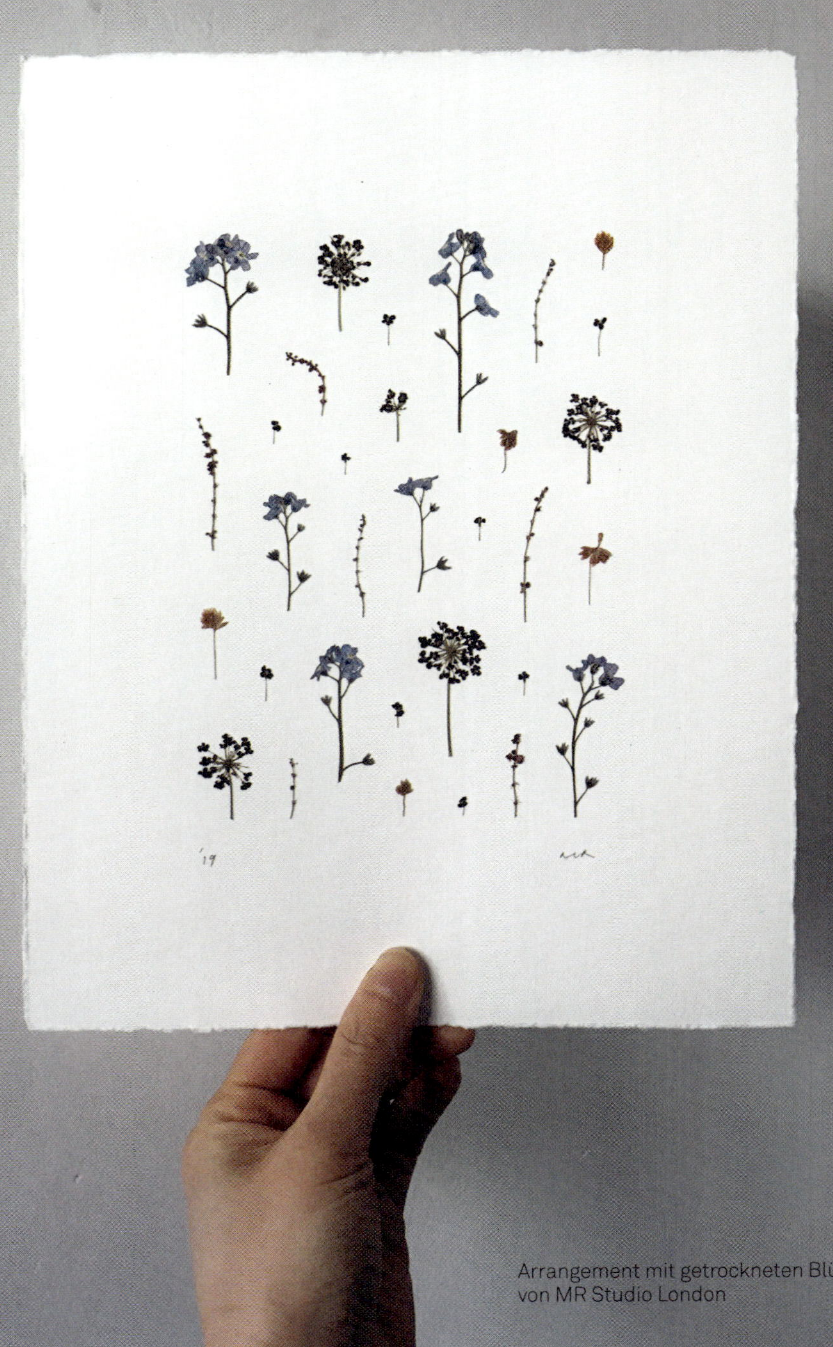

Arrangement mit getrockneten Blüten
von MR Studio London

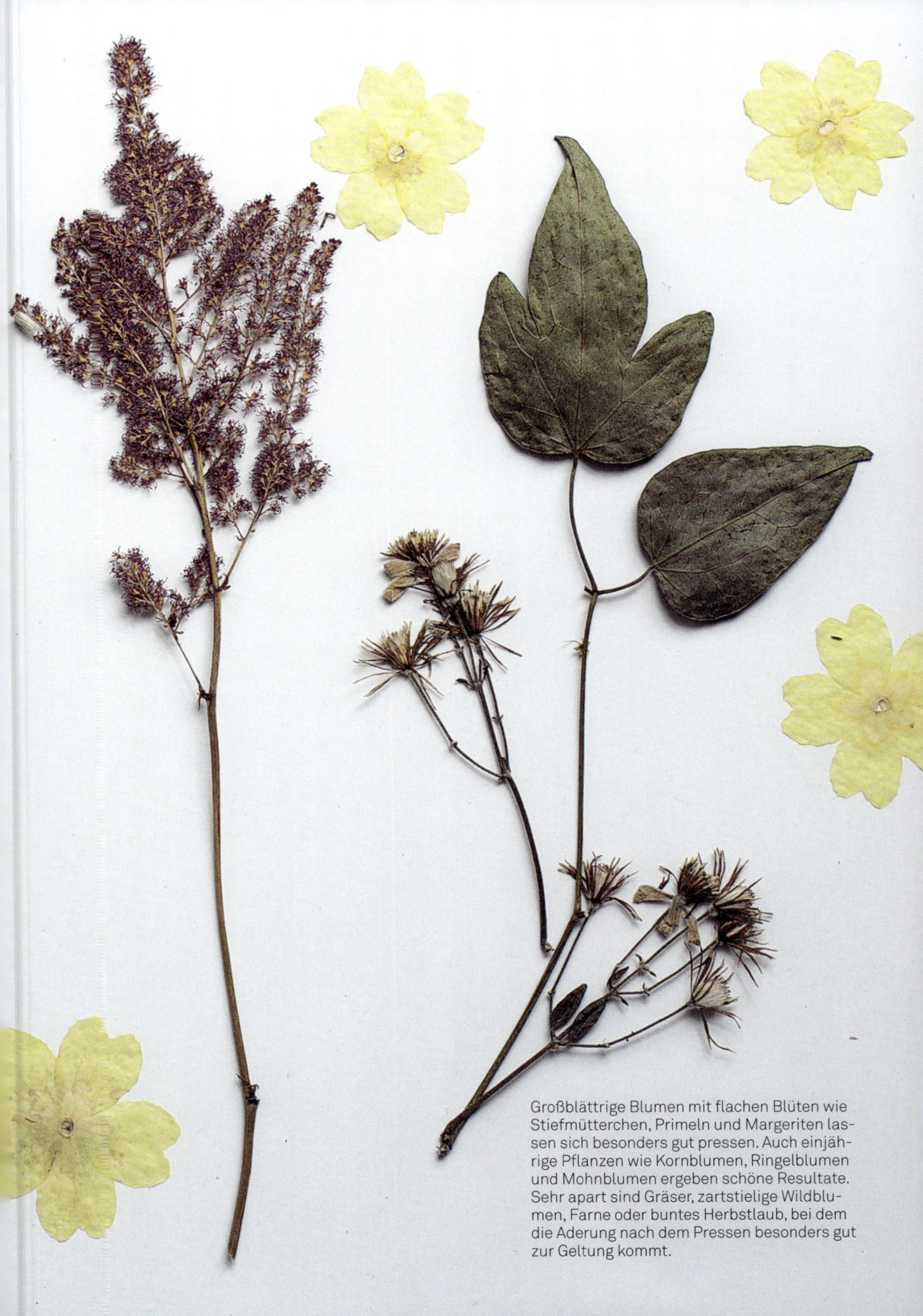

Großblättrige Blumen mit flachen Blüten wie Stiefmütterchen, Primeln und Margeriten lassen sich besonders gut pressen. Auch einjährige Pflanzen wie Kornblumen, Ringelblumen und Mohnblumen ergeben schöne Resultate. Sehr apart sind Gräser, zartstielige Wildblumen, Farne oder buntes Herbstlaub, bei dem die Aderung nach dem Pressen besonders gut zur Geltung kommt.

MIT GLYZERIN KONSERVIEREN

Glyzerin ist ein Hautpflegemittel, das es in Apotheken oder Drogerien zu kaufen gibt. Das synthetisch hergestellte Produkt bindet Feuchtigkeit und hält so die äußere Hautschicht glatt und geschmeidig. Was bei menschlicher Haut wirkt, funktioniert auch mit Beeren und Hagebutten: Der Schrumpfungsprozess verzögert sich und die Früchte bleiben noch lange glatt. Glyzerin eignet sich zur Konservierung von Hagebutten *(Rosa)*, Beeren von Johanniskraut *(Hypericum)*, Schneeball *(Viburnum)*, Holunder *(Sambucus)* und Efeu *(Hedera)* sowie für Herbstlaub, etwa von der Blut-Buche (*Fagus sylvatica* f. *purpurea*).

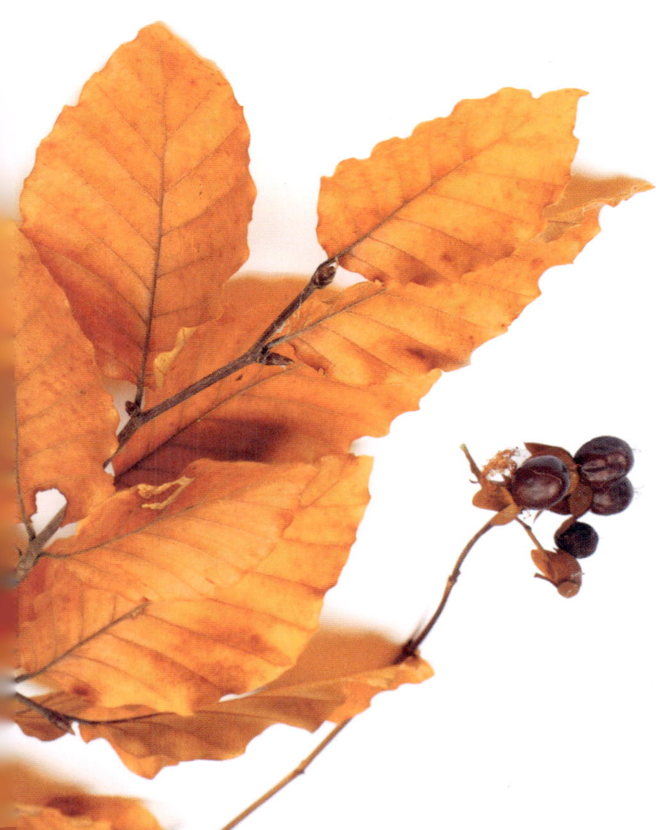

1. Glyzerin auflösen
Befüllen Sie eine Vase oder ein Glasgefäß zur Hälfte mit einem Gemisch aus einem Teil Glyzerin und zwei Teilen warmem Wasser. Rühren Sie die Mischung so lange um, bis sich das Glyzerin vollständig aufgelöst hat.

2. Beerenzweige vorbereiten
Entfernen Sie sämtliche Blätter von den Zweigen. Schneiden Sie den Stiel neu an, damit die Zellen das Glyzerin aufsaugen können.

3. Zweige arrangieren
Stellen Sie die Zweige so in die Glyzerinlösung, dass sie in die Lösung hineinreichen und sich nicht gegenseitig beengen. Lassen Sie die Zweige etwa eine Woche in der Lösung stehen, danach können Sie sie heraus nehmen und zusammen mit Trockenblumen für Herbst- und Winterkreationen verwenden.

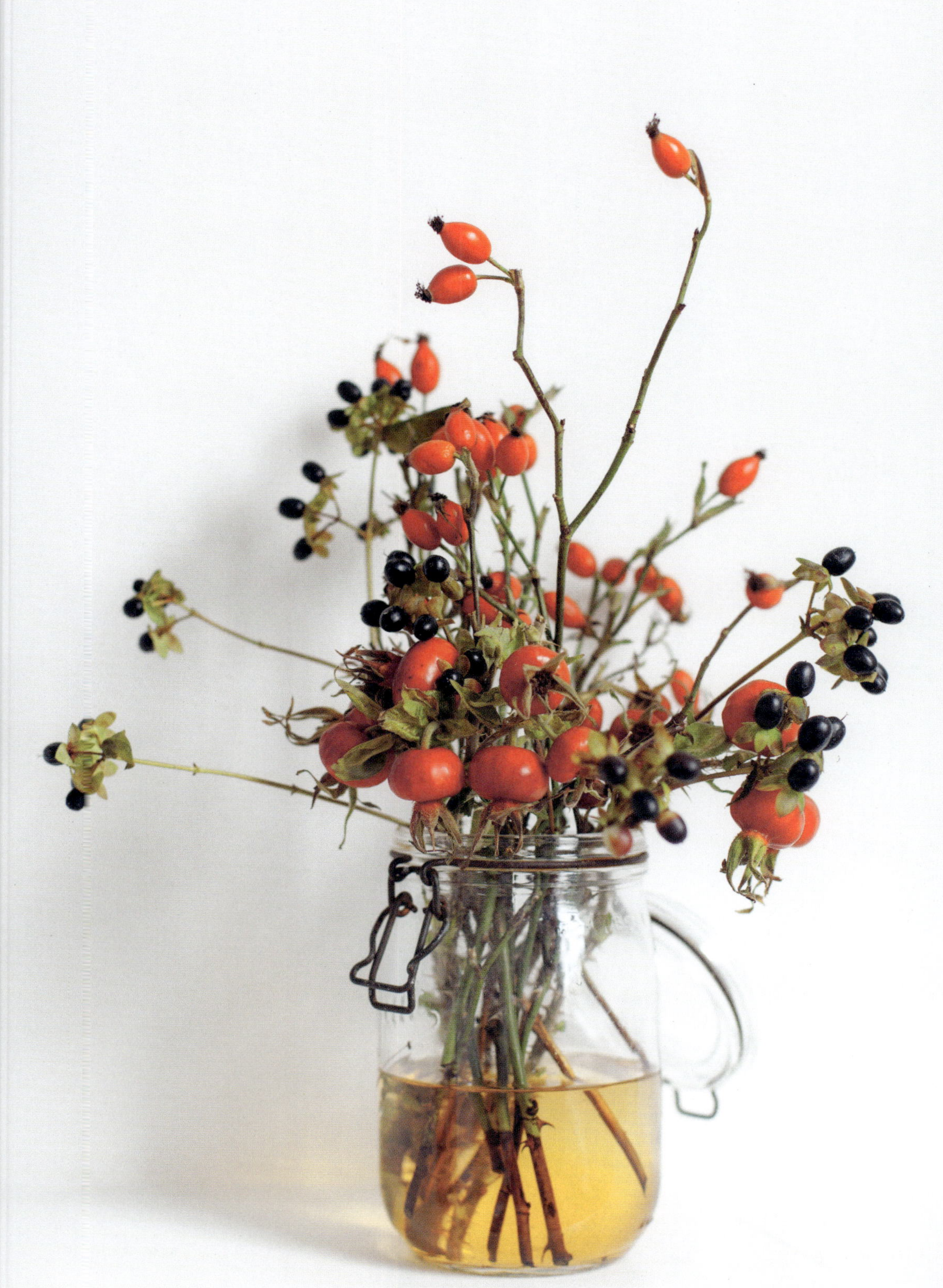

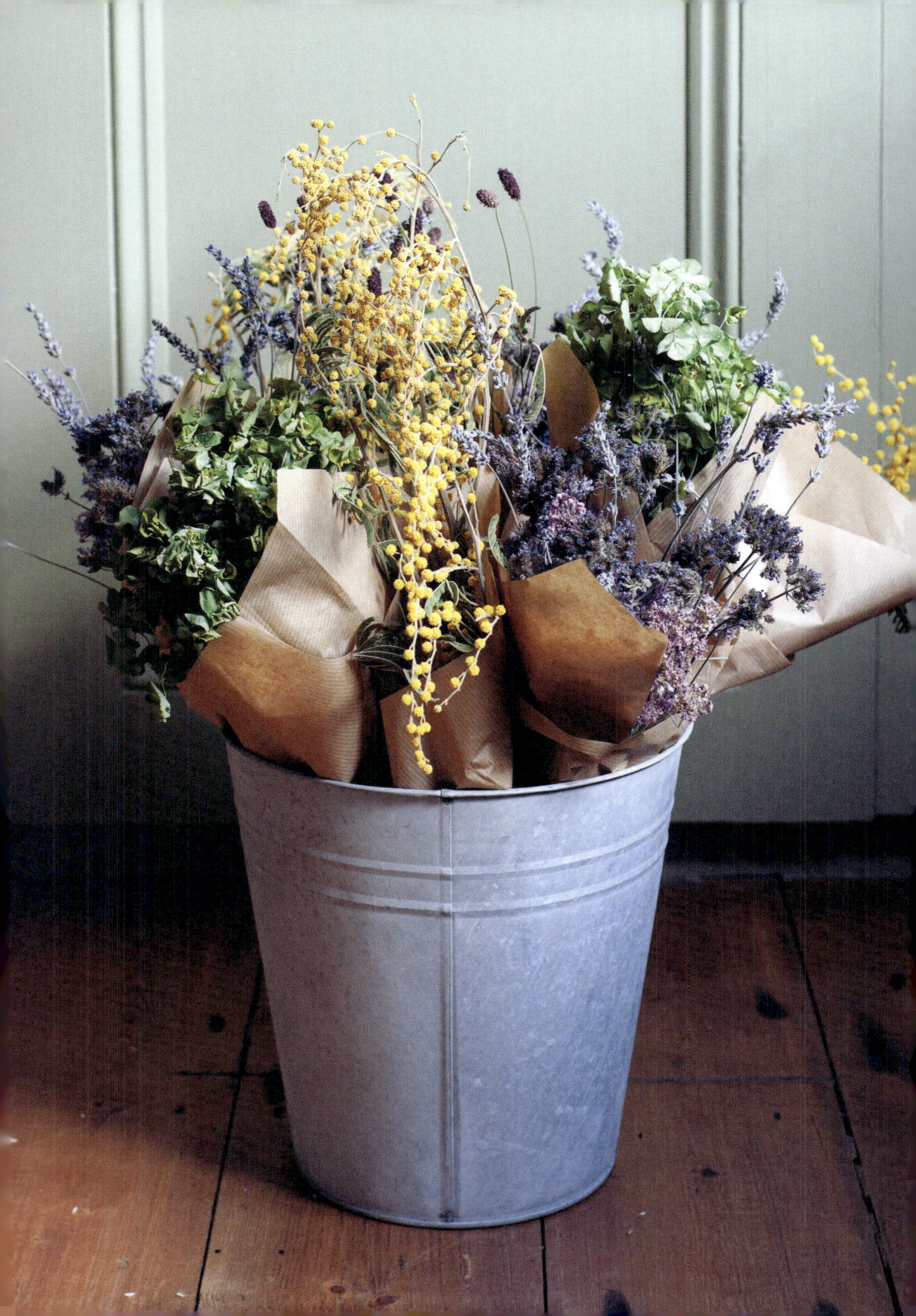

Trockenblumen richtig lagern

Nachdem Sie nun Material aus Ihrem Garten oder von Streifzügen in der Natur getrocknet haben, ist es Zeit, sich mit der Lagerung zu befassen. Dann besitzen Sie über lange Zeit eine vielseitige Sammlung von Trockenblumen für kleine wie große Projekte und spontane Geschenke.

Wer bisher nur Gestecke und Sträuße mit frischen Schnittblumen gebunden hat, wird schnell merken, dass das Arrangieren von Trockenblumengestecken sich grundlegend davon unterscheidet. Im Folgenden finden Sie einige Tipps, wie Sie typische Fehler vermeiden.

- Die Stiele von Trockenblumen sind nicht mehr biegsam. Waren sie vorher gebogen, dann behalten sie nach dem Trocknen ihre natürliche Krümmung bei. Berücksichtigen Sie bei Ihren Arrangements diese gewachsenen Windungen. Wenn Sie versuchen, die Stiele gerade zu biegen, brechen sie.
- Es ist äußerst schwierig, Trockenblumen nachträglich mit Stützdraht zu versehen. Sofern Sie keine große Erfahrung mit Floristik haben, sollten Sie komplizierte Arrangements, die das erfordern, besser auf später verschieben. Die Gefahr, dass Sie dabei die Blüten abbrechen, ist groß.
- Haben Sie zarte, rispig verzweigte Blumen als Bund getrocknet, lassen sie sich nicht mehr auseinandernehmen und sollten als Bündel verarbeitet werden. Versuchen Sie gar nicht erst, einzelne Blumen herauszulösen – sie werden brechen.
- Es ist eine gute Idee, bevor Sie sich auf Ihr neues Hobby stürzen, erst einen Trockenblumen-Workshop zu besuchen. So können Sie mit fachmännischer Hilfe erste praktische Erfahrungen sammeln und ersparen sich manchen Frust.

Trockenblumen sind zu schade zum Wegwerfen! Lagern Sie überschüssiges Material, das Sie nicht benötigen, ein. Auf diese Weise haben Sie immer einen Vorrat zur Hand, wenn Sie einen Kreativitätsschub verspüren.

- Wickeln Sie getrocknete langstielige Blumen einzeln oder als lockeres Bündel in ungefärbtes Seidenpapier.
- Bewahren Sie die eingewickelten Blumen liegend in einer großen Schublade oder einer Pappschachtel auf. Wenn Sie Ihre Blumen abwechselnd mal mit Blüte, mal mit Stielende nach oben legen, lassen sie sich auch stapeln. Gut gelagert halten Trockenblumen jahrelang.

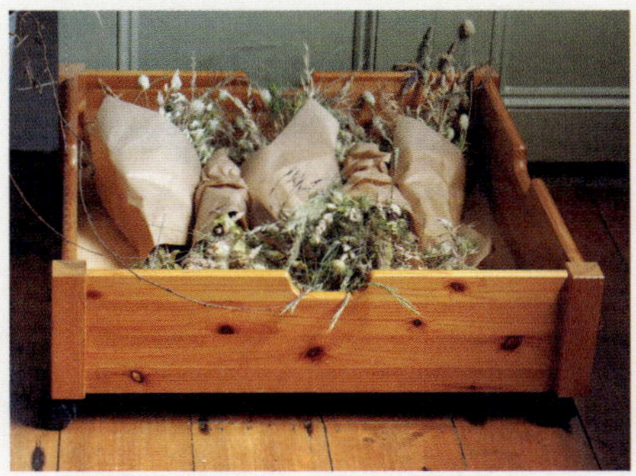

- Wählen Sie einen trockenen, kühlen Ort und vermeiden Sie direkte UV-Strahlung.

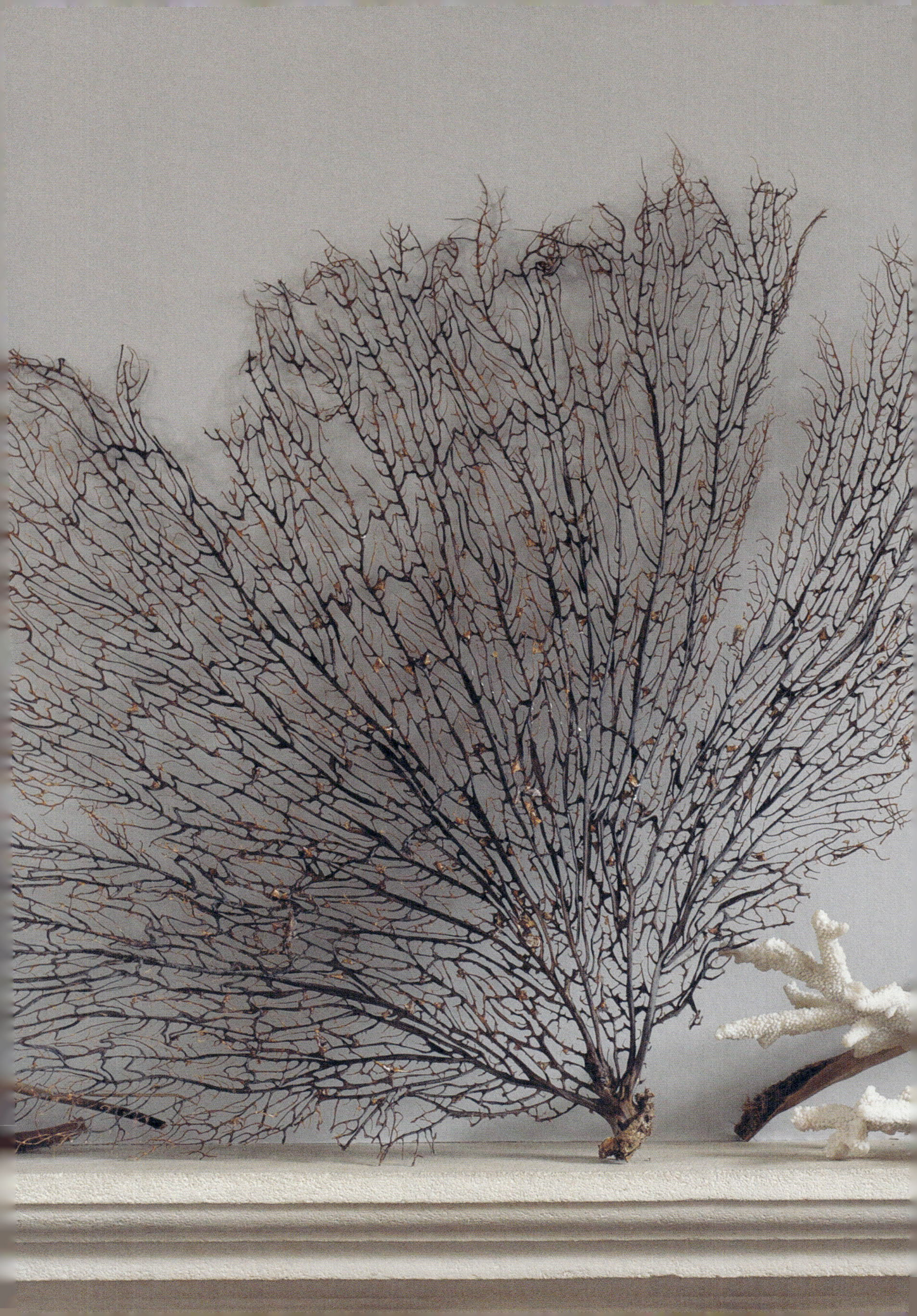

Styling

Der Schlüssel zu einer modernen Gestaltung mit Trockenblumen liegt in der Schlichtheit. Drei Gestaltungselemente stehen zur Verfügung: Textur, Form und Farbe. Wollen Sie mit unterschiedlichen Texturen und Formen spielen, dann wählen Sie einheitliche Farbtöne als verbindendes Element. Schwelgen Sie gern in Farbe, verwenden Sie Pflanzen mit ähnlichen Formen und Texturen. Entscheidend ist, nie zu viele unterschiedliche Elemente miteinander zu kombinieren.

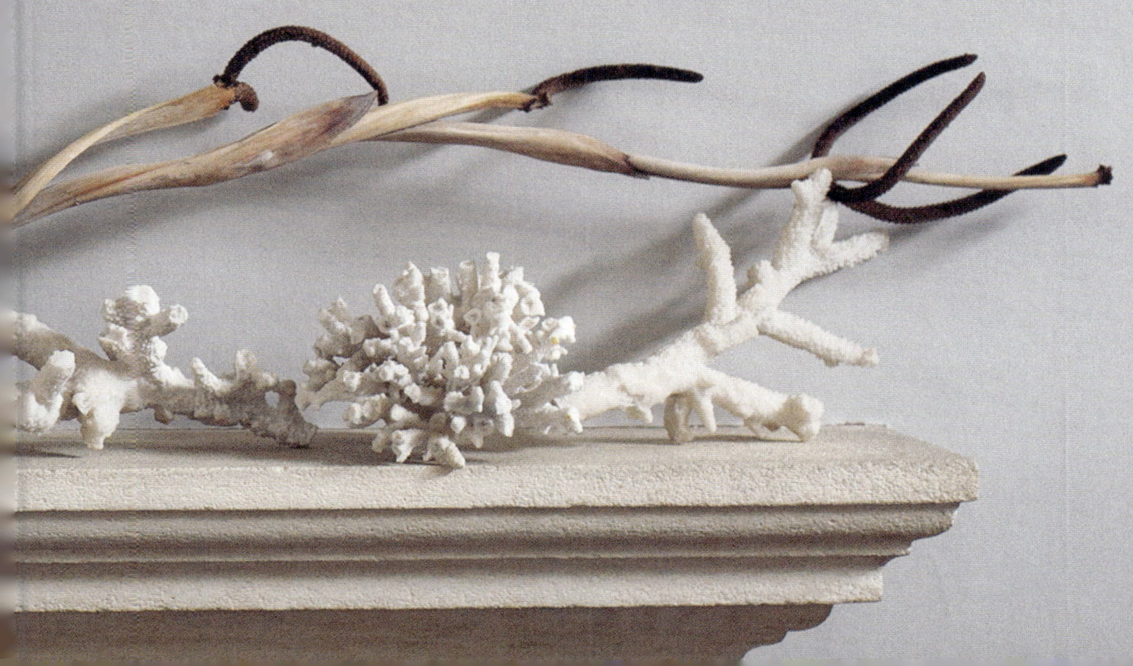

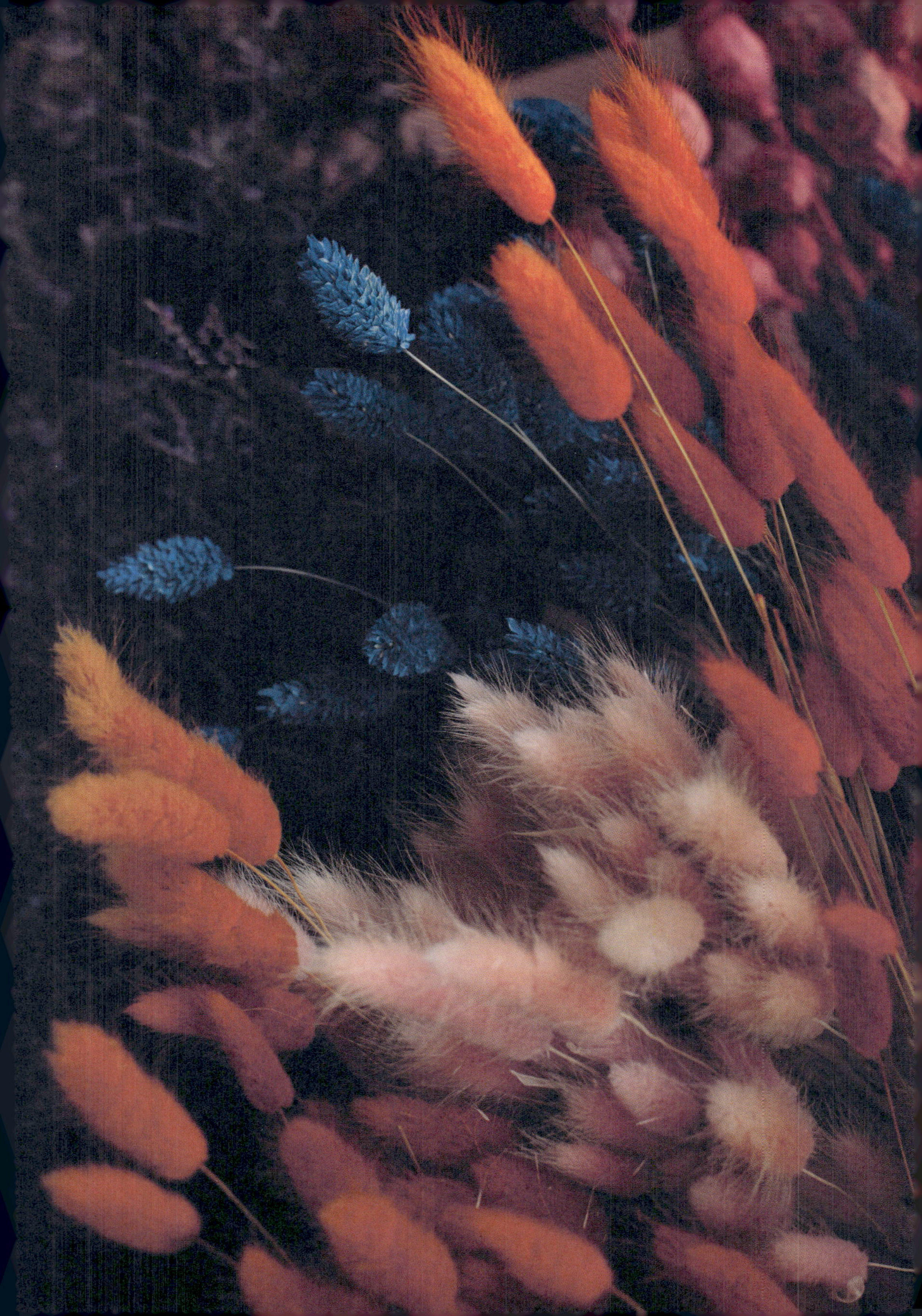

Trockenblumen färben

Trockenpflanzen sind von sich aus schön und wirken gerade durch ihre Natürlichkeit. Doch auch farblich aufgepeppte Exemplare können als spannende Blickfänger in einem Gesteck dienen. Drei Färbetechniken eignen sich für Trockenpflanzen: Sie können Ihre Schätze im Farbbad färben, bemalen oder besprühen.

Welche Farben und Färbetechniken die besten sind, ist eine Frage des Geschmacks. Experimentieren Sie, dann finden Sie schnell heraus, welche Methode Ihnen am meisten liegt.

- Braune Blattzweige oder Palmwedel *(Arecaceae)* lassen sich durch Färben in kräftigen Grüntönen zu neuem Leben erwecken.
- Totholz bekommt durch Bemalen in kreidigen, matten Naturtönen einen besonderen Charme.
- Besprühen Sie einzelne Blüten, Fruchtstände, Ziergräser und Laubzweige aus Ihrem Fundus mit Farbspray in Komplementärfarben, die zur Einrichtung passen – schon haben Sie Material für maßgeschneiderte Ensembles für Ihre Wohnung.
- Besprühen Sie kleinblättrige Gräser oder Blumen mit Metallic- oder Perlmuttfarbe. So gehen sie in großen Blumenbouquets nicht unter, sondern werden zum Highlight des Gestecks.
- Ist Ihnen das alles zu umständlich oder zeitaufwändig? Trockenblumen gibt es in allen Farben des Regenbogens online oder in Bastelgeschäften zu kaufen.
- Eine chemiefreie Variante sind Pflanzenfarben. Sie lassen sich aus Pflanzen wie Rote Beete, Schwarztee, Kurkuma oder Safran selbst herstellen – Anleitungen finden sich im Internet. Man kann sie auch kaufen oder zu natürlichen Lebensmittelfarben aus dem Supermarkt greifen.

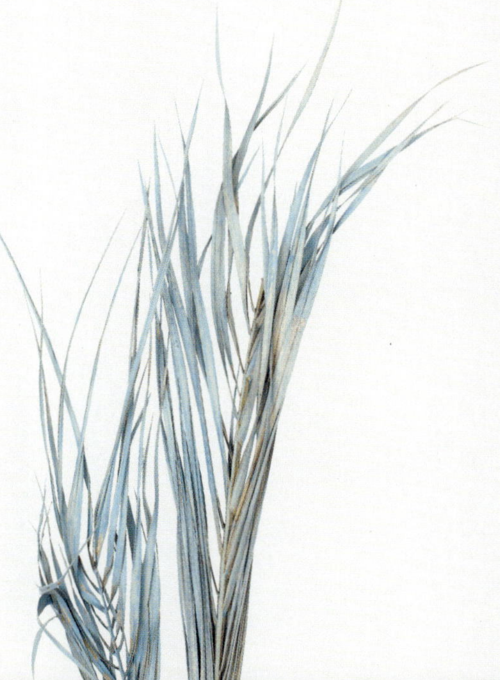

FÄRBEN IM FARBBAD

Das Färben im Farbbad, also im Wasser, erscheint bei Trockenpflanzen auf den ersten Blick widersinnig. Bei robusten Gewächsen, die ein Wasserbad aushalten, funktioniert diese Methode jedoch außerordentlich gut. Besonders eignen sich Karden *(Dipsacus)* und Pflanzen mit ähnlichen Fruchtständen, Gräser wie Weizen *(Triticum)* und Gerste *(Hordeum vulgare)* sowie getrocknete Moose.

1. Färbewasser herstellen
Füllen Sie eine Vase mit kaltem Wasser und geben Sie das Färbemittel (Lebensmittelfarbe oder natürliche Pflanzenfarbe) hinzu. Dabei gilt: Je mehr Färbemittel Sie dazugeben, desto intensiver wird die Tönung. Rühren Sie gründlich um.

2. Vase bestücken
Geben Sie die Trockenpflanzen in die Vase. Wollen Sie nur die Rispen oder Samenstände färben, stellen Sie sie mit dem Kopf voran in die Lösung. Lassen Sie die Pflanzen so lange in der Vase, bis die entsprechenden Pflanzenteile die Farbe aufgenommen haben. Bei Gräsern und Fruchtständen genügen meist wenige Stunden.

3. Nehmen Sie die Pflanzen aus dem Färbewasser, legen Sie sie auf ein altes Küchentuch oder Küchenpapier und tupfen Sie sie vorsichtig ab. Hängen Sie die gefärbten Pflanzen zu einem lockeren Bündel gebunden kopfüber auf oder stellen Sie sie in eine leere Vase, bis sie gut durchgetrocknet sind. Moose drücken Sie vorsichtig aus und legen sie zum Trocknen aus. Die Färbelösung können Sie in ein Schraubdeckelglas füllen und im Kühlschrank aufbewahren.

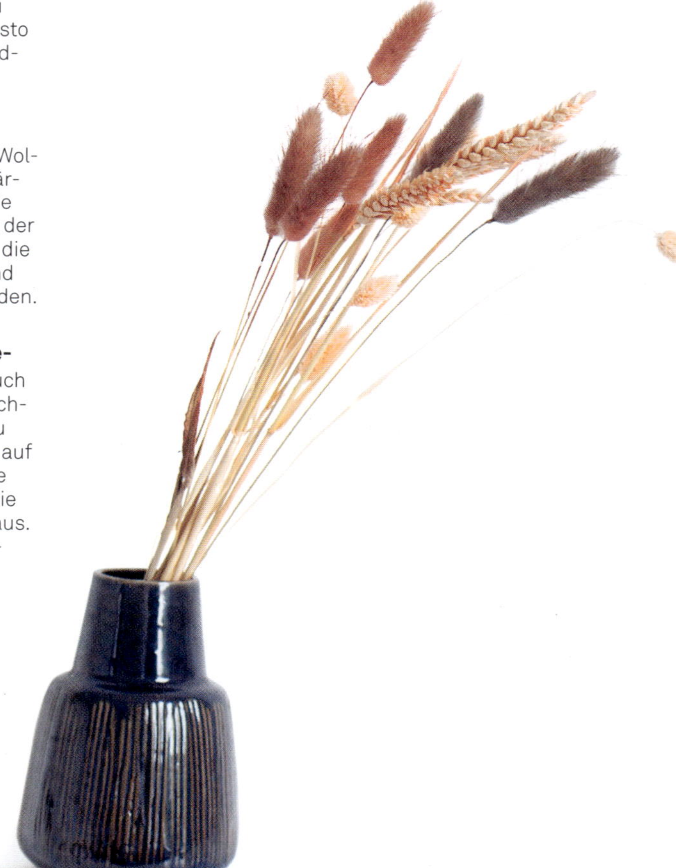

BEMALEN

Großblättriges Material wie Palmwedel (*Arecaceae*) können Sie einfach bemalen. Je nach Farbe wirkt das Resultat natürlich oder künstlerisch entfremdet. Experimentieren Sie mit Farbresten vom letzten Wohnungsanstrich oder Probesets aus dem Farbengeschäft.

1. Material vorbereiten
Verwenden Sie durchgetrocknete, braune Wedel, bei denen das Chlorophyll vollständig abgebaut ist – in diesem Zustand sind sie am saugfähigsten. Schneiden Sie die Blattenden so zurecht, dass eine kompakte Form entsteht. Legen Sie die Wedel auf eine ebene, trockene Fläche, wo sie ungestört trocknen können (draußen oder drinnen).

2. Farbe auftragen
Tragen Sie die Farbe mit einem Pinsel auf. Die Oberfläche muss nicht komplett mit Farbe bedeckt werden, tatsächlich wirkt es interessanter und natürlicher, wenn das Braun an einigen Stellen durchschimmert.

3. Trocknen und Rückseite färben
Lassen Sie die Farbe gut trocknen. Wedel für flächige Wanddekoration können Sie direkt verwenden. Für Gestecke sollten Sie die Rückseite ebenfalls bemalen.

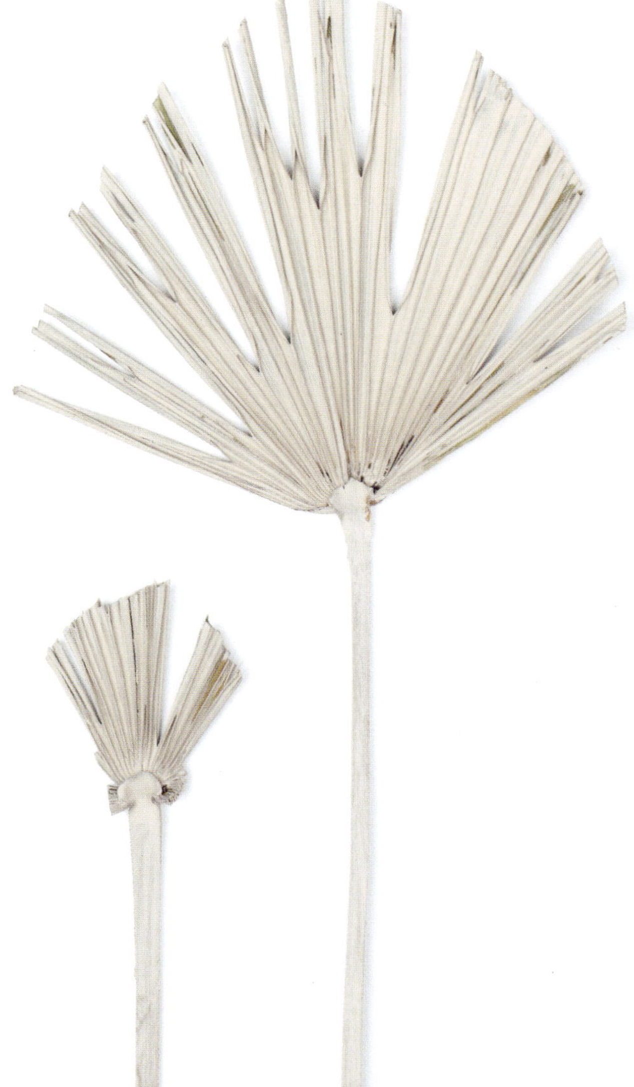

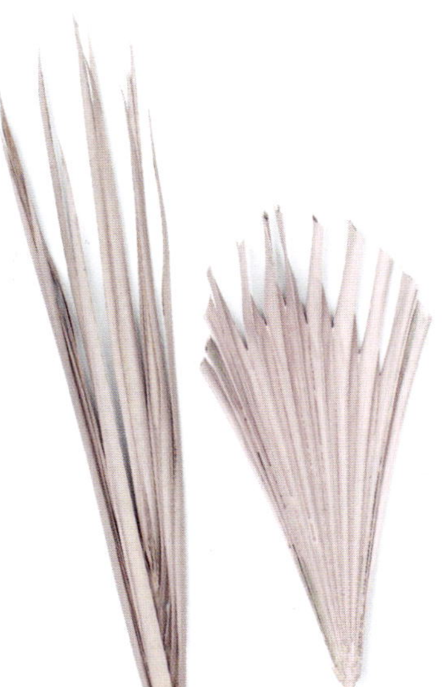

BESPRÜHEN

Farbspray verleiht Trockenpflanzen zusätzlich Farbe und Charakter. Es gibt unterschiedliche Qualitäten und Farbtöne online oder in Farbgeschäften und Baumärkten zu kaufen. Zum Besprühen eignen sich besonders Farne, aber auch markante Blütenknospen wie Artischocken.

1. Material vorbereiten
Sprühen Sie am besten draußen an einem windgeschützten Ort. Legen Sie die Trockenpflanzen auf eine saubere, mit Zeitungspapier bedeckte, ebene Fläche. Vergewissern Sie sich, dass Ihr Material wirklich trocken ist. Je trockener die Pflanze, desto besser haftet die Sprühfarbe.

2. Besprühen
Sprühen Sie die erste dünne Schicht Farbe auf und lassen Sie sie trocknen. Wenden Sie die Pflanzen und wiederholen Sie den Vorgang. Um die Pflanzen mit einer deckenden Farbschicht zu überziehen, sind meist zwei Sprühgänge erforderlich. Wichtig ist, dass die Farbe vor jedem neuen Sprühgang gut trocknet. Das Ergebnis wirkt meist natürlicher, wenn die ursprüngliche Farbe noch durchschimmert. Sie können auch nur bestimmte Pflanzenteile färben.

3. Verarbeitung und Lagerung
Sobald die Farbe trocken ist, können Sie die Pflanzen für Ihr aktuelles Deko-Projekt verwenden oder für spätere Arrangements einwickeln und lagern.

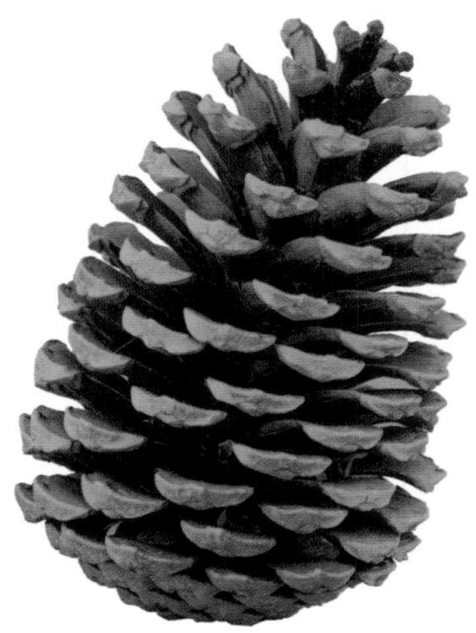

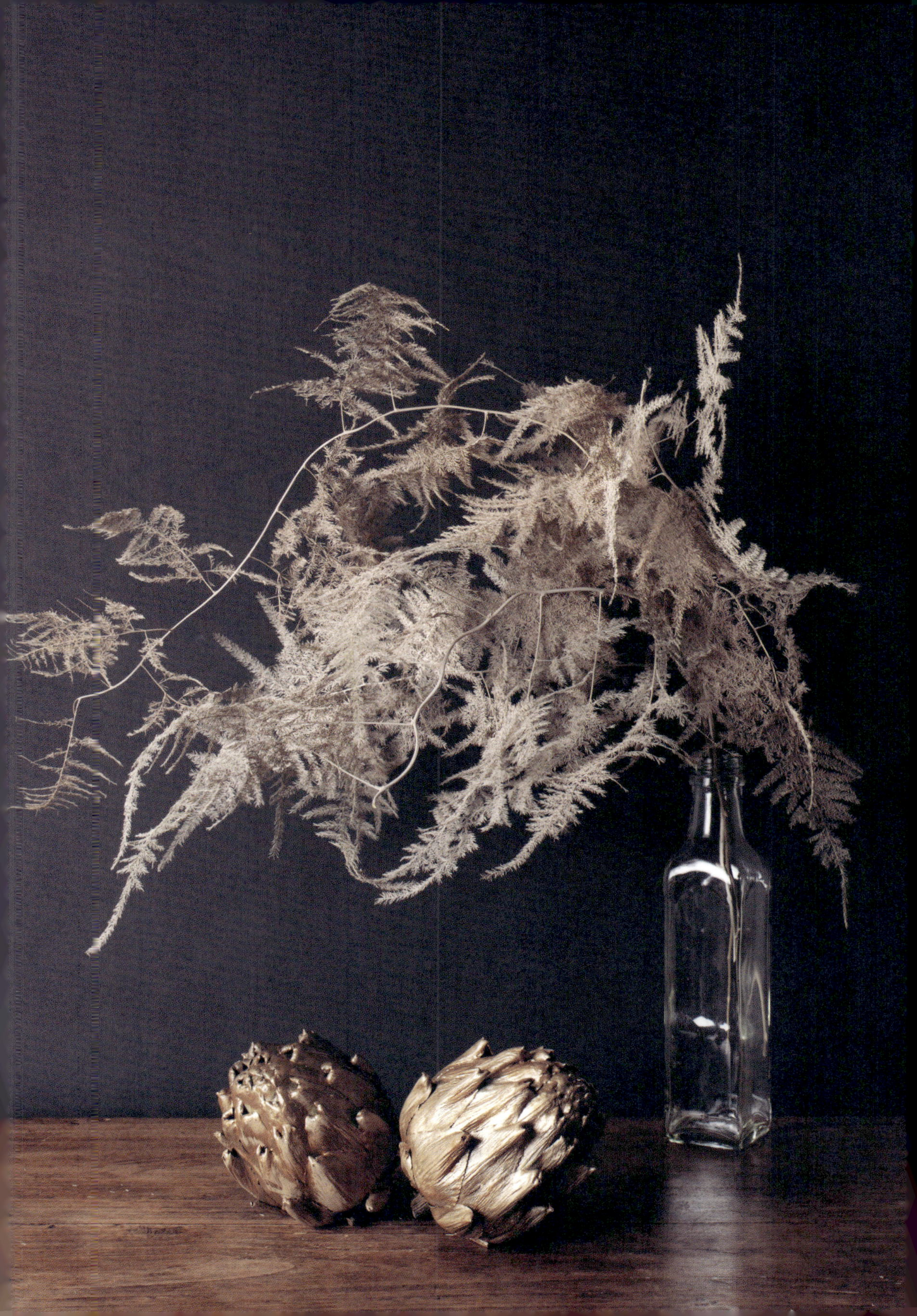

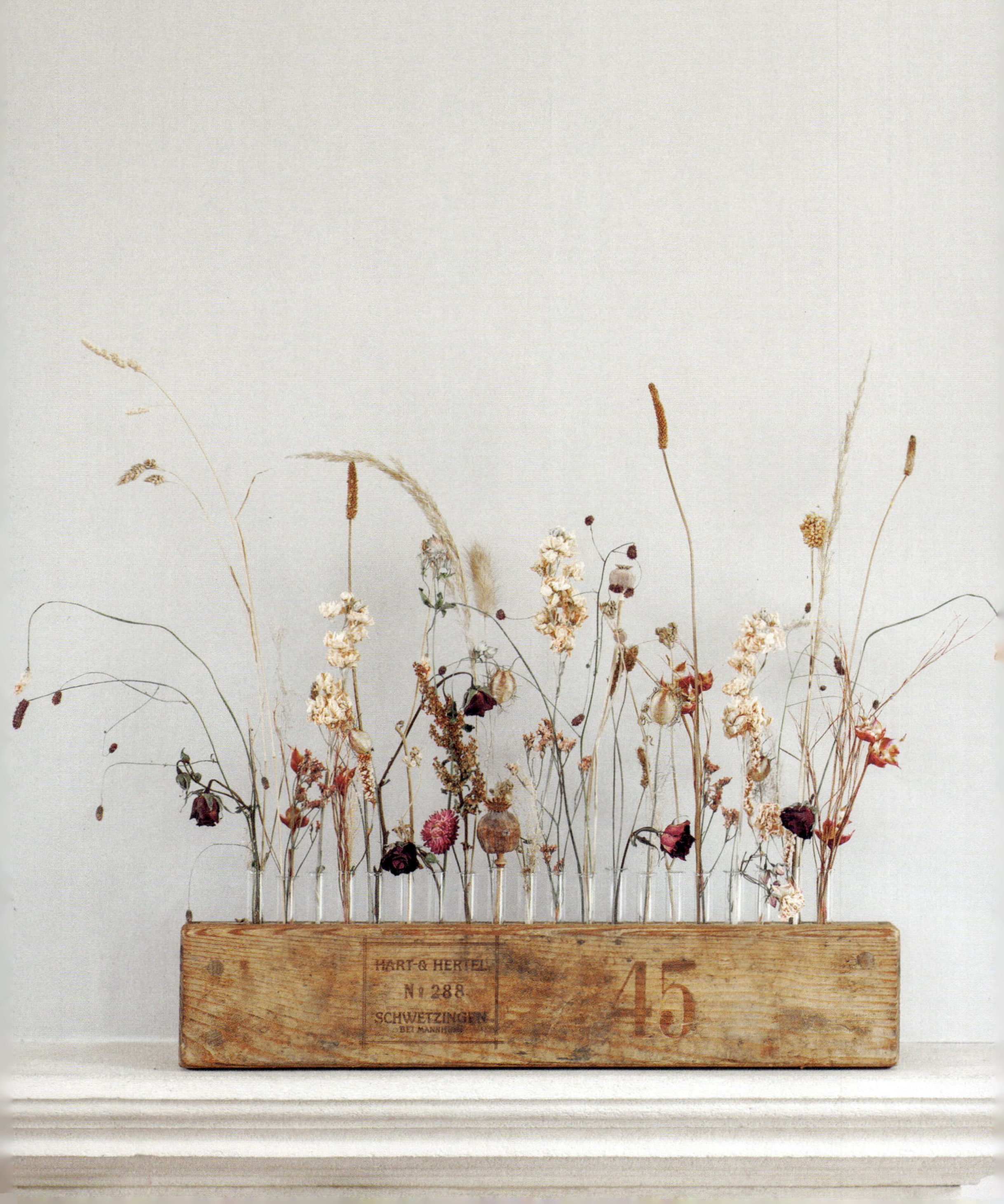
HART & HERTEL
Nº 288
SCHWETZINGEN
BEI MANNHEIM
45

Trockenblumen arrangieren

Trockenblumen können auf vielfältige Weise in Szene gesetzt werden. Lassen Sie Ihrer Kreativität freien Lauf und entdecken Sie die Freude am Experimentieren. Gestalten Sie nach Lust und Laune neue Blumenarrangements und erleben Sie den Flow, der beim Arbeiten mit Naturmaterialien entsteht. Der Schaffensprozess und erst recht das Ergebnis sind ein Genuss.

Auch wenn Trockengestecke nicht so vergänglich sind wie frische Blumengebinde, sollten Sie Ihre Arrangements als Kunst auf Zeit verstehen – es macht Spaß, sie immer wieder neu zu gruppieren. Stellen Sie Ihre Gestecke mit anderen Deko-Objekten zu aparten Ensembles zusammen oder kreieren Sie Stillleben mit Fundstücken aus der Natur, etwa mit Kieselsteinen, Muscheln, Treibholz oder Zweigen. Bringen Sie Leben in ungenutzte Ecken – eine kahle Wand, ein offener Kamin, dunkle Winkel oder Galerien – und werten Sie sie durch Trockenblumenarrangements auf. Da Trockengestecke kaum Gewicht haben, lassen Sie sich auch gut als Hängedekoration an der Decke oder an Bilderschienen befestigen.

Widerstehen Sie der Versuchung, Ihre Trockenblumen in eine bestimmte Form zu zwingen. Da die Stiele von Trockenblumen steif sind, wird das nicht funktionieren. Nutzen Sie stattdessen die natürlichen Biegungen der Pflanzen – sie werden fast von selbst zu einer ansprechenden Form finden.

Beschränken Sie die Anzahl der Blumenarten, die Sie für Ihre Gestecke verwenden, damit die Arrangements nicht zu unruhig wirken. Binden Sie für große Arrangements Blumen derselben Arten in unterschiedlicher Länge lockeren zusammen, bevor Sie sie in das Ensemble einfügen.

Vermeiden Sie die Langeweile perfekt ausbalancierter Gestecke. Gestalten Sie Ihre Arrangements bewusst asymmetrisch, indem Sie einen auffälligen Grashalm oder eine Samenkapsel als Blickfang außerhalb der Mitte platzieren. Ein einzelner schöner Halm an der richtigen Stelle erzielt mehr Wirkung als ein ganzer Bund Blumen. Verwenden Sie Blumen in ungerader Anzahl und spielen Sie mit Größen und Kontrasten. Präsentieren Sie zum Beispiel eine große Blüte in einer kleinen Vase oder arrangieren Sie lockere, luftige Wiesenblumen in einem massiven Gefäß. Geben Sie Ihren Arrangements ein Farbthema und präsentieren Sie Gestecke in monochromen Tönen in Gefäßen mit ähnlicher Farbe.

Links Eine alte Zigarrenpresse dient hier als Sockel für ein Arrangement mit Trockenblumen und Ziergräsern, das mit unterschiedlichen Längen spielt. Als Halterungen dienen Reagenzgläser.

VASEN, FLASCHEN, SCHALEN

Bei der Suche nach passenden Gefäßen lohnt sich der Blick nach Fernost. Das japanische Konzept des Wabi-Sabi beschreibt die schlichte und melancholische Ästhetik von Dingen, deren Schönheit in ihrer Unvollkommenheit, ihrer Asymmetrie oder Unbeständigkeit liegt. Dieses Prinzip lässt sich wunderbar auf das Präparieren und Gestalten von Trockenblumenarrangements anwenden.

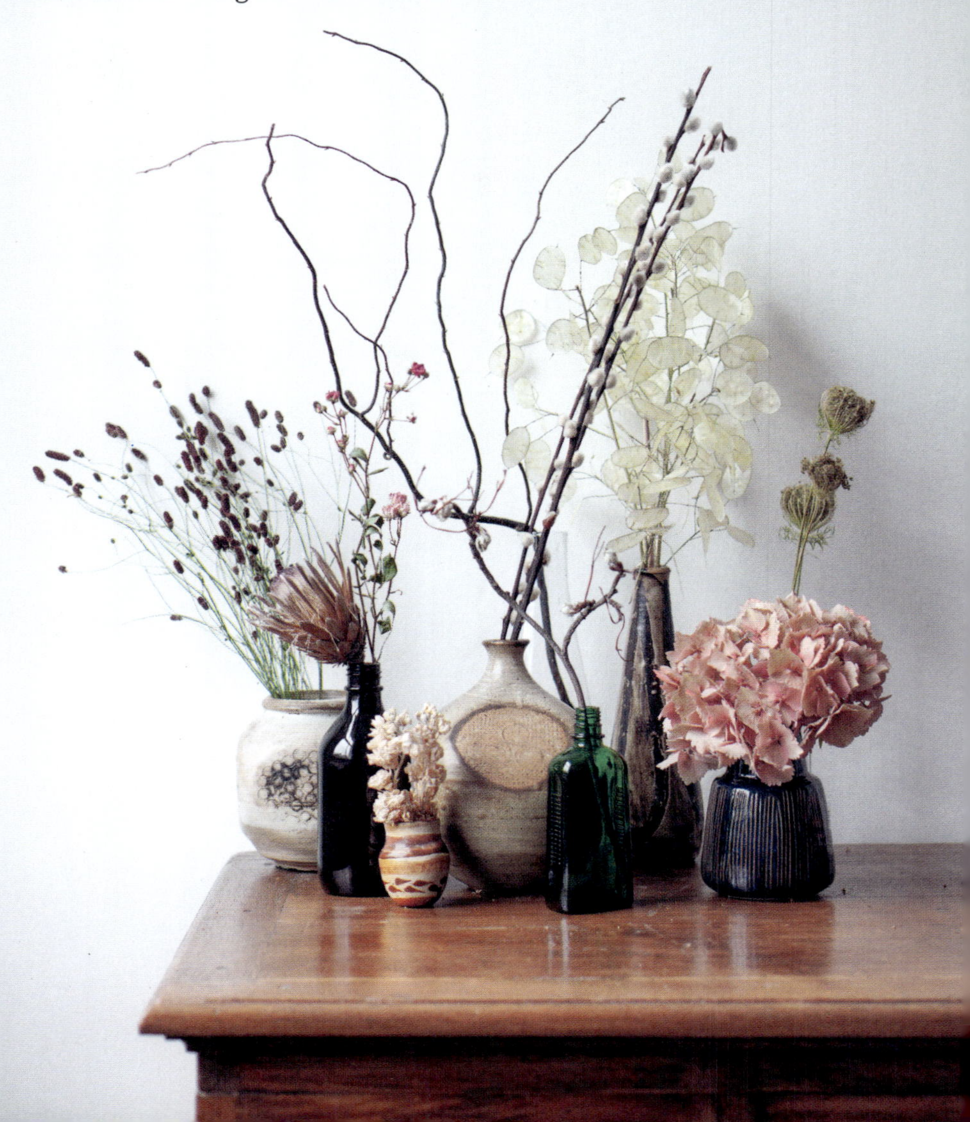

In der japanischen Kultur hat alles seinen ihm eigenen, innewohnenden Wert, ein jedes Ding, egal ob alt oder neu, wird als gleichwertig erachtet. So werden zum Beispiel beim Sakura, der Kirschblüte, die verblassten, welkenden Blüten eines Kirschbaums ebenso verehrt wie die jungen frischen Knospen. Diese Achtung vor dem Unvollkommenen, Schlichten gilt auch beim Arbeiten mit Trockenblumen. Ein unprätentiöses, zurückhaltendes Arrangement erzielt größere Wirkung als jedes pompöse, auf Wirkung bedachte Gesteck.

- Trockengestecke sind eine nachhaltige Kunstform. Greifen Sie dieses Prinzip auch bei der Wahl Ihrer Gefäße auf: Alte, umfunktionierte Gefäße sind perfekt!
- Abweichungen und Unvollkommenheiten gehören bei Trockenpflanzen – wie bei jedem Naturmaterial – dazu. Verwenden Sie für Ihre Arrangements Gefäße mit Charakter, etwa getöpferte Krüge, Tonkübel, handgeschmiedete Metalltöpfe, gedrechselte oder geschnitzte Holzschalen.
- Wählen Sie Vasenformen, die die Textur und die organische, unregelmäßige Beschaffenheit von Trockenpflanzen aufgreifen.
- Vermeiden Sie alles, was allzu neu und nach Massenproduktion aussieht.
- Durchstöbern Sie Antiquitätenläden nach preiswerten Vintage-Gefäßen.
- Risse im Material oder abgebrochene Ecken müssen kein Ausschlusskriterium sein. Das aus Japan stammende Kintsugi hat aus dem Zusammenkleben von Scherben und dem nachträglichen Vergolden der Bruchlinien ein eigenes Handwerk gemacht. Der Blick wird sofort von diesen wunderschön aufgewerteten Unvollkommenheiten angezogen.
- Wenn Sie Neuware kaufen, suchen Sie nach Gefäßen im Used-Look, am besten auf Kunsthandwerkermärkten und in kleinen Töpfereien oder Glasbläsereien.
- Starten Sie Ihre eigene Vasensammlung. So finden Sie immer etwas Passendes, wenn Sie mehrere Gestecke als Ensemble zusammenstellen wollen. Gruppen von Gefäßen in unterschiedlichen Formen und Größen, aber einheitlichen Farbtönen oder Materialien, wirken besonders gut.

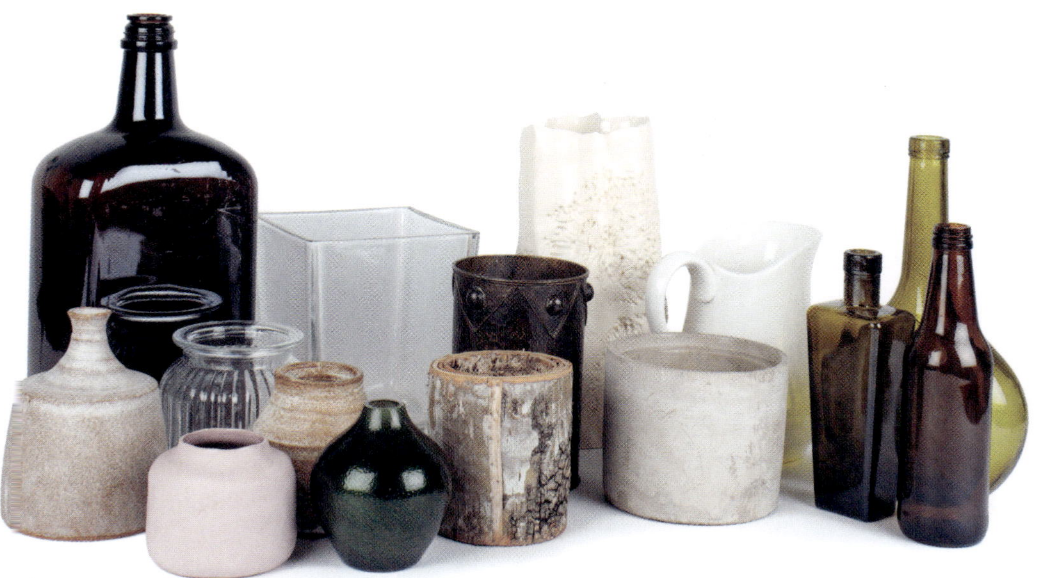

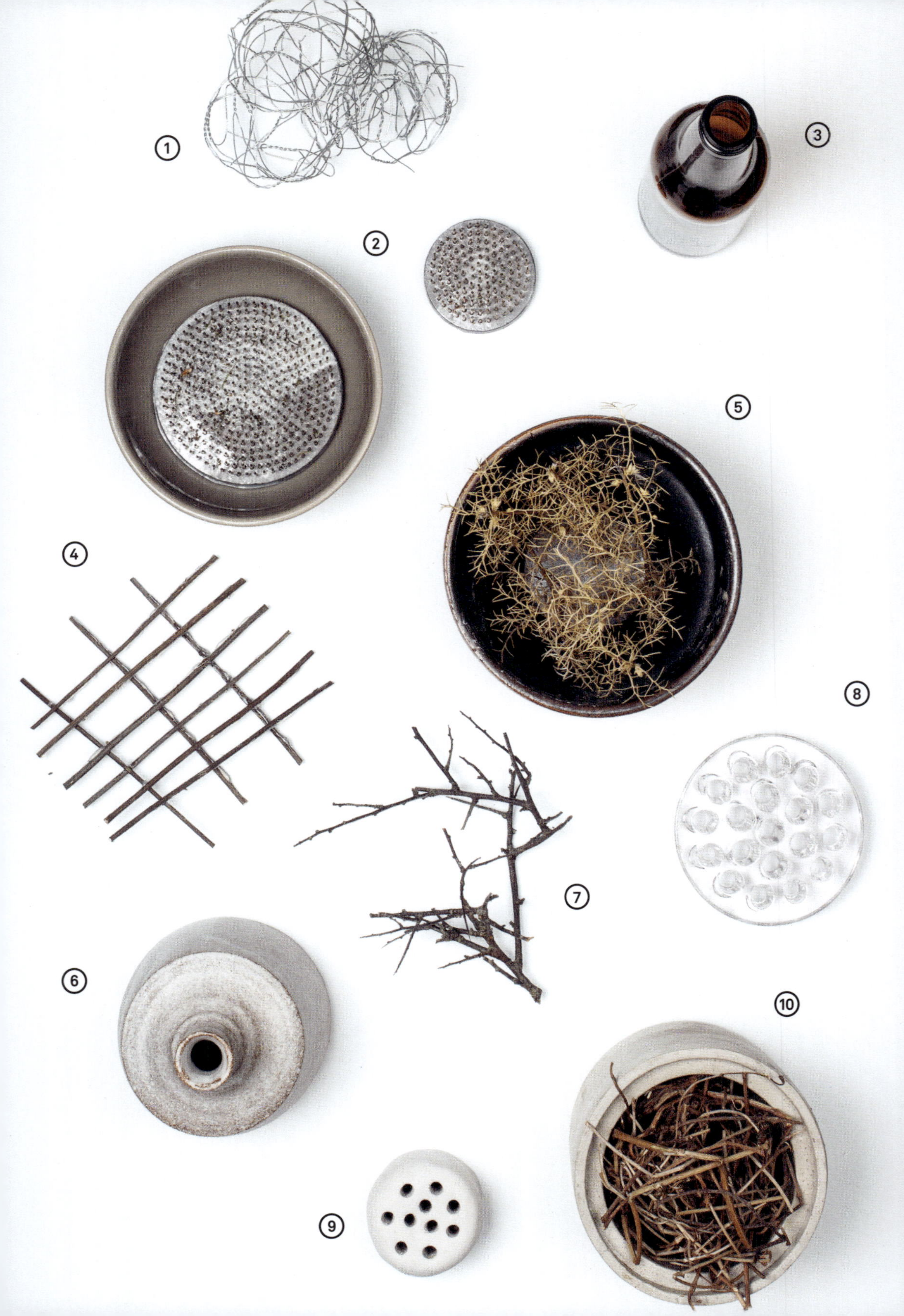
1
2
3
4
5
6
7
8
9
10

BLUMENIGEL, STECKGITTER UND ANDERE HILFSMITTEL

Die dünnen, spröden Stiele vieler Trockenblumen und Gräser sind vielfach nicht stabil genug, als dass die Pflanzen frei stehen können. Verschiedene Hilfsmittel verleihen ihnen Halt.

Bei Trockengestecken sollte Blumensteckschaum tabu sein. Steckschaum ist ein synthetisch hergestelltes, nicht kompostierbares Einwegmaterial. Zum Glück gibt es zahlreiche Alternativen:

- Zerknüllen Sie ein Stück Hasendraht **(1)** zu einem Ball und arrangieren Sie Ihre Blumen darin. Unter trockenem Rentiermoos lässt sich das Drahtgeflecht wunderbar verstecken, sodass sich diese Methode auch für flache Schalen oder Gestecke ohne Gefäß eignet. Hierfür die Flechten mit einem Zahnstocher oder einem Spieß zwischen die Maschen schieben.
- Blumenigel **(2)** und die japanische Variante, Kenzan genannt, gibt es in rund und eckig und in unterschiedlichen Größen. Legen Sie den Blumenigel einfach auf den Boden Ihrer Vase und bestücken Sie ihn.
- Für Arrangements ohne Halterung eignen sich dünnhalsige Vasen **(6)**, dekorative alte Flaschen **(3)** oder sonstige Behältnisse mit engen Öffnungen.
- Steckgitter **(4)** lassen sich leicht herstellen, indem man robuste, trockene Stängel wie Rosenzweige zu einem Gitter zusammenbindet oder verdrahtet und passend zur gewünschten Schale zurechtschneidet.
- Ballen von getrocknetem, buschigem Material wie Stechginster **(5)** eignen sich perfekt als Träger, da die Dornen die eingesteckten Stiele regelrecht festhalten. Ähnlich funktionieren zu Bällen geformte Ruten **(10)**. Die Zweige in Wasser aufweichen, damit sie elastisch werden, und zu einem nestartigen Geflecht verweben.
- Mischen Sie stabile Stängel **(7)** in das Gesteck, um dünne Stiele zu stabilisieren.
- Suchen Sie auf Flohmärkten und in Gebrauchtwarenläden nach alten Blumenhaltern **(8)**.
- Trockenblumenhalter lassen sich aus lufttrocknender Modelliermasse auch selbst herstellen **(9)**: Formen Sie einen flachen Zylinder, glätten Sie den Boden und stechen Sie mit einem Bleistift von oben Löcher in die Masse. Der Blumenhalter muss nicht gehärtet oder lackiert werden.
- Experimentieren Sie mit Alltagsgegenständen wie Duftstäbchenhalter, Kressesieb, Salz- und Pfefferstreuer oder Kerzenhalter als Vasen für Trockenblumen.

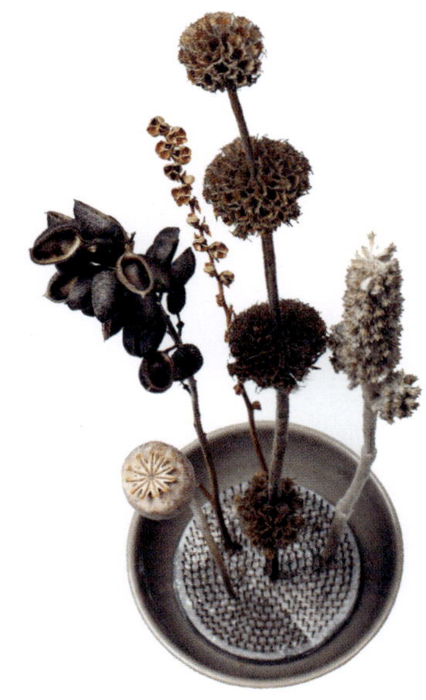

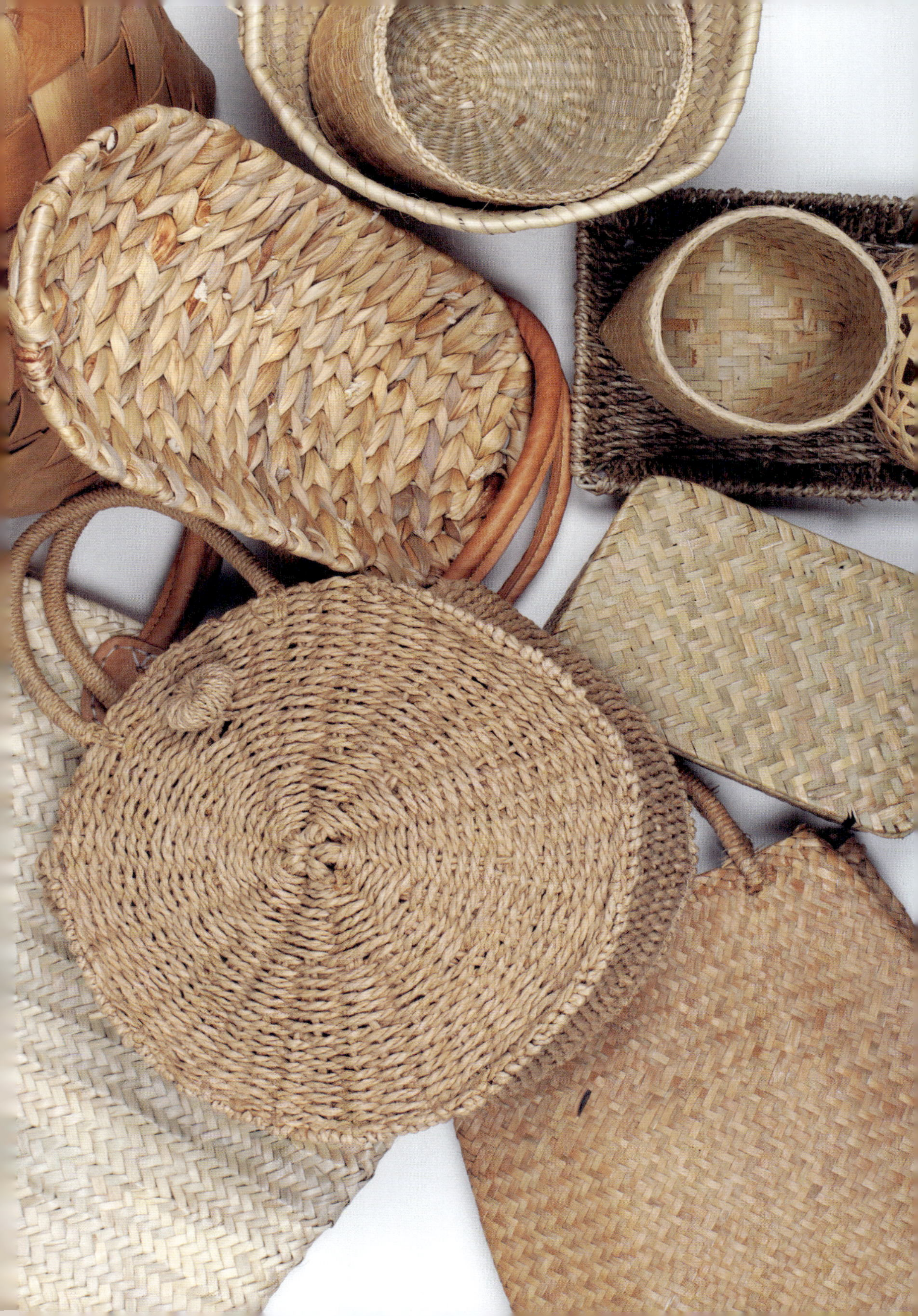

KÖRBE UND FLECHTWARE

Korb- und Flechtware gibt es zwar auch aus Kunstfasern, aber natürliche Materialien wie Rattan, Bambus, Schilf oder Sisal bringen Trockenblumen besser zur Geltung. Es gibt neben Körben auch Schalen, Blumentöpfe und sonstige Gefäße in allen Formen und Größen. Viel braucht es nicht für ein gelungenes Trockenblumenarrangement. Ein paar lässig in eine offene Korbtasche gesteckte, lose Halme genügen, und schon hat man eine schnelle, unkomplizierte Deko.

- Sammeln Sie Körbe in unterschiedlichen Flechtarten und Materialien.
- Handgefertigte Körbe von Kunsthandwerkern sind meist schöner als Massenware.
- Weiche, locker geflochtene Körbe sind ideale Behälter für selbstgefertigte Sträuße und eignen sich perfekt als Geschenk.
- Hohe Flechtkörbe lassen sich zur Vase umfunktionieren, indem man eine Glasflasche oder ein Glas hineinstellt. Das bietet dem Trockengesteck Halt und ist von außen unsichtbar.
- Bei Gestecken aus Schilf, Gras oder Weidenruten wirken Körbe aus denselben Materialien besonders apart.
- Vielleicht möchten Sie einen Korbflechtkurs besuchen? Etwas mit den eigenen Händen herzustellen, verschafft ungeheure Befriedigung. Nebenbei vertiefen Sie Ihre Kenntnisse im Umgang mit Naturmaterialien und können Ihre Wunschkörbe passgenau flechten.

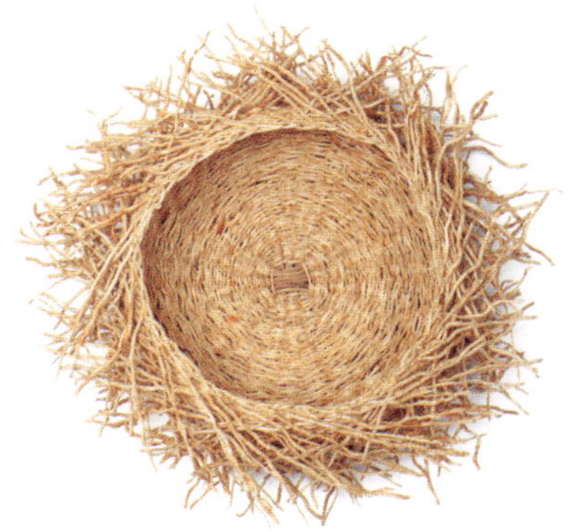

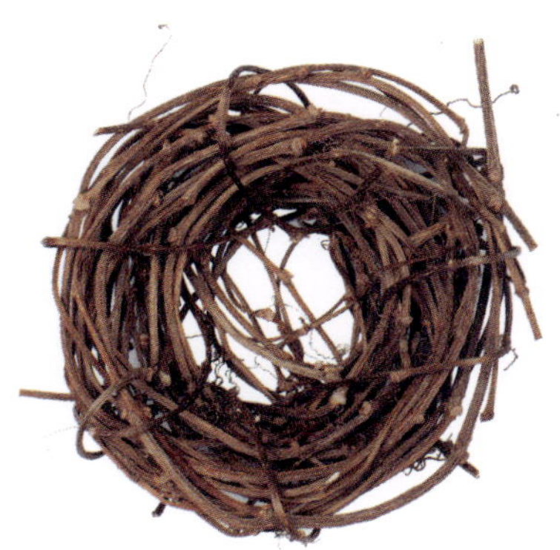

KRÄNZE

Trockenblumenkränze sind wunderbar vielseitig. Binden Sie Kränze passend zur Jahreszeit und experimentieren Sie mit unterschiedlichen Größen. Beginnen Sie mit einem kleinen Kranz, wenn Sie wenig Material zur Verfügung haben.

- Kränze brauchen ein Gerüst, das sich aus trockenen Zweigen wie Weidenruten *(Salix)* oder Wildem Wein *(Parthenocissus quinquefolia)* leicht selber machen lässt.
- Eine schlichte Variante sind runde Stickrahmen aus Holz, die Sie, je nach Farbthema, naturbelassen oder bemalt verwenden können.
- Verwenden Sie zur Jahreszeit passende Pflanzen. Winterliche Kränze bekommen einen festlichen Charakter, wenn Sie immergrüne Gewächse wie Eibe *(Taxus)* oder Stechpalme *(Ilex)* mit einflechten. Bei Herbststräußen dürfen getrocknete Frucht- und Samenstände oder Gemüse wie Artischocken, die das Thema Ernte aufgreifen, nicht fehlen.
- Achten Sie beim Binden Ihrer Kränze auf Nachhaltigkeit. Verwenden Sie umweltfreundliche, kompostierbare Kranzgerüste aus Naturmaterialien und Hanfschnur oder ähnliches zum Festbinden. So können Sie später den gesamten Kranz auf dem Kompost oder in der Biotonne entsorgen.
- Kränze verschönern Wände, Türen und Kaminsimse oder die festlich gestaltete Tafel.

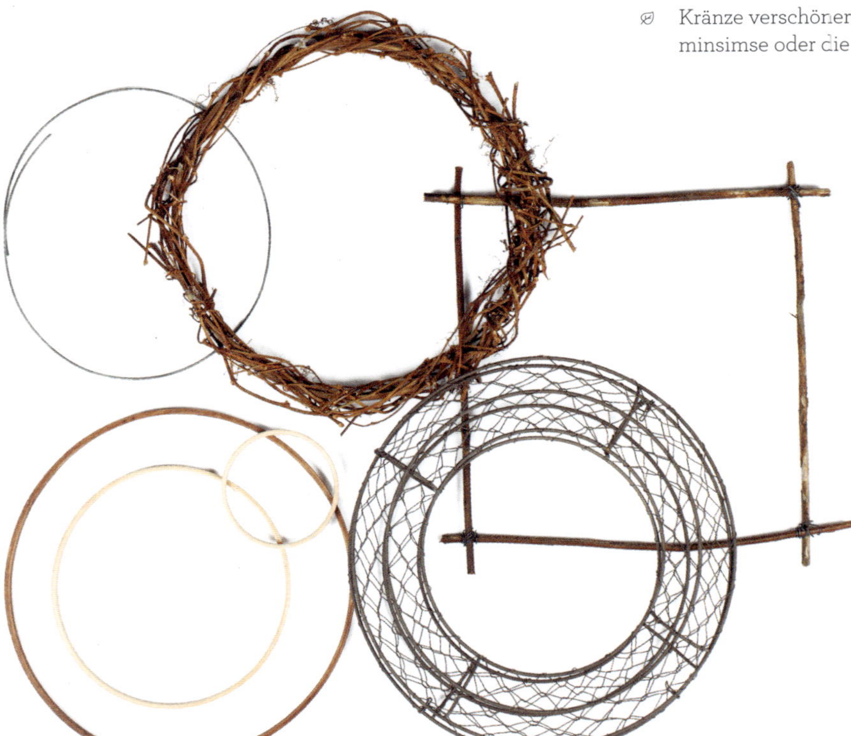

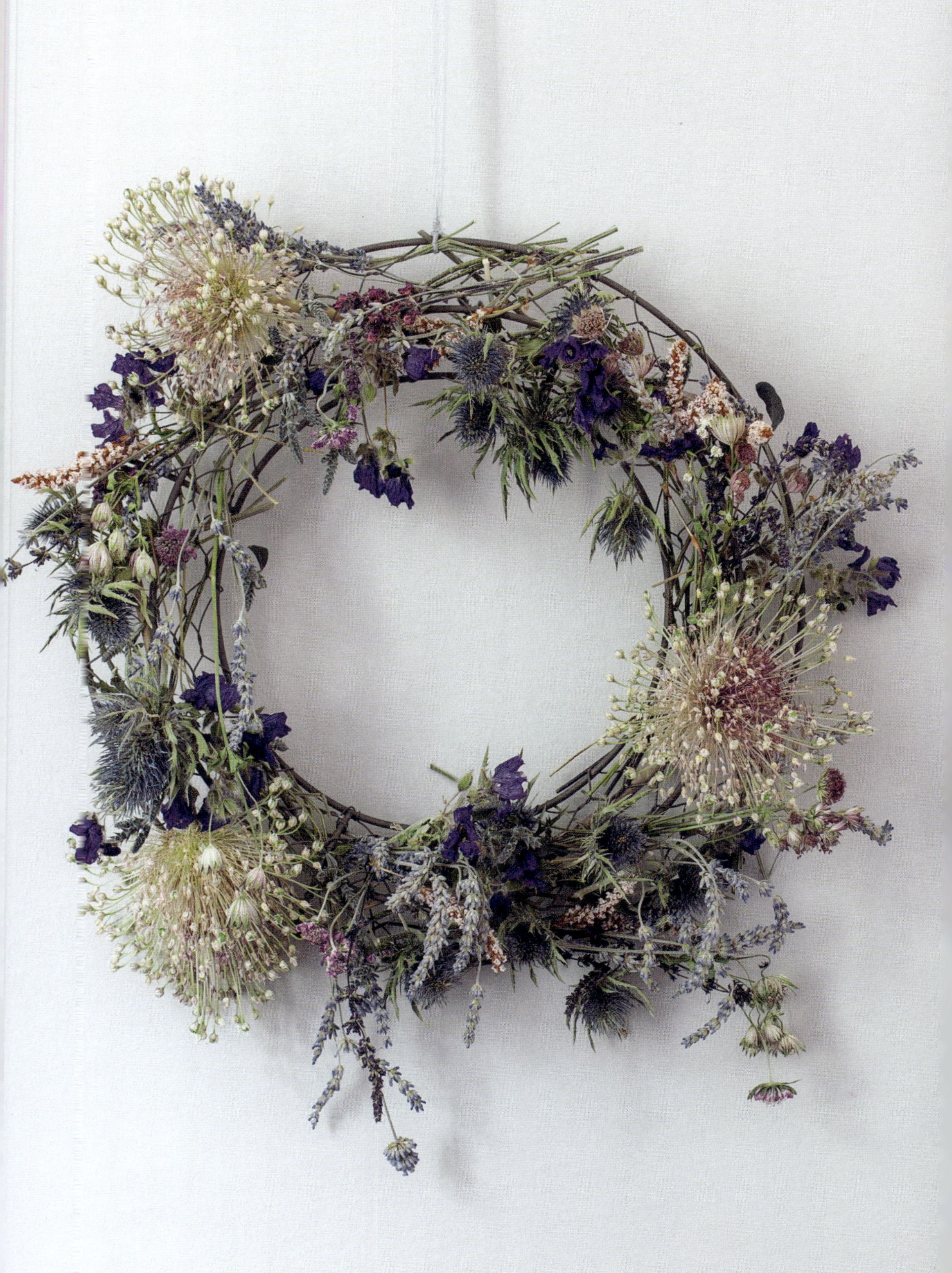

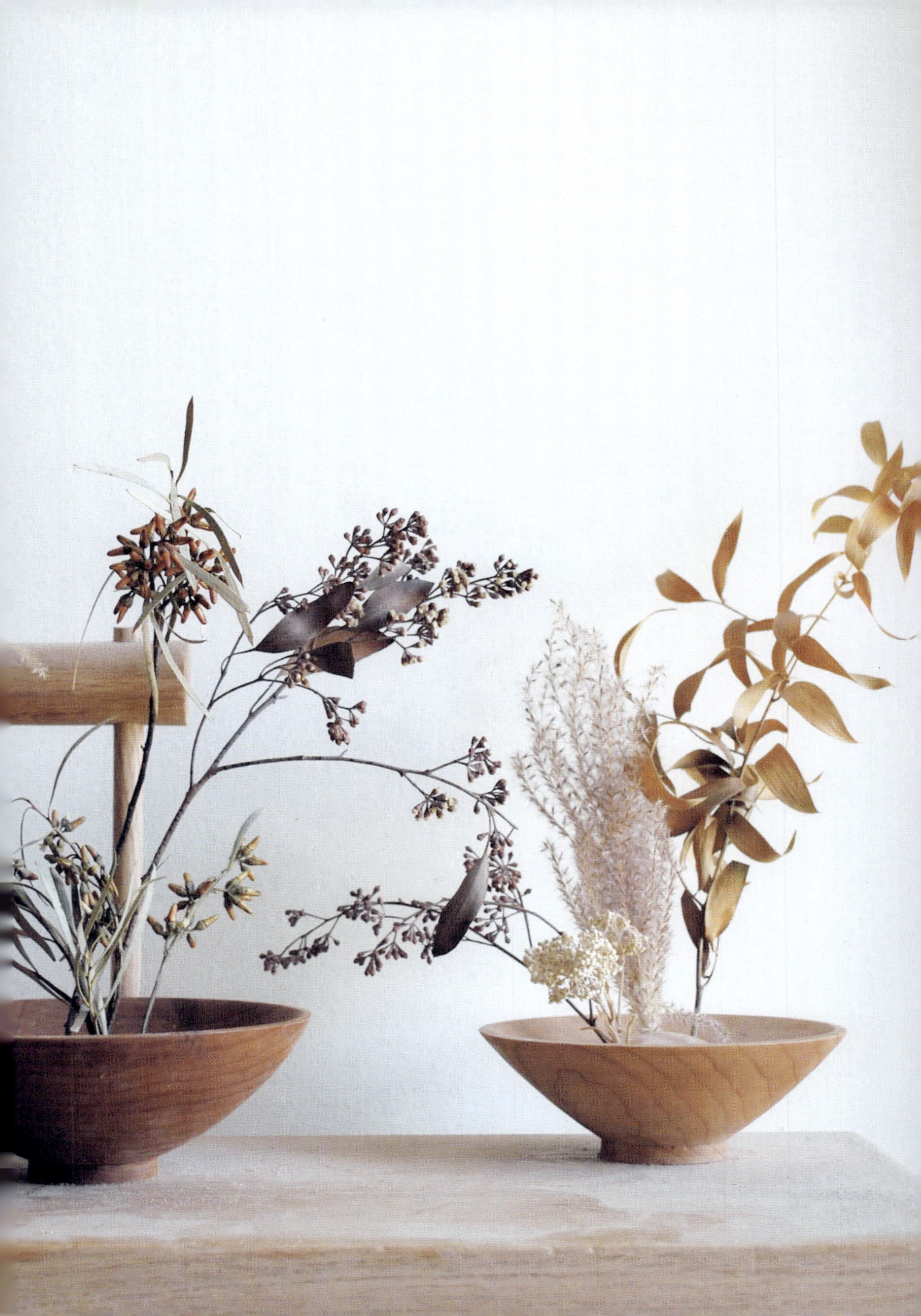

BLUMENGESTECKE IM IKEBANA-STIL

Ikebana ist die traditionelle japanische Form des Blumenarrangierens, die als eigenständige Kunstform seit dem achten Jahrhundert praktiziert wird. Ikebana vereinigt Ästhetik mit philosophischen und spirituellen Aspekten – die Gestecke dienen noch heute oft als Opfergaben für Buddha. Inzwischen gibt es unterschiedliche Schulen, in denen Meister weltweit die Kunst des Blumensteckens lehren. Es dauert Jahre, bis man Ikebana perfekt beherrscht.

Beim klassischen Ikebana werden Frischpflanzen in meist unter Moos oder kleinen Kieseln versteckten Kenzan-Steckigeln arrangiert. Als Gefäße dienen flache, wassergefüllte Schalen. Dieses Prinzip lässt sich problemlos auf Trockengestecke übertragen.

- Achten Sie darauf, dass Ihre Ikebana-Arrangements räumlich wirken, selbst wenn die Gestecke eine Schauseite haben.
- Ein wesentliches Merkmal von Ikebana-Gestecken ist ihre Asymmetrie. Stellen Sie sich beim Arrangieren ein vertikal ausgerichtetes Dreieck vor, bei dem ein einzelner Zweig oder Stiel die Senkrechte bildet und die obere Spitze des Dreiecks markiert.
- Greifen Sie die anderen Eckpunkte mit Pflanzen in entsprechender Wuchshöhe auf. Verwenden Sie dafür Laub- und/oder Blumenzweige.
- Geizen Sie mit Ihrem Material. Die Harmonie entsteht durch die Leere zwischen den Pflanzen.
- Zwingen Sie den einzelnen Pflanzenteilen keine Richtung auf. Auch in den Unterseiten von Blüten oder Blättern steckt verborgene Schönheit, die zutage treten darf.
- Sensibilität unserer Umwelt gegenüber ist ein Wesensmerkmal des Ikebana.
- Suchen Sie Inspiration im Wechsel der Jahreszeiten.
- Verinnerlichen Sie das Prinzip, dass weniger oft mehr ist. Im Zweifel ist es besser, Material aus einer Komposition zu entfernen, als ständig weitere Pflanzen hinzuzufügen.
- Ikebana zeichnet sich durch Schlichtheit, Reduktion und ästhetische Strenge aus und steht damit in direktem Gegensatz zu westlichen Blumenarrangements, die meist die Pracht und Fülle der Pflanzenwelt zur Schau stellen.

Links Trockenblumenarrangement im Ikebana-Stil in schlichten Holzschalen von Elise McLauchlan.

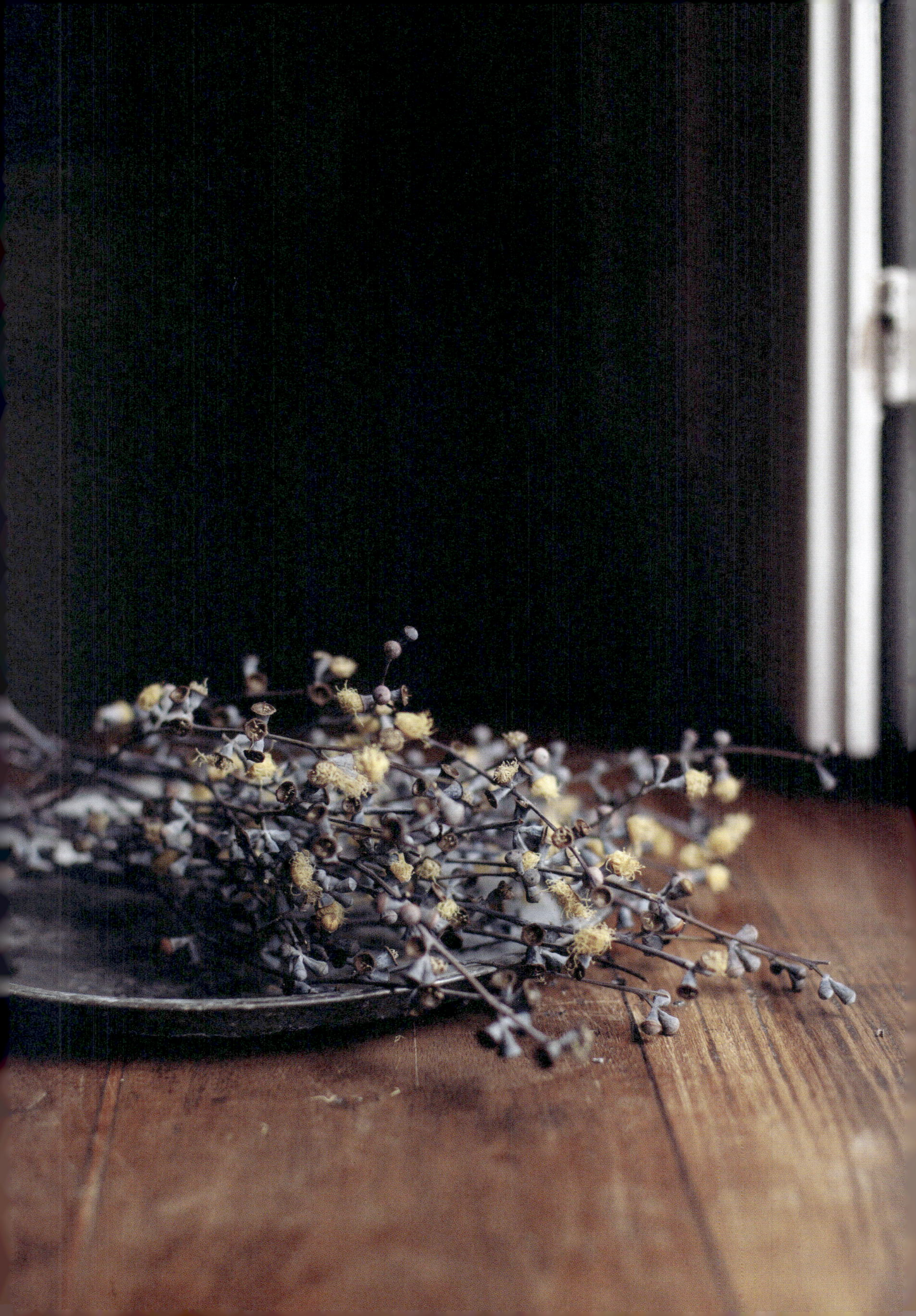

Trockengestecke pflegen

Trockenblumenarrangements sind denkbar unkompliziert. Sie benötigen kein Wasser und können je nach Wunsch und Jahreszeit ersetzt oder umgestylt werden. Allerdings sollten Sie Ihre Gestecke hin und wieder reinigen, damit sie dauerhaft frisch und gepflegt wirken.

- Frischen Sie Ihre Gestecke auf, indem Sie von Zeit zu Zeit alte, ausgebleichte Blumen durch neues Material ersetzen.
- Um zu verhindern, dass getrocknete Gräser aussamen, besprühen Sie sie kurz mit Haarspray.
- Wenn Blüten zu brüchig werden oder das Gesteck an einem Platz steht, an dem man häufig vorbeigeht, dann können Sie zum Schutz eine dünne Schicht Klarlack aufsprühen. Vor allem kleinblättrige Blütenstände wie Hortensien lassen sich auf diese Weise gut konservieren.
- Staubige Trockenblumengestecke lassen sich mit dem Föhn auf niedrigster Temperaturstufe sauber blasen. Alternativ dazu können Sie Staub und Dreck auch mit einem dünnen weichen Pinsel oder einer Pinzette entfernen.
- Trockenblumengestecke sind eine schnelle und wirkungsvolle Art, um vorübergehend gemieteten möblierten Räumen den eigenen Stempel aufzudrücken. Sie lassen sich problemlos im Biomüll entsorgen, sodass man beim Auszug ohne Ballast und mit gutem Gewissen gehen kann.

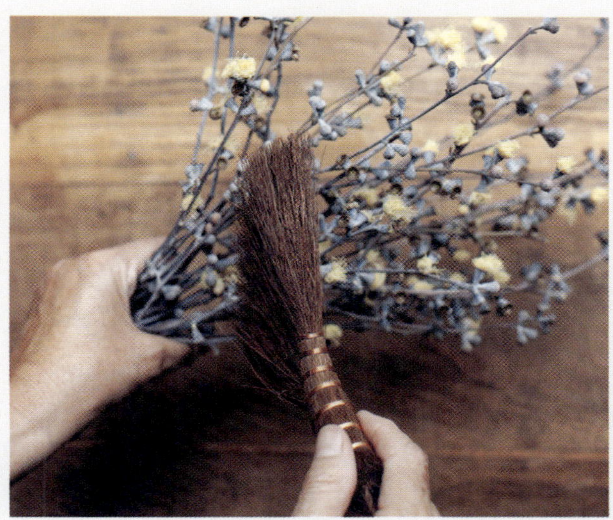

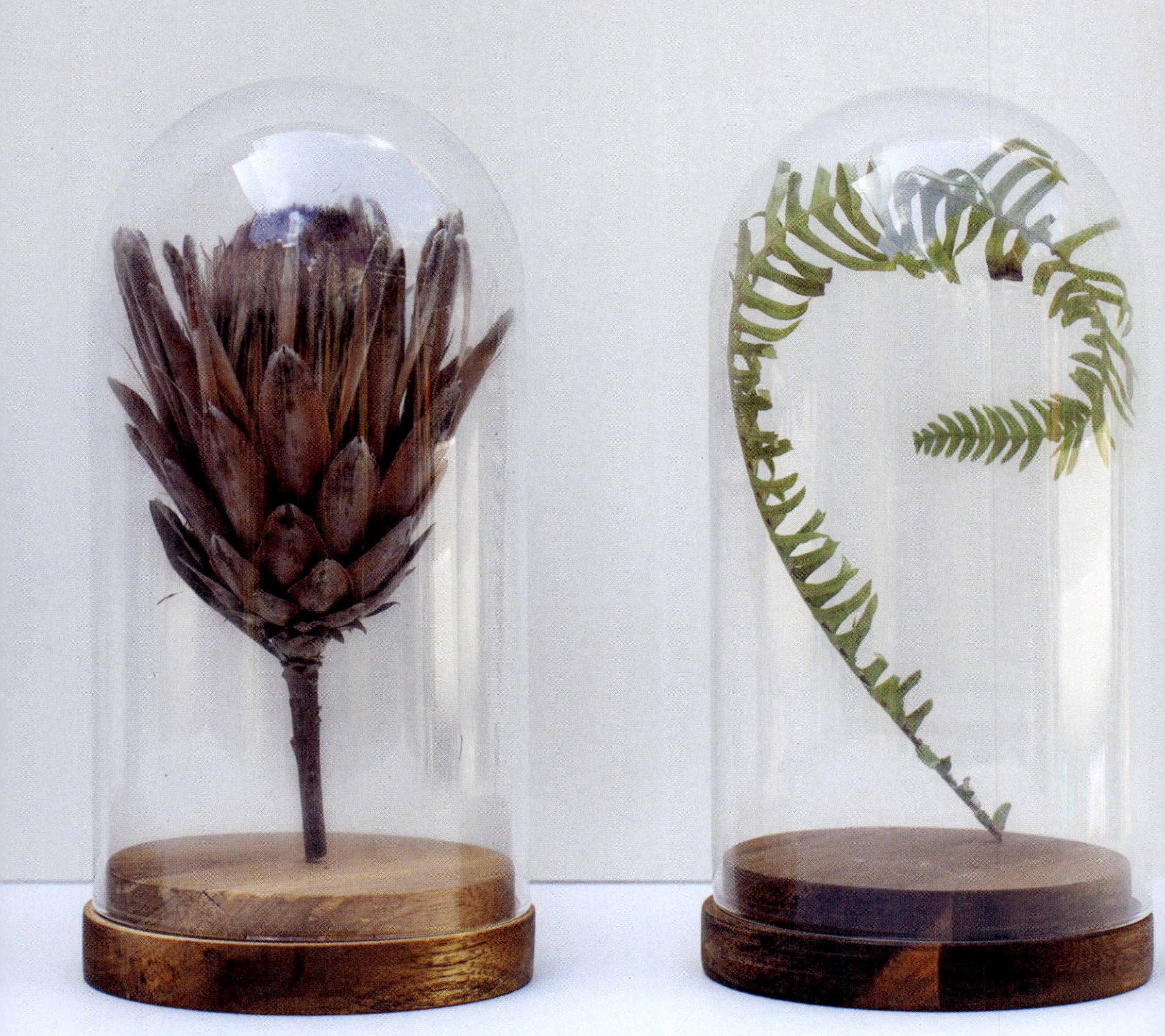

Projekte

Jetzt geht's ans Ausprobieren. Die folgenden Ideen lassen sich einfach realisieren und kreativ ergänzen. Wenn Ihnen einzelne Pflanzen fehlen, dann denken Sie daran: Es gibt keine festen Regeln, verwendet wird, was zur Hand ist und gefällt. Alles, was Sie brauchen, ist ein bisschen Zeit und Fantasie.

BUNTER TROCKENSTRAUSS

Der perfekte Einstieg in die Kunst des Blumenbindens sind Sträuße. Die verschiedensten Materialien lassen sich kombinieren. Experimentieren Sie mit Farben und Strukturen – Sie werden staunen, wie schnell sich die Wirkung verändert.

Material

- Getrocknete Wildgräser wie Pfeifengras *(Molinia)*, Persisches Weidelgras *(Lolium persicum)* und Deutsches Weidelgras *(Lolium perenne)*
- Getrocknete Wildblumen wie Acker-Witwenblume *(Knautia arvensis)*, Wiesen-Margerite *(Leucanthemum vulgare)*, Schafgarbe *(Achillea)* und Raps *(Brassica napus)*
- 12 Stängel Wolfsmilch *(Euphorbia)*
- 1 Zier-Lauch *(Allium)* mit Samenstand
- 15 Gerstenähren *(Hordeum vulgare)*
- einige kleine und große Mohnsamenkapseln *(Papaver)*
- 18 Halme Großes Zittergras *(Briza maxima)*
- 18 Halme Kanariengras *(Phalaris canariensis)*
- 3 Stängel Sonnenhut *(Echinacea)*
- 12 Jungfer im Grünen *(Nigella damascena)* mit Samenkapseln
- 12 Stängel Schnee-Hainsimse *(Luzula nivea)*
- 3 Stängel Garten-Fuchsschwanz *(Amaranthus caudatus)*
- scharfe Gartenschere
- Band oder Schnur

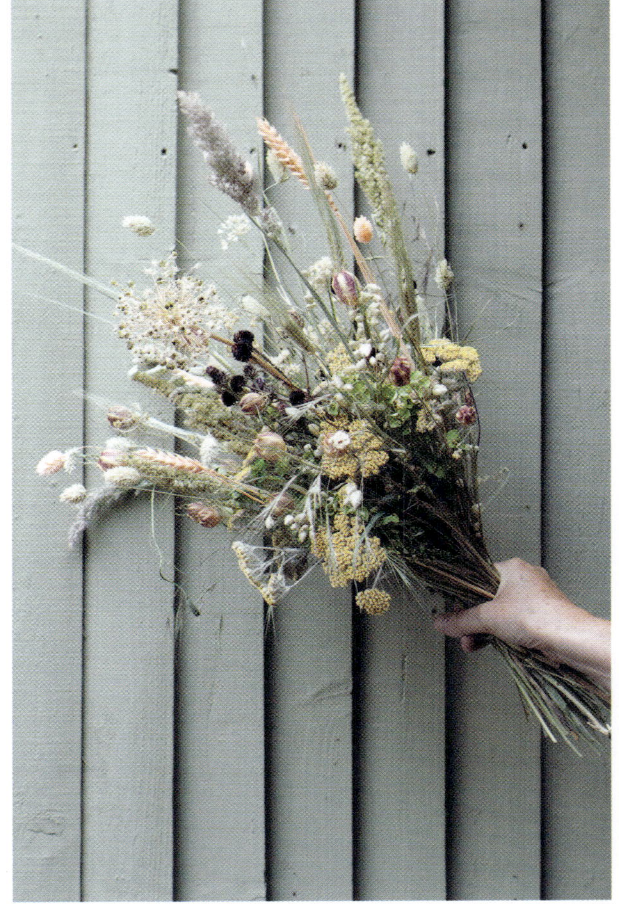

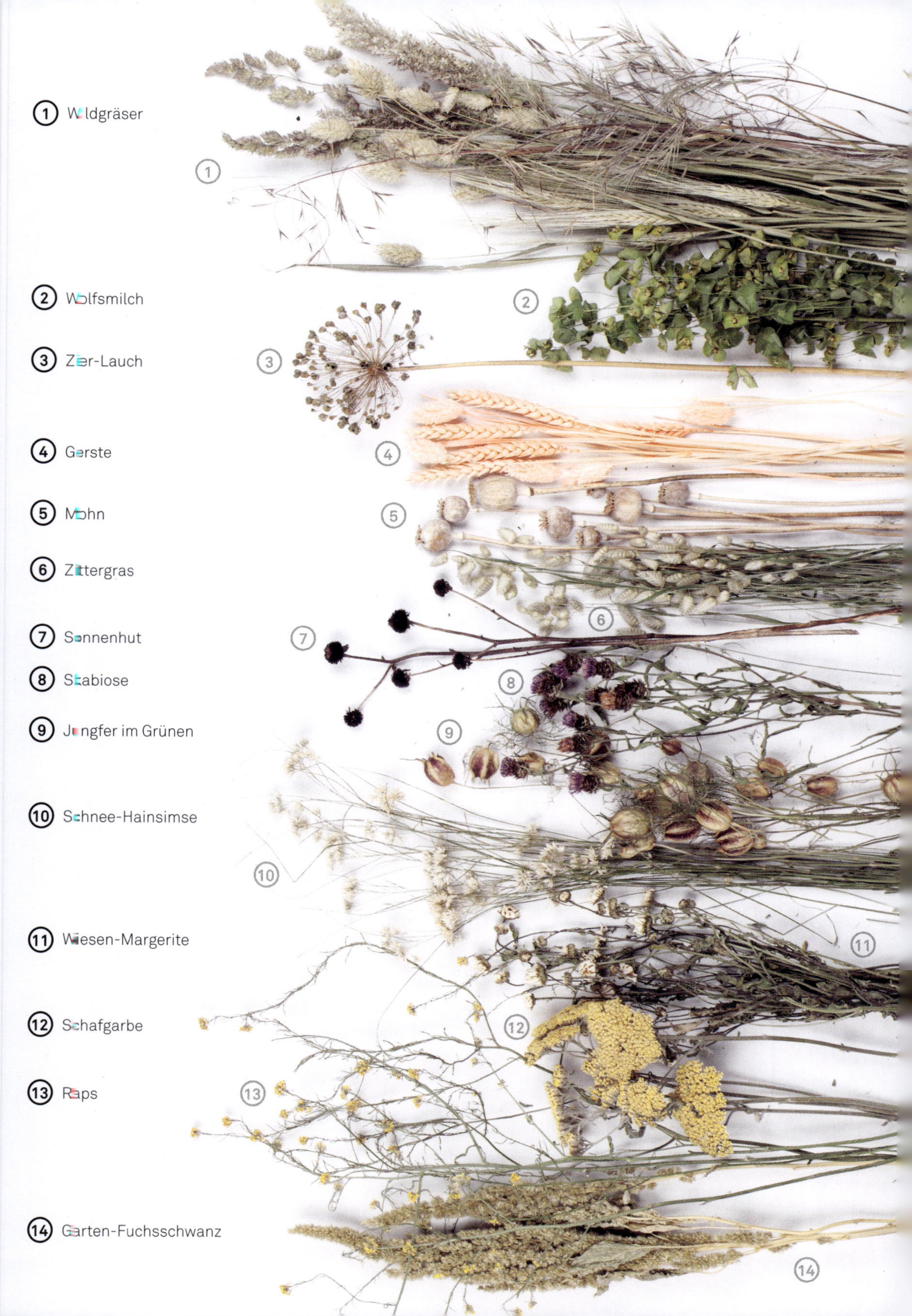
1 Wildgräser
2 Wolfsmilch
3 Zier-Lauch
4 Gerste
5 Mohn
6 Zittergras
7 Sonnenhut
8 Skabiose
9 Jungfer im Grünen
10 Schnee-Hainsimse
11 Wiesen-Margerite
12 Schafgarbe
13 Raps
14 Garten-Fuchsschwanz

Schritt 1
Legen Sie die Pflanzen nach Gruppen sortiert vor sich auf einer flachen Unterlage aus.

Schritt 2
Der einzelne große Zier-Lauch (oder eine andere imposante Blume) bildet das Zentrum. Wenn Sie Rechtshänder sind, nehmen Sie den Stängel zwischen Daumen und Zeigefinger Ihrer linken Hand und legen mit der rechten einen Stängel Wolfsmilch so an, dass beide Stiele sich in einem spitzen Winkel kreuzen. Greifen Sie die Kreuzungsstelle mit der rechten Hand, drehen Sie die Pflanzen leicht im Uhrzeigersinn und nehmen Sie sie wieder in die linke Hand. Linkshänder nutzen die jeweils andere Hand.

Schritt 3
Fahren Sie fort, indem Sie sukzessive einzelne Stängel von jeder der Pflanzengruppen an der Kreuzungsstelle anlegen und drehen Sie vor jedem neuen Schritt das Gebinde im Uhrzeigersinn. Halten Sie den Strauß immer am gewählten Bindepunkt fest. Wollen Sie einen festen Strauß binden, wählen Sie einen hohen Bindepunkt, soll ein natürlich wirkender, luftiger Strauß entstehen, halten Sie die Pflanzen mit lockerem Griff weiter Unten fest.

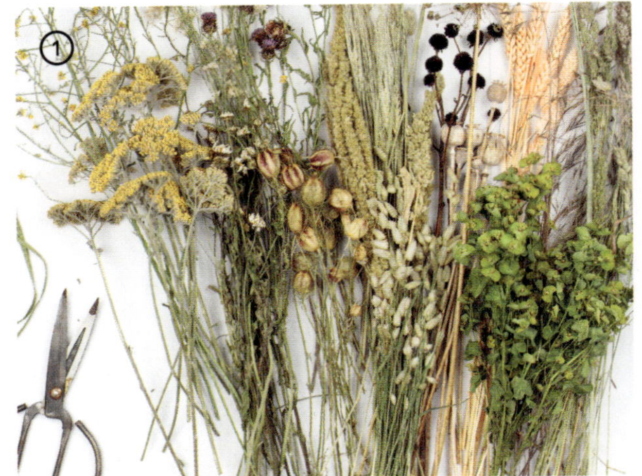

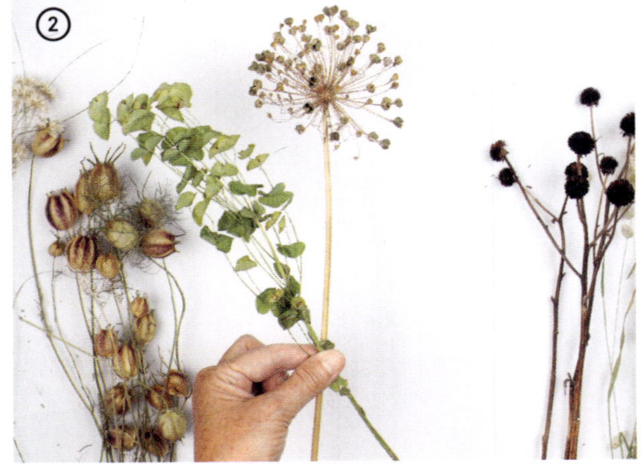

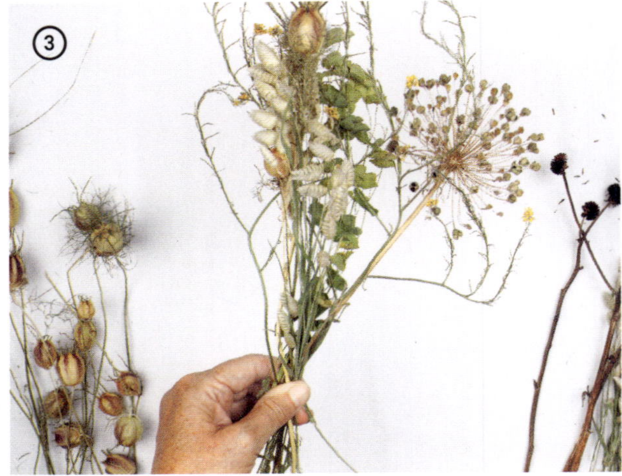

Schritt 4

Achten Sie auf eine ausgewogene, kreisförmige Anordnung der Blumen, Gräser und Samenkapseln. Prüfen Sie den Strauß immer wieder, indem Sie ihn mit ausgestrecktem Arm von sich halten und betrachten. Eintönige und ungleichmäßige Arrangements lassen sich in diesem Stadium leichter korrigieren als nach dem Binden.

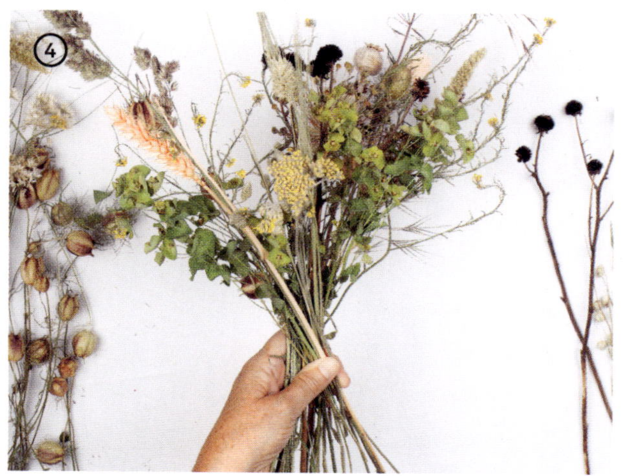

Schritt 5

Sind Sie mit Form und Gestaltung Ihres Straußes zufrieden, binden Sie ihn am Bindepunkt zusammen. So gesichert, können Sie nun einzelne Gräser oder Samenkapseln als Blickfänger leicht nach oben ziehen, damit der Strauß natürlicher wirkt.

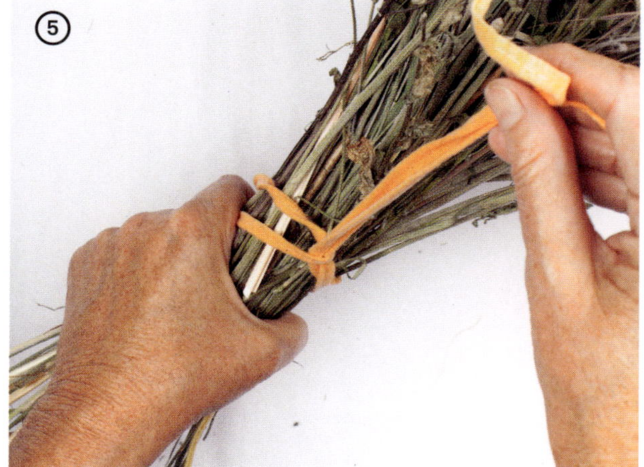

Schritt 6

Kappen Sie die Stiele auf eine Länge. Wollen Sie den Strauß in einer bestimmten Vase zur Schau stellen, sollten Sie ihn zuerst gegen die Vase halten und danach die Stängel in der erforderlichen Länge abschneiden.

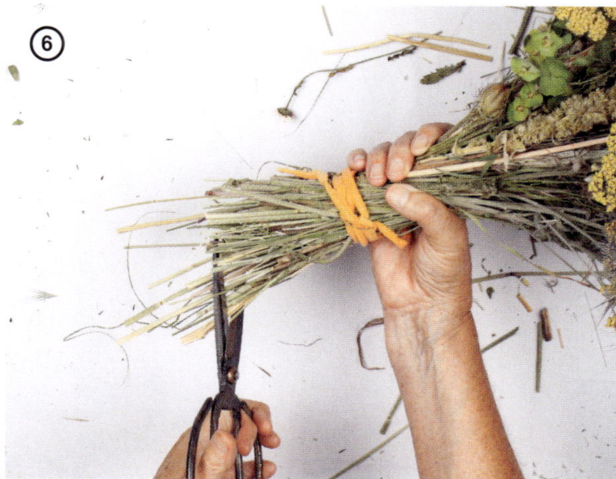

FÄCHERSTRAUSS

Fächersträuße haben eine Schauseite, sodass man sie nicht nur in einer Vase, sondern auch liegend, zum Beispiel auf dem Kaminsims, präsentieren kann. Da sie sich lässig über den Arm legen lassen, eignen sie sich hervorragend als Brautstrauß. Fächersträuße lassen sich einfach herstellen, im Grunde bestehen sie aus drei bis vier Trockenblumengebinden, die lagenförmig angeordnet sind. Die unterste Lage ist die größte, die oberste Lage die kleinste.

Material

- 5 Wedel Pampasgras *(Cortaderia)*
- 5 Stängel gebleichter Flug-Hafer *(Avena fatua)*
- 10 Stängel Mittleres Zittergras *(Briza media)*
- 10 Stängel gefärbtes Samtgras *(Lagurus ovatus)*
- 10 Stängel Rutenhirse *(Panicum virgatum)* oder Nebel-Straußgras *(Agrostis nebulosa)*
- 3 Strohblumen *(Xerochrysum)*
- 3 Rosen *(Rosa)*
- 2 getrocknete Magnolienblätter *(Magnolia)*
- 2 zurechtgeschnittene Palmwedel *(Arecaceae)*
- Schnur
- Zierband
- scharfe Blumenschere

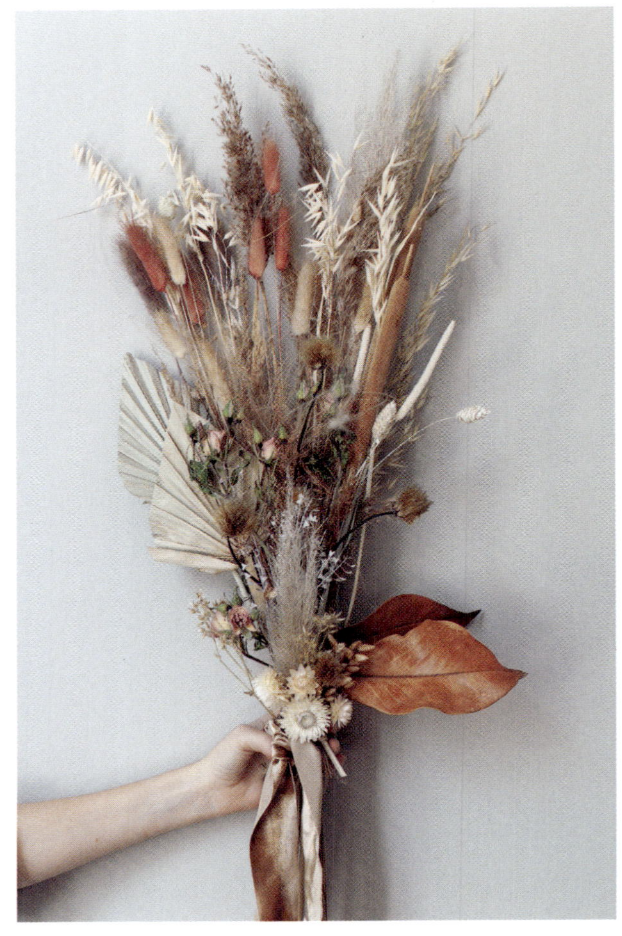

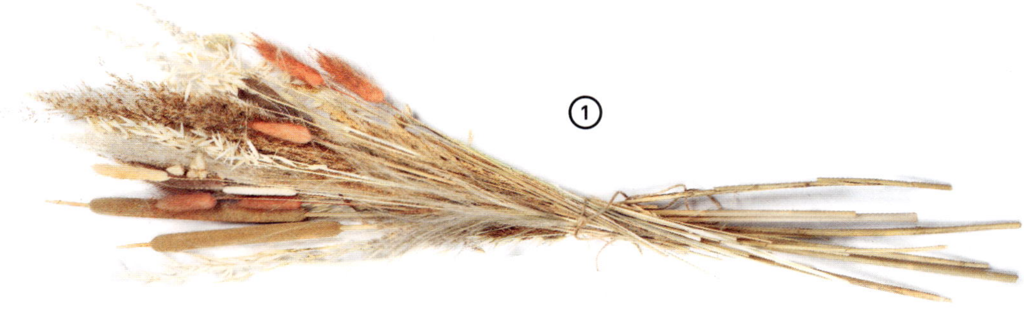

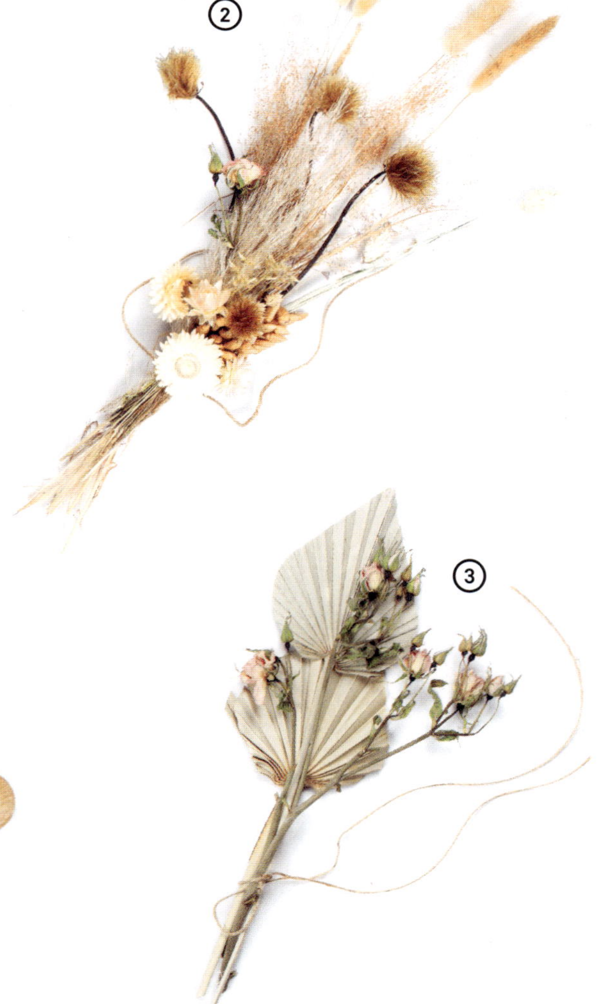

Schritt 1
Beginnen Sie mit der ersten und längsten Lage. Verwenden Sie hierfür das Pampasgras und den Flug-Hafer sowie einige Halme von Zittergras und Samtgras. Legen Sie die Gräser kreuzförmig auf einer flachen Unterlage aus und binden Sie sie am Bindepunkt zusammen.

Schritt 2
Für den zweiten, etwas kleineren Fächer nehmen Sie Rosen, Rutenhirse oder Nebel-Straußgras, einige kürzere Zittergrashalme und ein paar Strohblumen. Binden Sie sie zu einem Strauß zusammen und fächern Sie ihn behutsam auf.

Schritt 3
Für den dritten Fächer binden Sie zwei stark zurechtgestutzte Palmwedel und einige Rosen fest zusammen.

Schritt 4
Legen Sie die Sträuße lagenförmig übereinander, fügen Sie ein paar getrocknete Magnolienblätter oder Ähnliches hinzu und binden Sie alles an den Bindestellen mit einem Zierband zusammen. Kappen Sie etwaige Ausreißerzweige, damit ein harmonisches Ensemble entsteht.

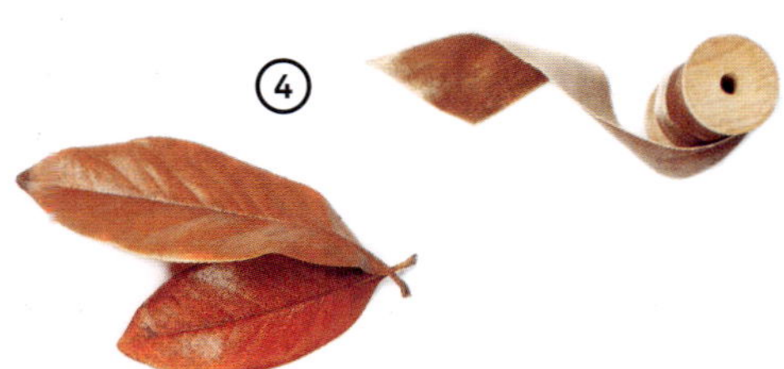

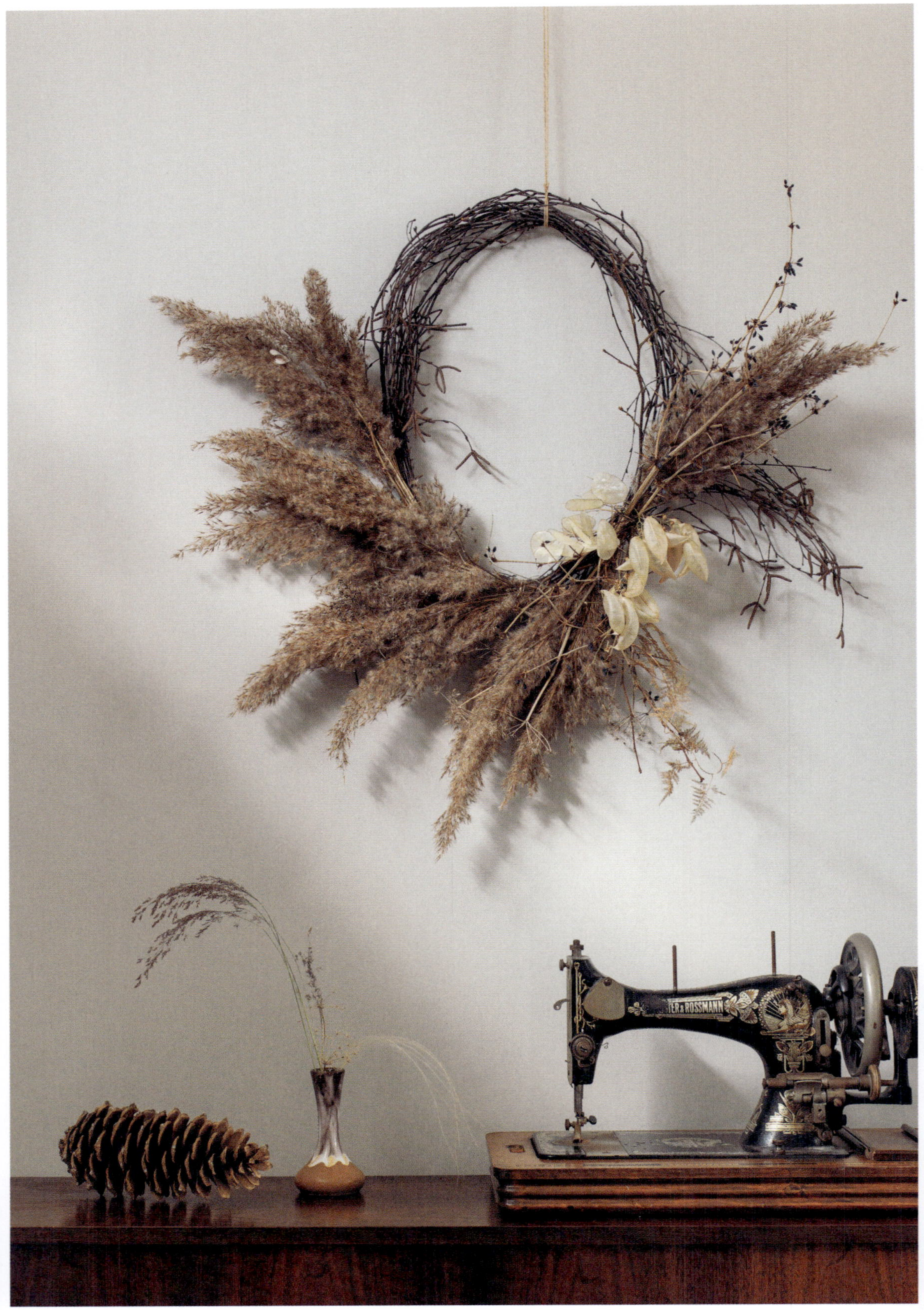

SAISONALER KRANZ

Kränze wirken durch die verwendeten Farben und Strukturen. Sammeln Sie, was an Pflanzen gerade verfügbar ist – Gräser, Samenkapseln, Beeren – und kombinieren Sie alles zu einem saisonalen Wandschmuck oder einer Tischdekoration.

Material

- 10–15 dünne Zweige von der Hänge-Birke *(Betula pendula)* mit Kätzchen
- 15 Halme getrocknetes Chinaschilf *(Miscanthus)*
- Zweige mit Beeren, etwa Eukalyptus
- Samenstände, etwa von Gelbem Blasenstrauch *(Colutea arborescens)* oder Einjährigem Silberblatt *(Lunaria annua)*
- 1 mit Farbe besprühter Wedel Feder-Spargel *(Asparagus setaceus)*
- kräftige Blumen- oder Gartenschere
- Wickeldraht
- 6 Stück Steckdraht

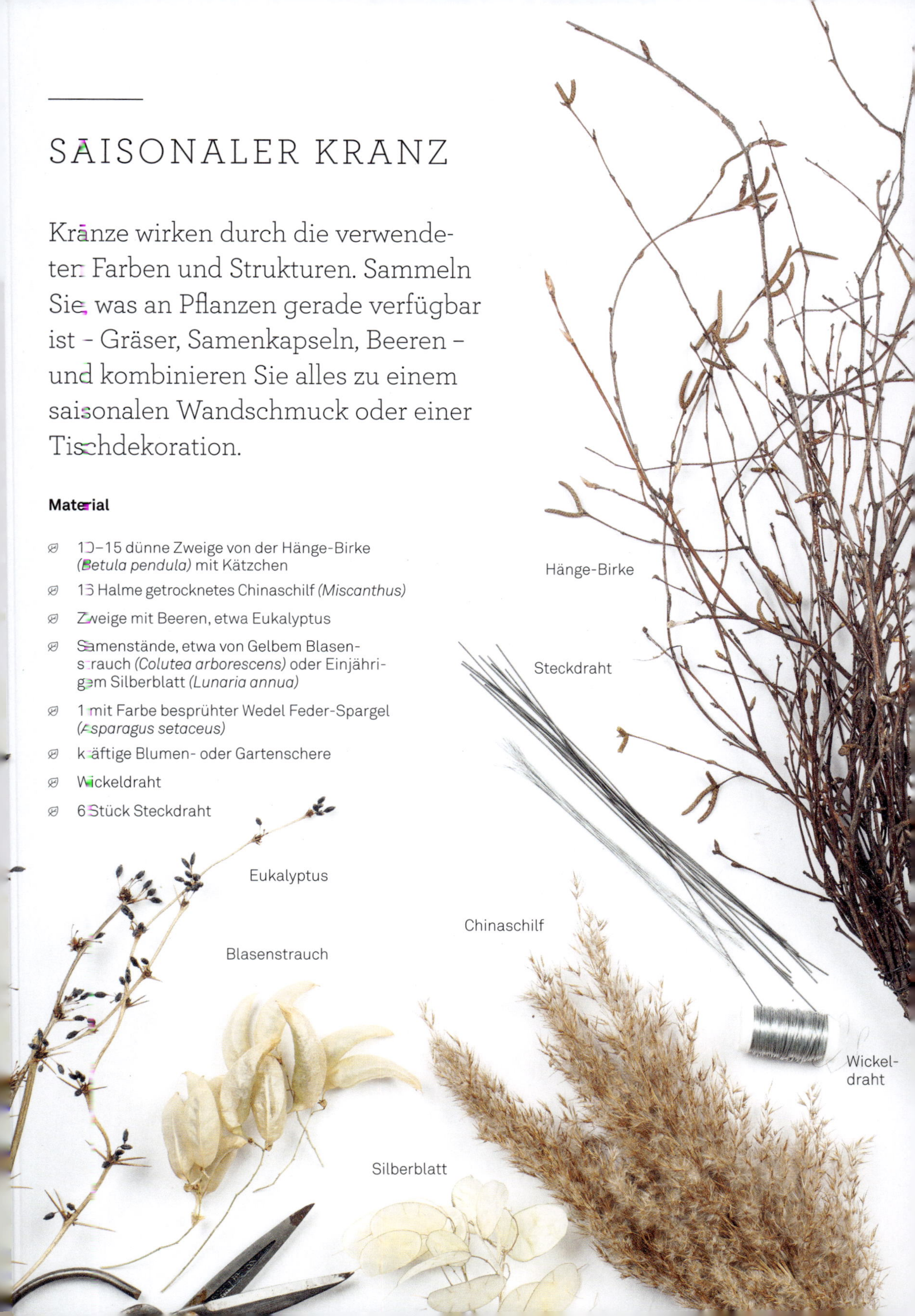

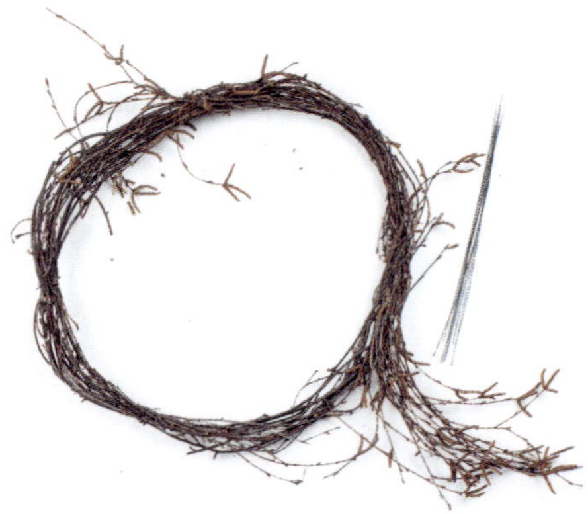

Schritt 1

Winden Sie die Birkenzweige zu einem lockeren, etwa esstellergroßen Kranzgerüst und fixieren Sie die Zweige mit Steckdraht. Lassen Sie einige Zweigenden abstehen, damit die Kätzchen zur Geltung kommen.

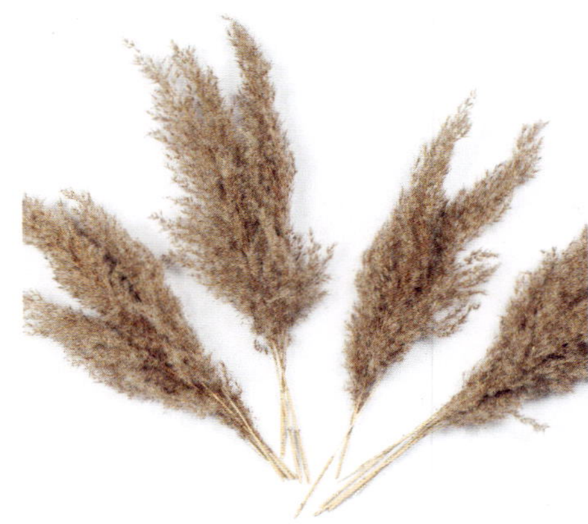

Schritt 2

Teilen Sie das Chinaschilf in vier Bündel und schneiden Sie es auf unterschiedliche Längen zu. Binden Sie die Bündel mit Wickeldraht zu fächerartigen Sträußen zusammen.

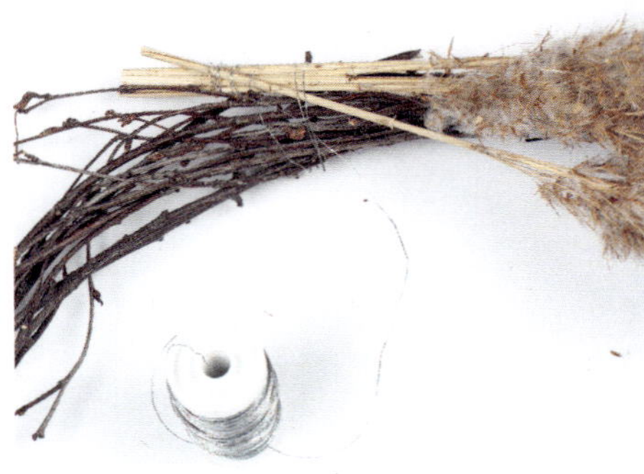

Schritt 3

Befestigen Sie die Chinaschilfsträuße mit Wickeldraht so am Kranzgerüst, dass sie sich im Halbrund auffächern.

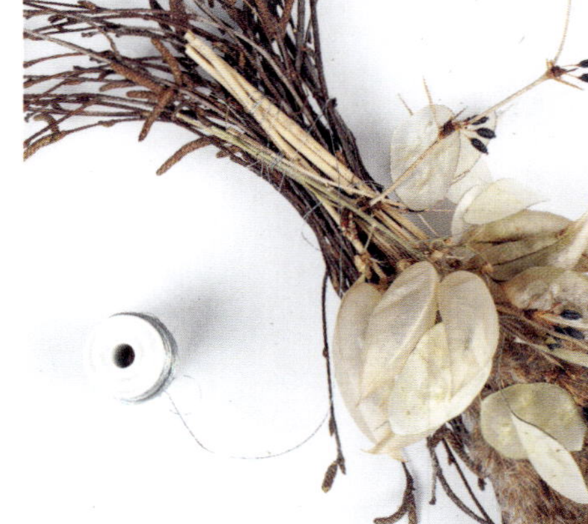

Schritt 4

Stecken Sie als Blickfang einige Stiele vom Gelben Blasenstrauch und ein paar Beerenzweige in das Chinaschilf. Zum Aufhängen genügt ein Nagel oder Haken in der Wand.

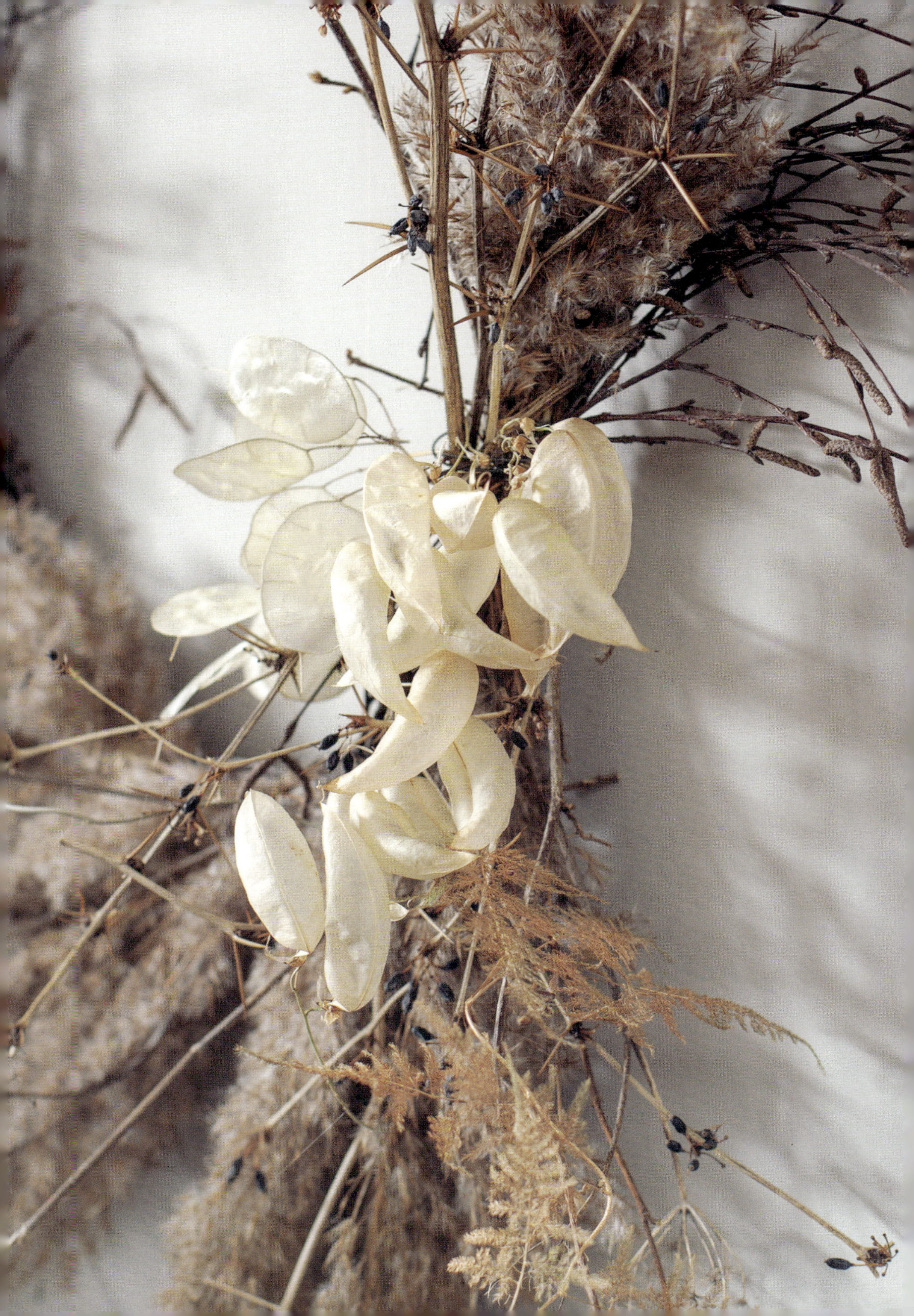

BLUMENNESTER

Ein Geflecht aus Zweigen, das wie ein Vogelnest oder Körbchen aussieht, ist eine elegante Halterung für Trockenblumen. Ein Nest lässt sich leicht aus Ranken oder anderen verholzten Trieben basteln.

Material

- 20 oder mehr Zweige, etwa von Gewöhnlicher Waldrebe *(Clematis vitalba)*, Wildem Wein *(Parthenocissus quinquefolia)*, Glyzinie/Blauregen *(Wisteria)* oder lange verholzte Triebe vom Rückschnitt Ihrer Kletterpflanzen
- Eimer
- hochwandiges, rundes Gefäß mit dem Umfang, den Ihr Körbchen haben soll
- Küchenrolle oder Papiertücher
- 3 Stücke fester Blumendraht
- kräftige Gartenschere

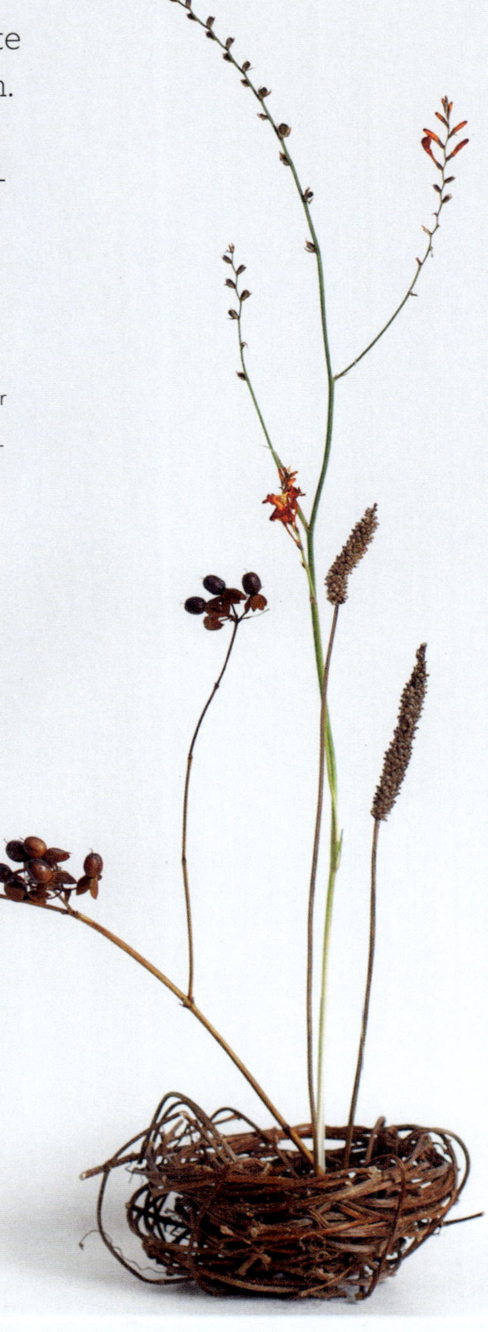

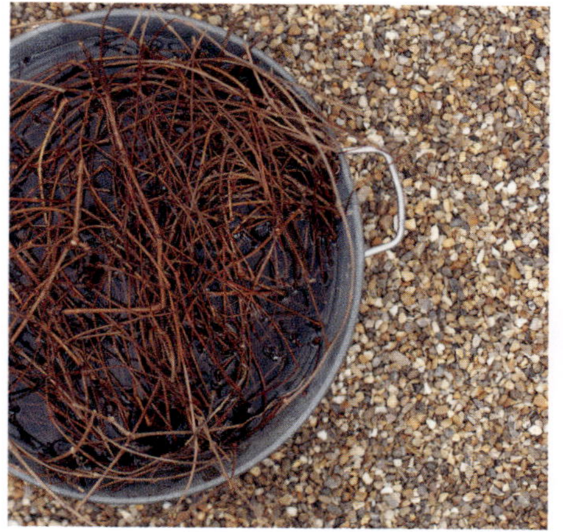

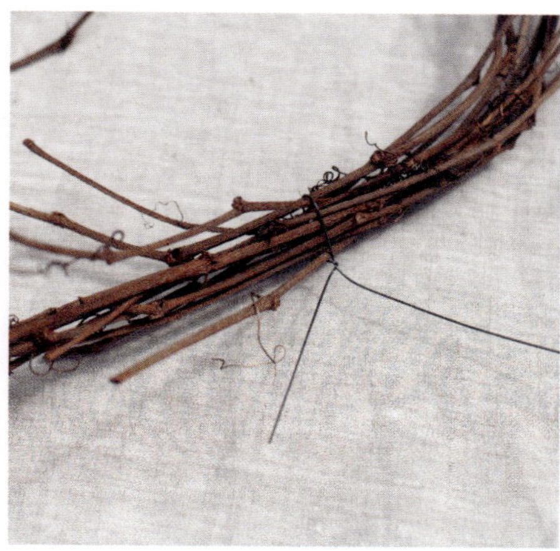

Schritt 1

Machen Sie die Zweige biegsam, indem Sie sie mehrere Stunden in einem Eimer oder einer großen Spülschüssel mit warmem Wasser einweichen. Schütteln Sie das Wasser ab und tupfen Sie die Zweige mit Küchenpapier etwas trocken.

Schritt 2

Binden Sie etwa 15 unterschiedlich lange Zweige mit Blumendraht zusammen. Von der Bindestelle aus winden Sie die Zweige locker in eine runde Form, das hochwandige Gefäß dient als Richtmaß für die Größe. Wenn sich kürzere Zweige aus dem Bündel lösen oder abstehen, stecken Sie sie zwischen den anderen Zweigen fest. Sind Sie mit der Form zufrieden, binden Sie die losen Enden mit Draht zusammen und fixieren das Gebinde mit dem dritten Draht.

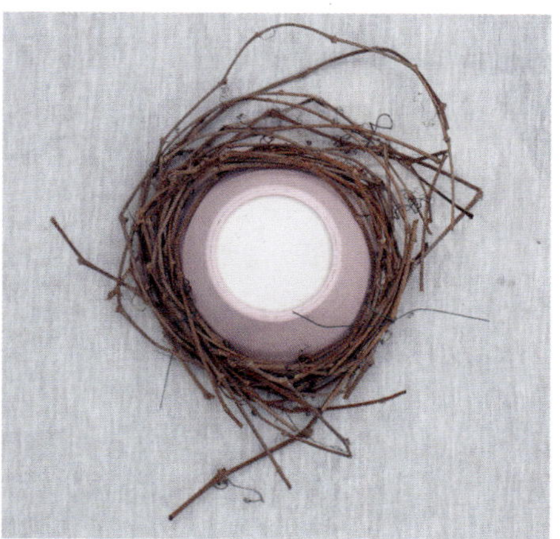

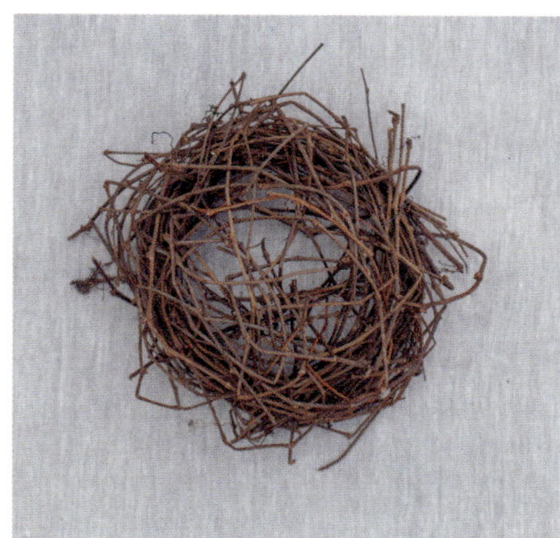

Schritt 3

Die Form sollte nun einem kleinen, locker gewundenen Kranz ähneln. Schieben Sie ihn auf Ihr Gefäß und lassen Sie ihn dort trocknen. Der Kranz soll eher unstrukturiert und organisch wirken und muss nicht vollkommen rund sein. Das Gefäß dient in diesem Stadium lediglich als Stütze, bis die Zweige durchgetrocknet sind.

Schritt 4

Mit den verbleibenden Zweigen flechten Sie einen Boden für Ihr Nest. Stecken Sie kurze Zweige kreuz und quer von innen in den Kranz, bis ein flacher Boden entsteht, auf dem ein locker zusammengeknüllter Hühnerdraht zum Einstecken der Blumen Halt findet.

TROCKENBLUMEN UNTER GLAS

Besonders wertvolle oder empfindliche Trockenblumen sind unter Glas staubfrei und gut geschützt untergebracht. So währt die Freude an den delikaten Schönheiten länger.

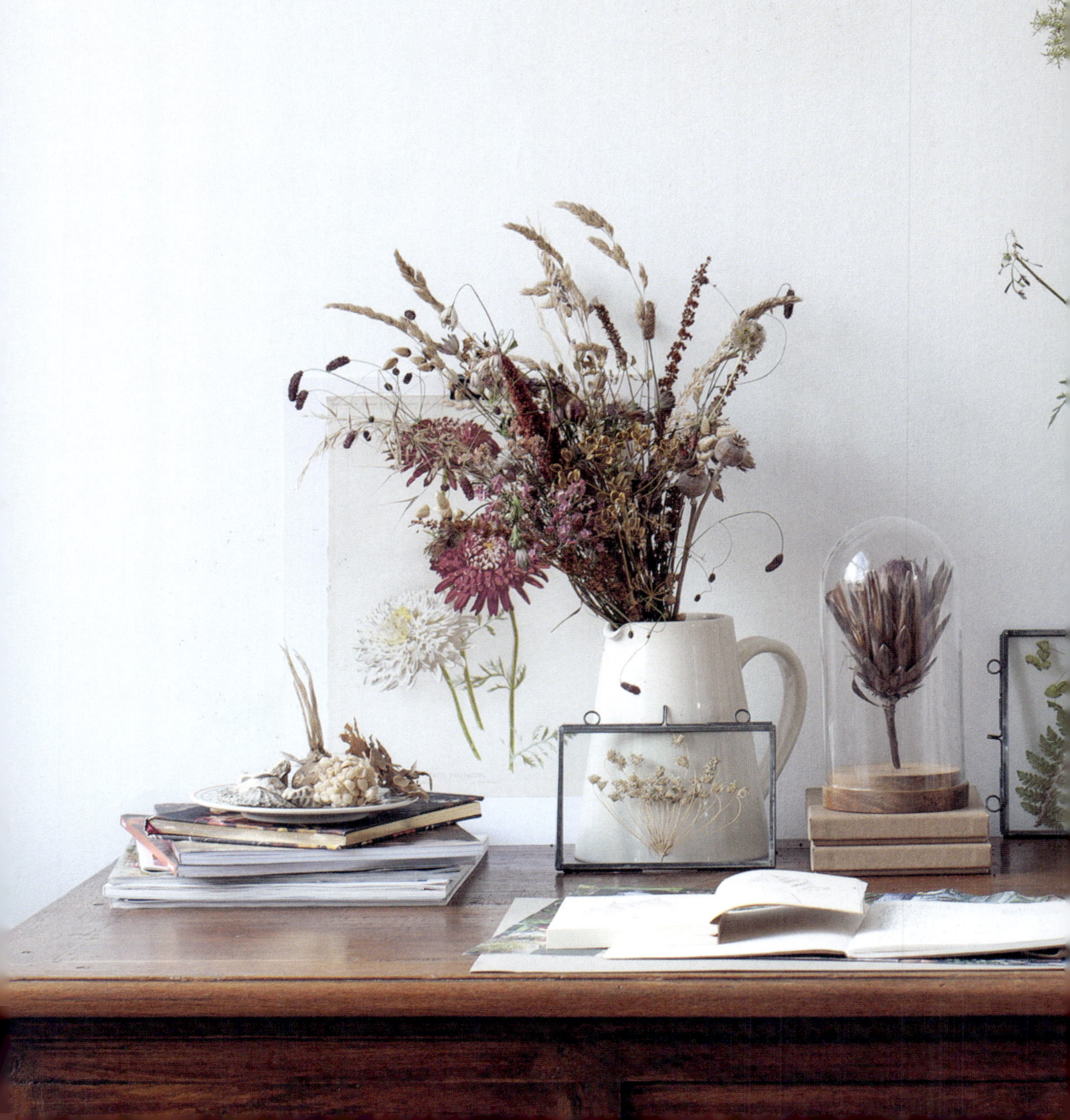

Glasglocken

Unter Glashauben lassen sich mit getrockneten Blumen schöne Miniaturstillleben schaffen. Stülpen Sie eine Glashaube über Blumensträußchen in kleinen Vasen oder richten Sie die Pflanzen zwischen Steinen oder mithilfe eines japanischen Blumensteckigels auf (siehe Seiten 136–137). Befestigen Sie die Stützkonstruktion zur Sicherheit mit doppelseitigem Klebeband am Sockel der Glashaube. Halten Sie die Materialien zunächst gegen das Glasgefäß, um die Größe abzuschätzen, und schneiden Sie sie passend zurecht. Gestalten Sie Ihre Kreation schlicht und luftig, damit sie nicht zusammengedrückt wird, wenn Sie das Glas darüber schieben.

Bilderrahmen

Wählen Sie besondere Exemplare aus Ihren gepressten Blumen (siehe Seiten 116–119) und präsentieren Sie die kleinen Kunstwerke im Doppelglasrahmen. Ob in gleich- oder verschiedengroßen Rahmen in ungerader Anzahl bieten die Schaustücke einen ungewöhnlichen Anblick. An einer Wand, auf einem Regalbrett oder einem Sideboard laden sie unweigerlich zum näheren Betrachten ein.

Gefäße

Gestalten Sie in großen Glasgefäßen Pflanzenlandschaften, die wie natürlich gewachsen wirken (siehe Seite 56). Ordnen Sie am Boden Stützelemente an, zum Bespiel Zweige, Moose oder Steine. Dann schieben Sie die getrockneten Pflanzen hinein. Schneiden Sie die Stängel auf unterschiedliche Längen zu und stellen Sie einige schräg, dann stützen sie sich gegenseitig. Ebenfalls ansprechend wirken kleine Gruppen aus unterschiedlichen Vasen.

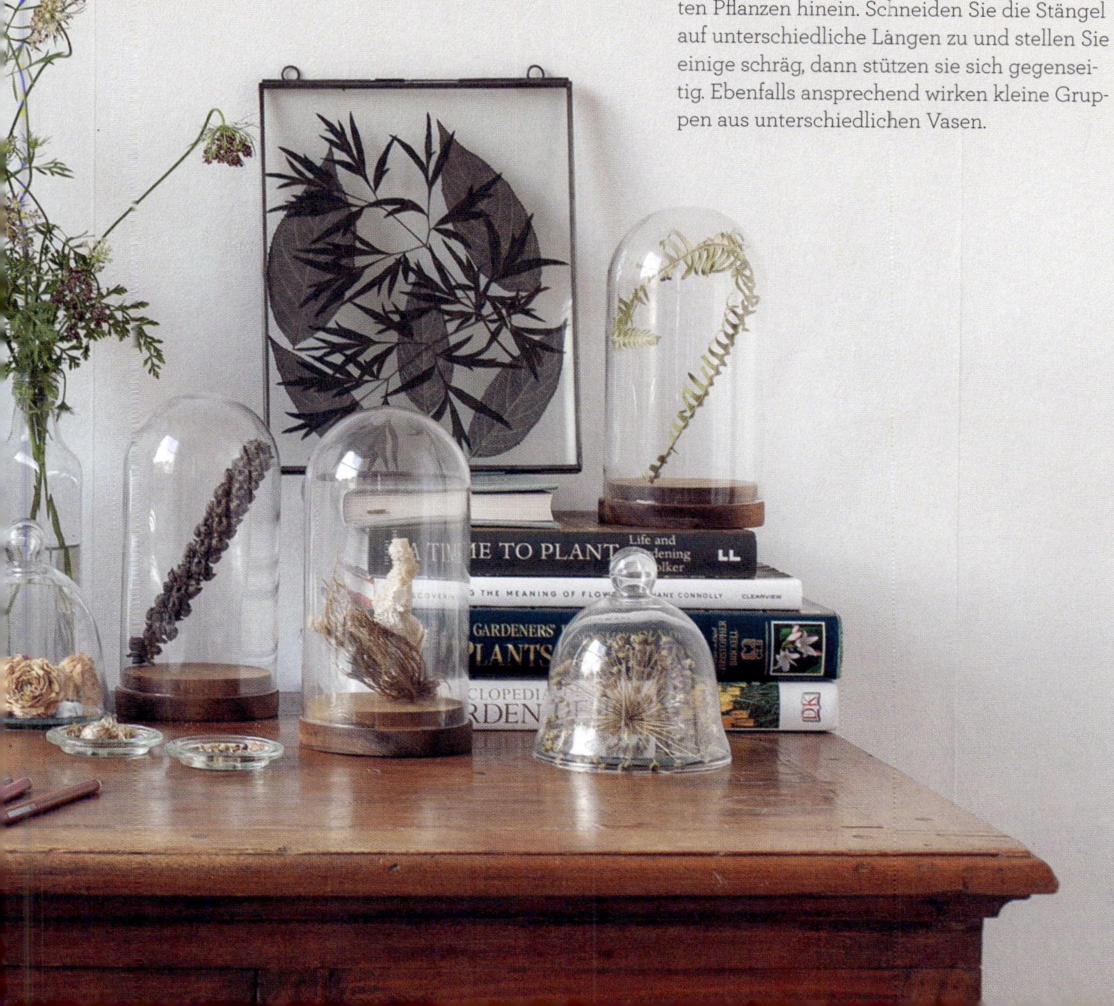

WAND- UND TÜRSCHMUCK

Glatte weiße Wände und Türen liefern einen Hintergrund, vor dem man Trockenblumen perfekt in Szene setzen kann. Eine schnelle und unkomplizierte Möglichkeit, Räume jahreszeitlich zu schmücken.

Gitter

Mit kleinen Holzklammern können Sie Ihre getrockneten Lieblingsblumen, Samenkapseln und Gräser an Memoboards in Gitterform dekorativ zur Schau stellen. Schön an dieser Art der Befestigung ist die Leichtigkeit, mit der Sie das Material neu ordnen und je nach Jahreszeit auswechseln können. Jede Art von Gitter eignet sich, auch ein zurechtgeschnittenes Holzspalier. Ein dreidimensionales Pflanzengeflecht erzeugen Sie, indem Sie lange Stängel, die noch nicht vollkommen spröde sind, durch das Gitter flechten und anschließend kürzere Pflanzen dahinterstecken oder mit Holzklammern oder hübschen Messingclips daran befestigen.

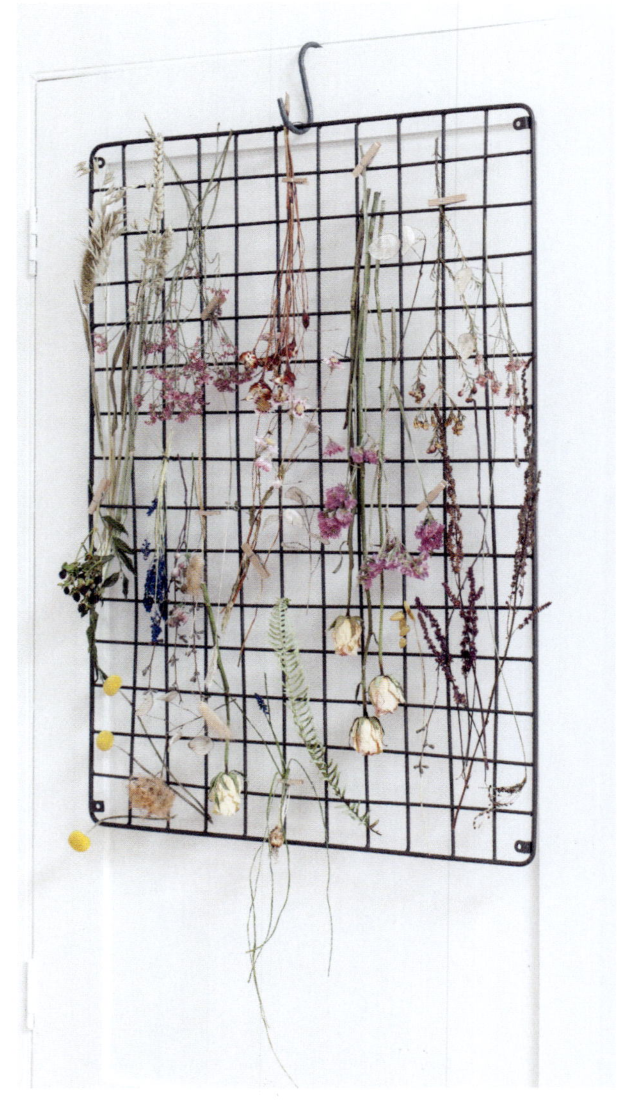

Blumenwände

Getrocknete oder gepresste Blumen lassen sich auch direkt an einer Wand oder einer anderen glatten Fläche anbringen, um ein Gefühl von Natur im Raum zu erzeugen. Verwenden Sie, je nach erwünschtem Effekt, durchsichtiges oder buntes Deko-Klebeband.

Weitere Ideen

Alternativ zur direkten Befestigung an einer Wand können Sie Ihre Blumen auch aus Briefumschlägen oder kleinen Weidengeflechten herausschauen lassen und diese nach Belieben an der Wand verteilen.

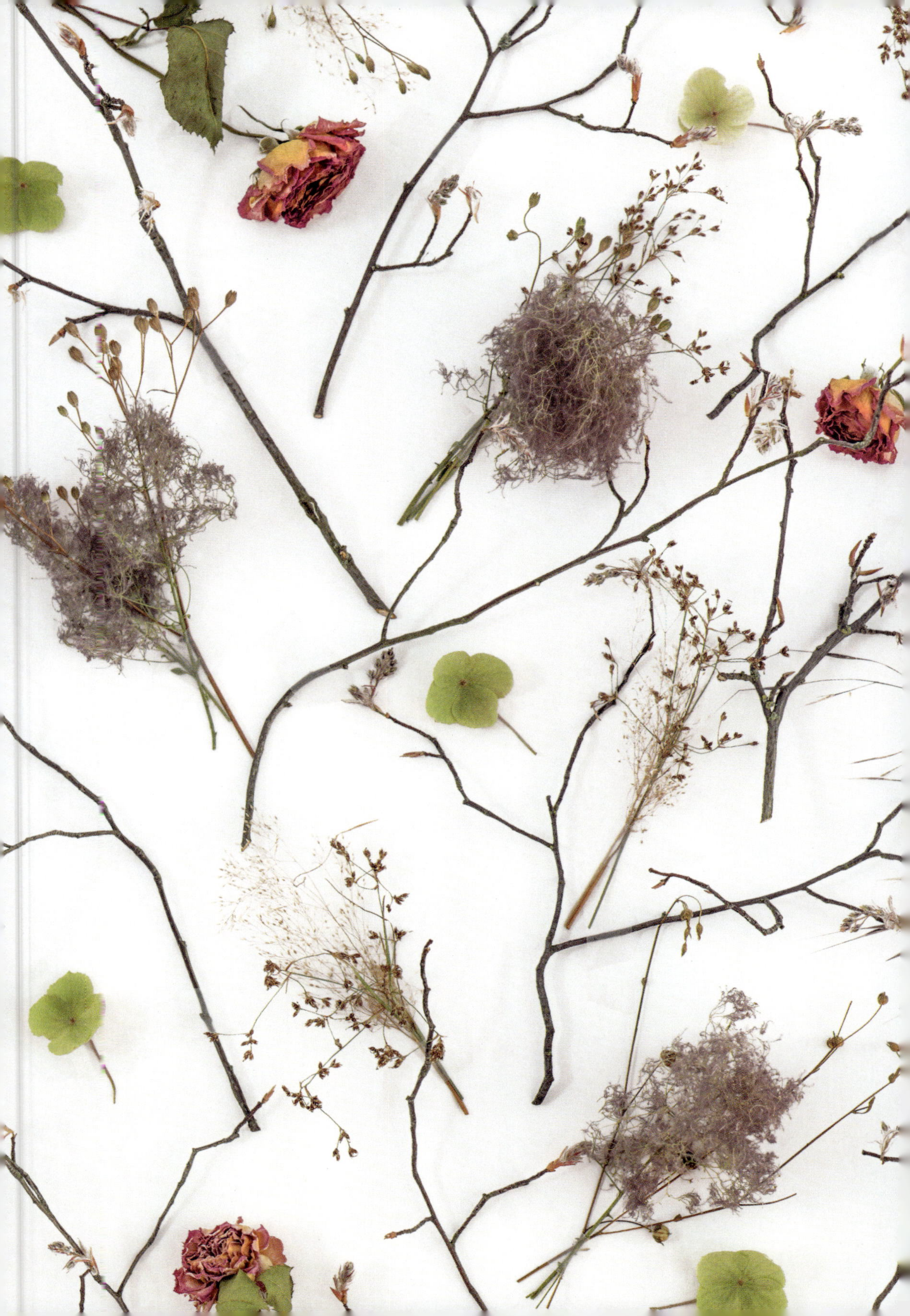

AUFHÄNGUNG AN ZWEIGEN

Dies ist eine schöne und natürliche Art der Inszenierung, vor allem wenn nur wenig Platz oder Material zur Verfügung steht. Die Pflanzen lassen sich schnell austauschen, um im Einklang mit den Jahreszeiten zwischen Sommerblumen, Gräsern, herbstlichen Beeren und Samenkapseln oder winterlichen Motiven abzuwechseln.

Schritt 1

Halten Sie auf Spaziergängen Ausschau nach geeigneten Ästen: Ein günstiger Zeitpunkt dafür ist nach einem Sturm. Wählen Sie einen Zweig, der in Form und Größe an den Platz passt, an dem er hängen soll.

Schritt 2

Knoten Sie an jedes Ende des Zweigs eine Schnur, schneiden Sie die Schnüre auf eine passende Länge zu und hängen Sie den Zweig an einem oder mehreren Haken auf.

Schritt 3

Suchen Sie Ihre Blumen nach Art und/oder Farbe aus und binden Sie mehrere unterschiedlich lange Exemplare mit Bindfaden zu Bündeln zusammen. Lassen Sie die Fäden so lang, dass Sie die Blumenbündel damit später am Zweig befestigen können. Legen Sie die Sträußchen auf eine glatte Oberfläche und probieren Sie verschiedene Anordnungen, bis Sie diejenige gefunden haben, die Ihnen am besten gefällt. Befestigen Sie die Sträußchen am Zweig und fächern Sie die Blumen etwas auf.

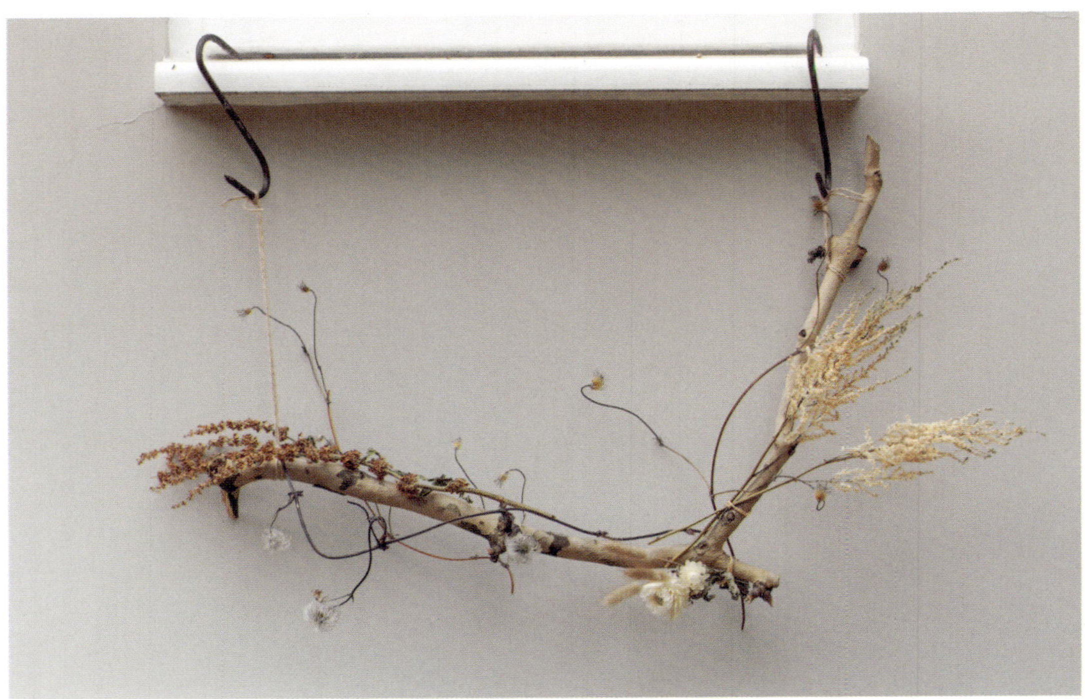

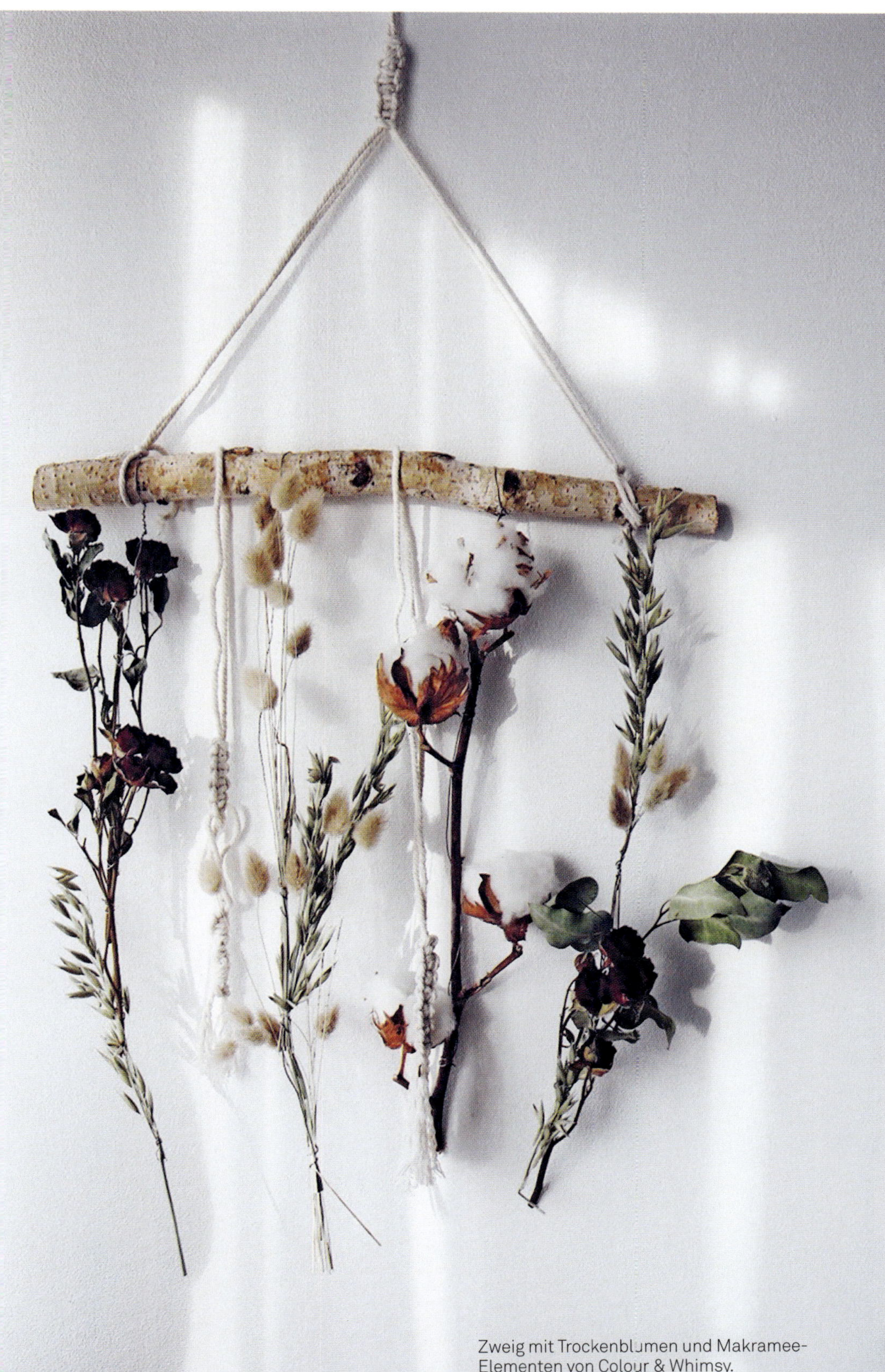

Zweig mit Trockenblumen und Makramee-
Elementen von Colour & Whimsy.

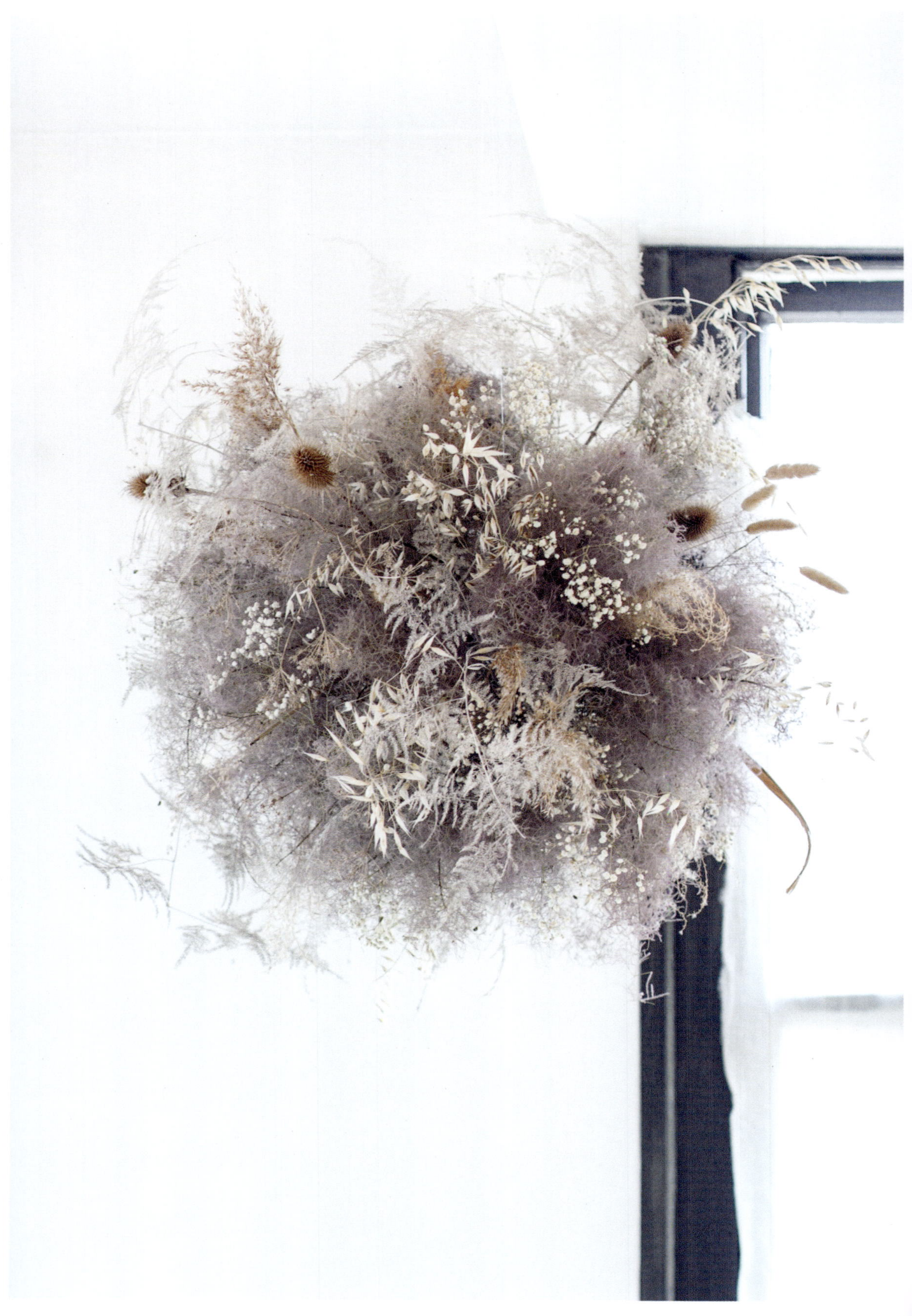

LUFTIGE BLUMENWOLKE

Die Blumenwolke sieht schwieriger aus, als sie ist. Die unterschiedlichsten Materialien eignen sich, entscheidend ist, dass sie leicht und luftig sind. Besonders zur Geltung kommen diese ätherischen Gestecke in großen, luftigen Räumen. Wer viel Platz hat, kann sie als Ensemble an unterschiedlich langen Schnüren an die Decke hängen.

Material

- Gräser wie Flug-Hafer *(Avena fatua)*, Pampasgras *(Cortaderia)*, Samtgras *(Lagurus ovatus)* und Chinaschilf *(Miscanthus)*
- Blumen wie Perückenstrauchrispen *(Cotinus)* und Schleierkraut *(Gypsophila)*
- verschiedene Samenstände
- Feder-Spargel *(Asparagus setaceus)*
- Karden *(Dipsacus)*
- transparenter Nylonfaden oder Angelschnur
- Hasendraht
- Zange

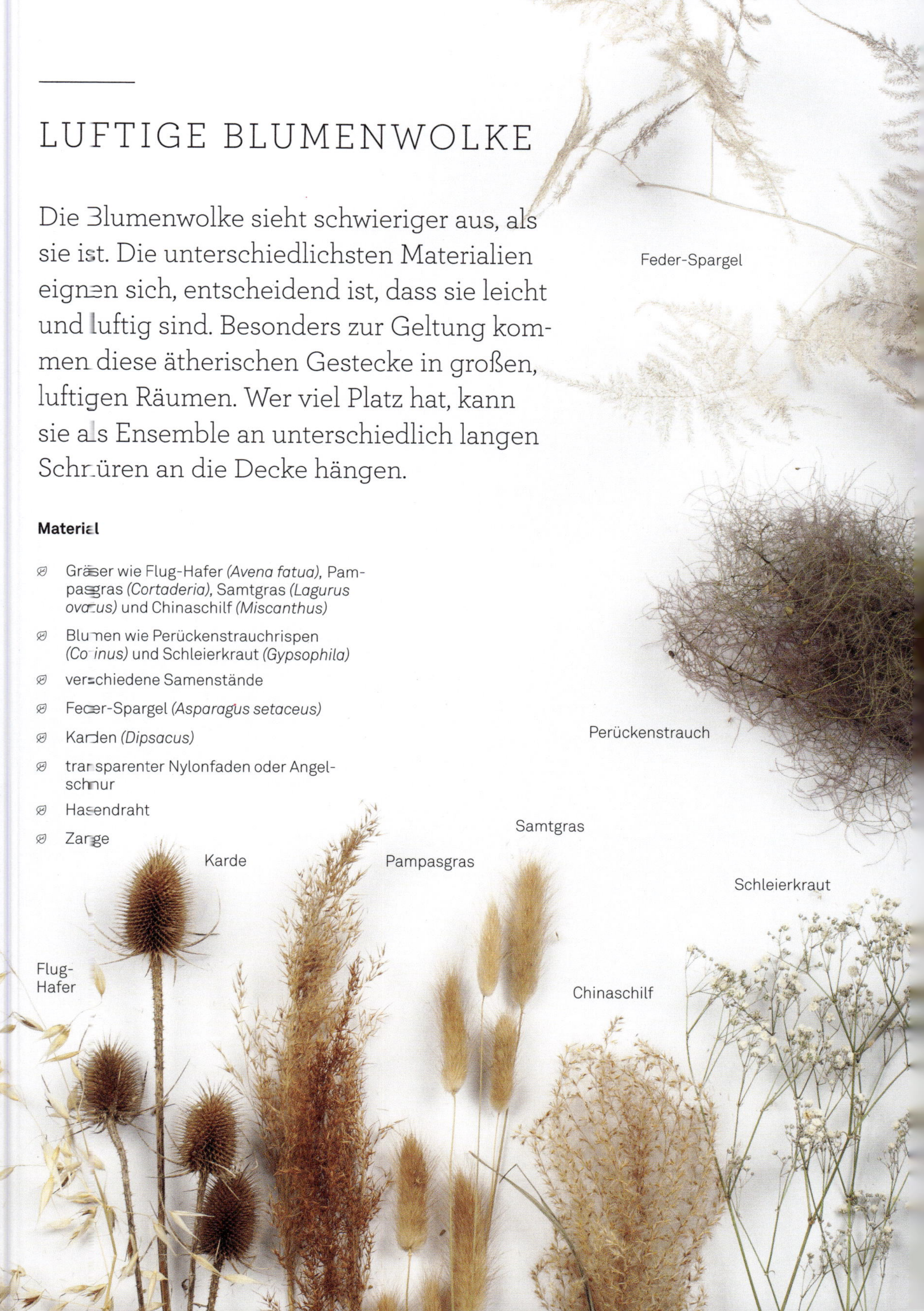

Schritt 1
Formen Sie aus einem quadratischen Stück Hasendraht ein lockeres, wolkig und organisch wirkendes Gebilde. Binden Sie am obersten Punkt ein Stück transparente Nylon- oder Angelschnur fest.

Schritt 2
Stecken Sie Gräser wie Pampasgras oder Chinaschilf mit dem Stiel durch das Drahtgeflecht hindurch. Kappen Sie überstehende Stiele.

Schritt 3
Füllen Sie die Lücken mit einer Mischung harmonierender Trockenpflanzen in neutralen Farbtönen wie Feder-Spargel, Karden, Wildgräser und diverse Samenstände. Nutzen Sie die Formenvielfalt von Trockenpflanzen, damit am Ende ein ätherisch wirkendes, harmonisches, aber strukturreiches Gebilde entsteht. Schließen Sie die letzten Lücken mit den flauschigen Rispen des Perückenstrauchs, des Schleierkrauts oder etwas Ähnlichem.

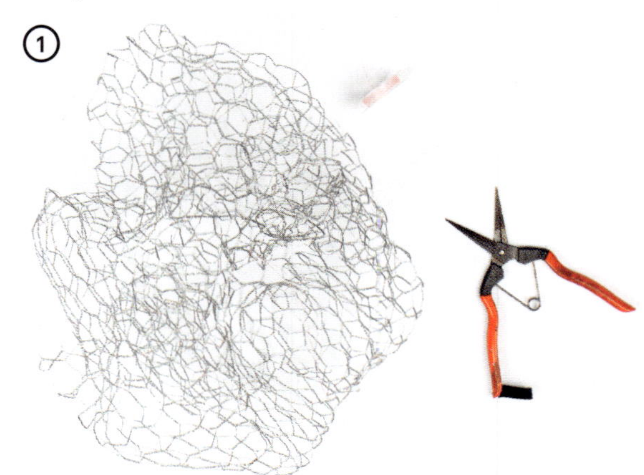

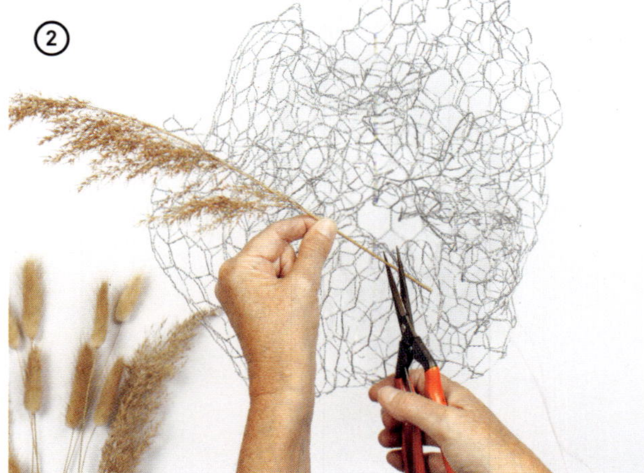

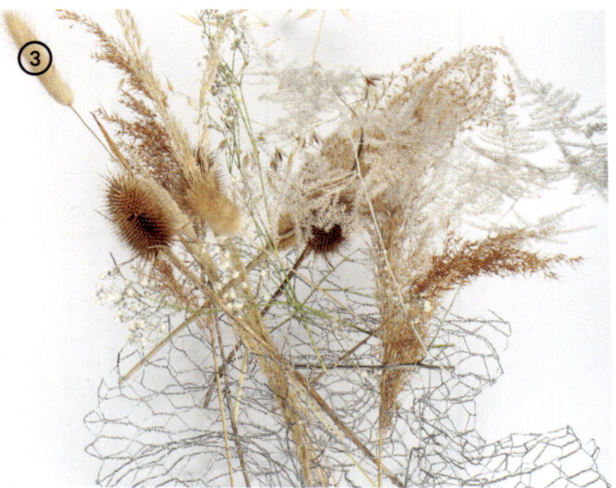

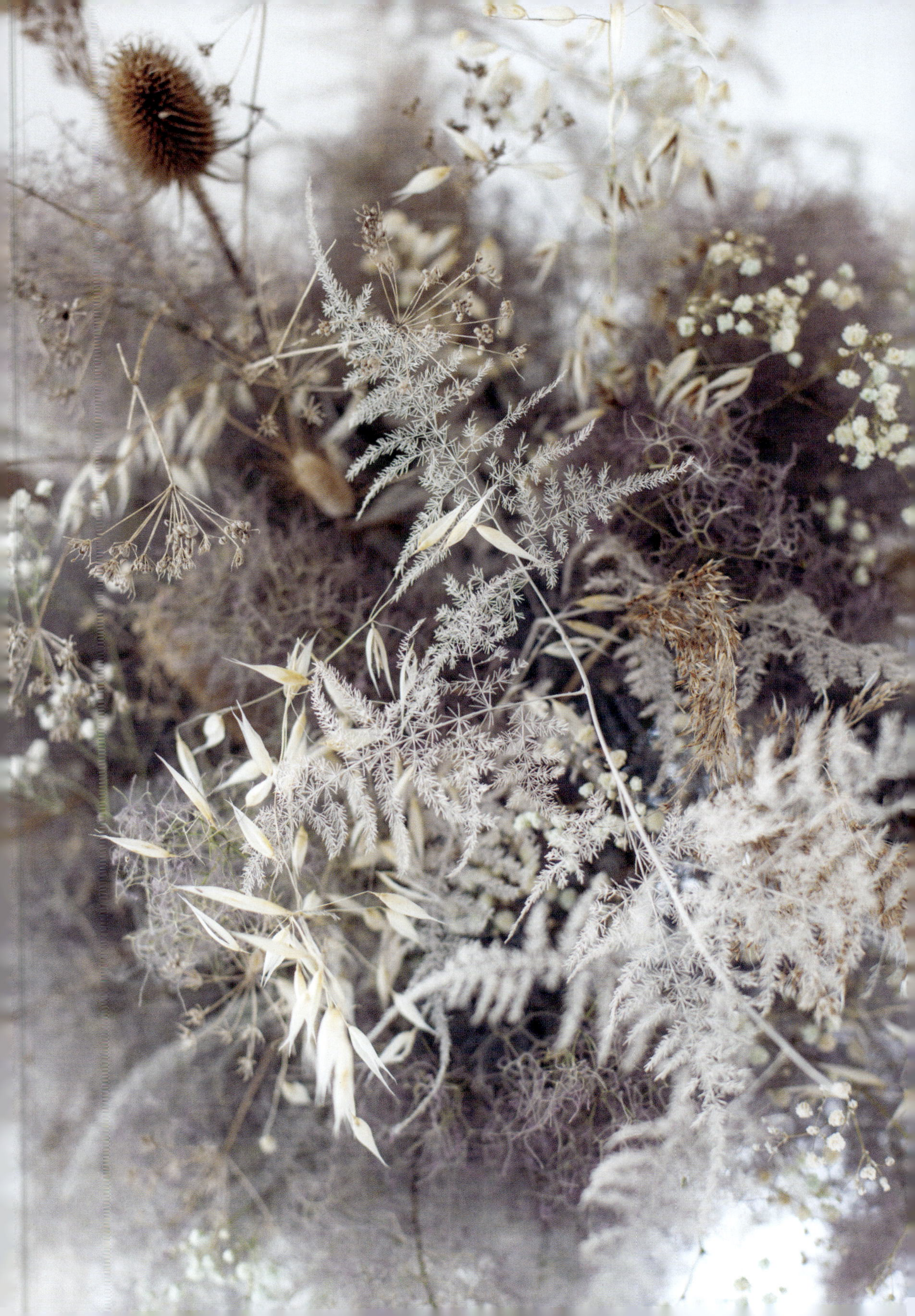

BLÜTENPOTPOURRI

Duftende Blütenpotpourris wirken wie ein natürliches Raumspray. Seit alters verwenden Menschen Blätter und Blüten, um in Räumen einen angenehmen Geruch zu verbreiten. Die Duftschalen dienten dabei auch dem Zweck, Insekten oder Krankheiten abzuwehren. Auch heute noch können eigene Duftpotpourris für eine angenehme Atmosphäre sorgen. Wählen Sie hierfür Duftpflanzen, die ihr Aroma auch im getrockneten Zustand entfalten.

Material

- verschiedene Blüten wie Stiefmütterchen *(Viola × wittrockiana)*, Veilchen *(Viola)*, Römische Kamille *(Chamaemelum nobile)*, Rosen *(Rosa)* und Hibiskus *(Hibiscus)*
- ätherisches Öl
- Glasschale

Schritt 1

Trocknen Sie Ihre Blumen hängend an der Luft (siehe Seite 104–106). Schön sehen Blütenpotpourris aus Veilchen, Römischer Kamille, Rosen und Hibiskus aus.

Schritt 2

Zupfen Sie von Rose und Hibiskus die Blütenblätter ab und mischen Sie sie mit den kleineren Blüten. Wer möchte, gibt einige Tropfen ätherisches Öl zu, um die Duftintensität zu steigern.

Schritt 3

Richten Sie die Blütenmischung in einer Glasschale an. Wenden Sie die Blüten hin und wieder und geben Sie einige Tropfen ätherisches Öl darauf, wenn die Duftwirkung nachlässt.

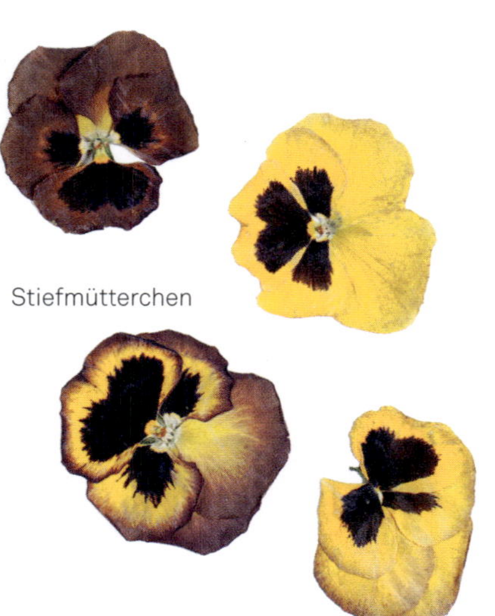

Stiefmütterchen

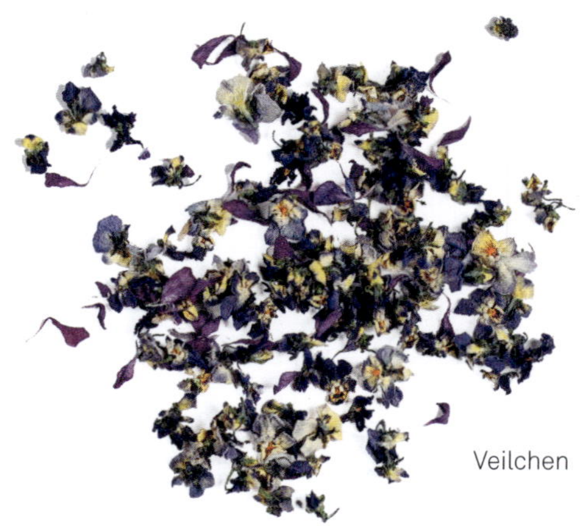

Veilchen

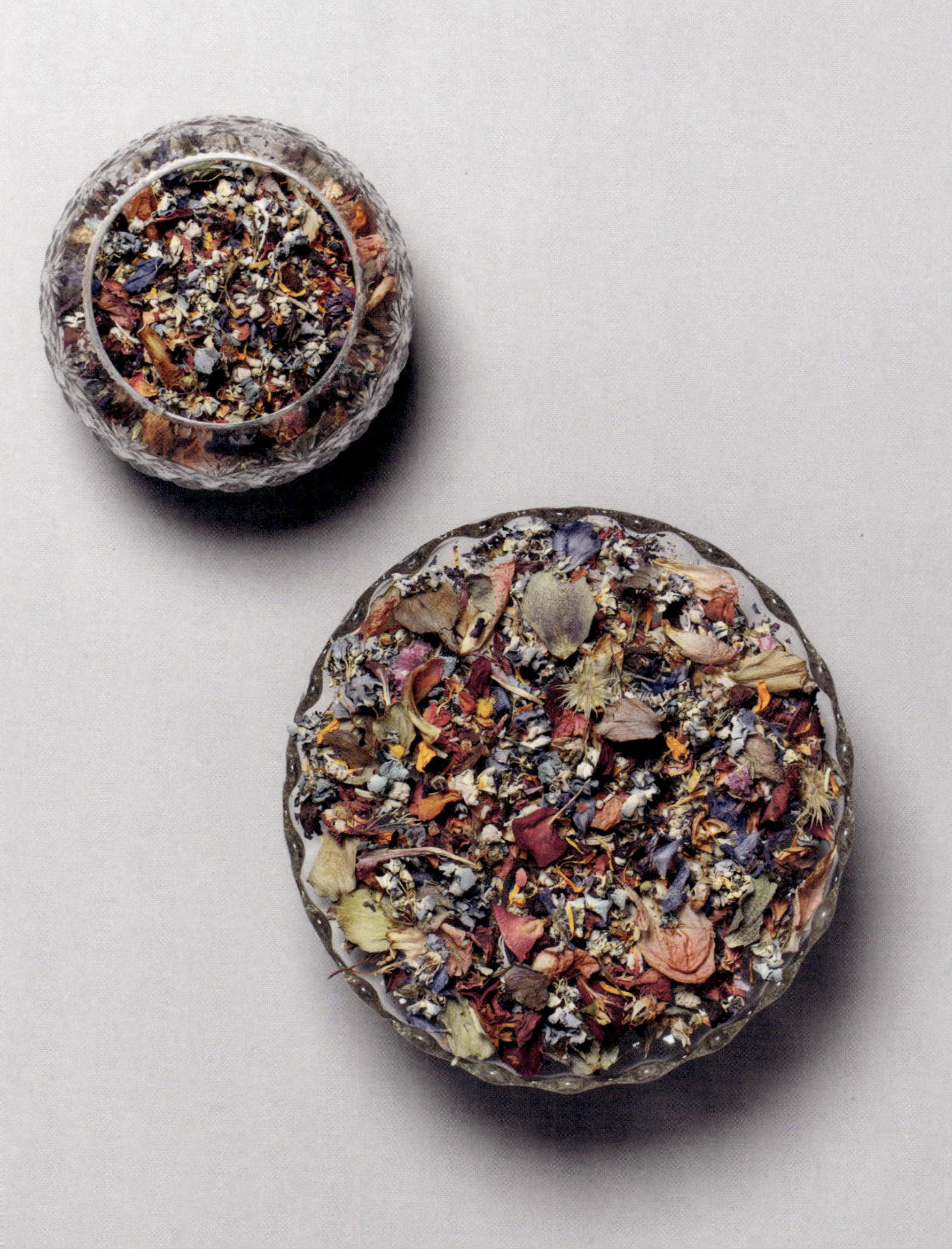

RÄUCHERBÜNDEL

Selbstgemachte Räucherbündel, auch Smudge Sticks genannt, sind Duftliebhabern sicherlich bekannt. Die Ureinwohner Nordamerikas nutzten Räucherbündel, um den Körper zu reinigen und den Geist zu befreien. Heute verwenden wir sie als natürlichen Raumduft, um das Raumklima zu verbessern und um unangenehme Gerüche zu vertreiben. Vor allem Salbei ist für seine reinigende, antiseptische Wirkung bekannt.

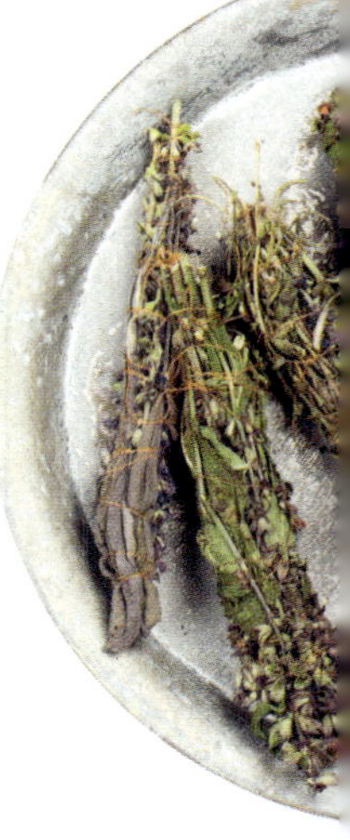

Material

- frische Kräuter wie Salbei *(Salvia officinalis)*, Lavendel *(Lavandula)* und Rosmarin *(Salvia rosmarinus)*
- Baumwollgarn
- feuerfester Teller oder Untersetzer
- Streichhölzer
- mit Sand oder Erde gefüllte Schale

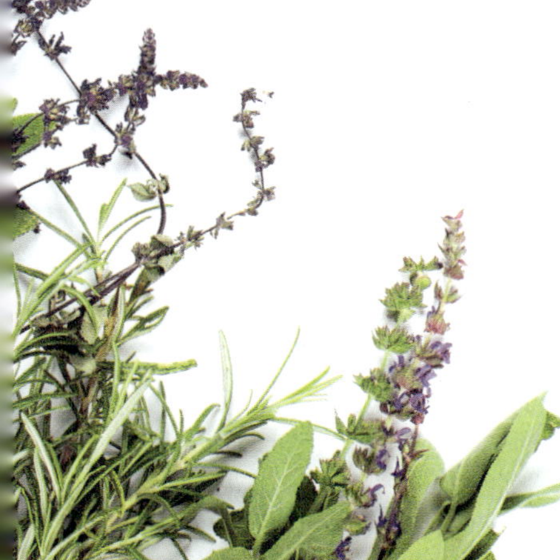

Schritt 1
Für meine Räucherbündel verwende ich Salbei, Lavendel und Rosmarin, aber Sie können natürlich auch andere Kräuter wählen. Für Räucherbündel binden Sie die Pflanzen vor dem Trocknen zusammen – bereits getrocknete Kräuter würden zerbröseln oder brechen. Binden Sie die frischen Kräuterzweige zu einem festen Bündel zusammen und lassen Sie es einige Tage an der Luft trocknen (siehe Seite 104–106).

Schritt 2
Ist das Kräuterbündel durchgetrocknet, können Sie mit dem Räuchern beginnen. Nutzen Sie dieses alte Reinigungsritual bewusst, um negative Energien zu vertreiben, aber achten Sie darauf, dass die Räume trotzdem gut gelüftet bleiben. Legen Sie das Räucherbündel auf einen feuerfesten Untersetzer und zünden Sie das Ende mit einem Streichholz an. Löschen Sie das Streichholz, sobald die Kräuterspitzen zu glimmen beginnen und ihr Aroma in Form von Rauch freisetzen. Vollziehen Sie das Reinigungsritual, indem Sie das Räucherbündel zuerst um Ihren Körper schwenken und dann langsam von Raum zu Raum gehen und den Rauch verwedeln. Lassen Sie die Räucherbündel langsam abbrennen und fangen Sie die Asche im Untersetzer auf.

Schritt 3
Ist das Ritual beendet, löschen Sie Ihr Räucherbündel, indem Sie es mit der Spitze in eine mit Sand oder Erde gefüllte Schale drücken. Dann können Sie es später weiter verwenden.

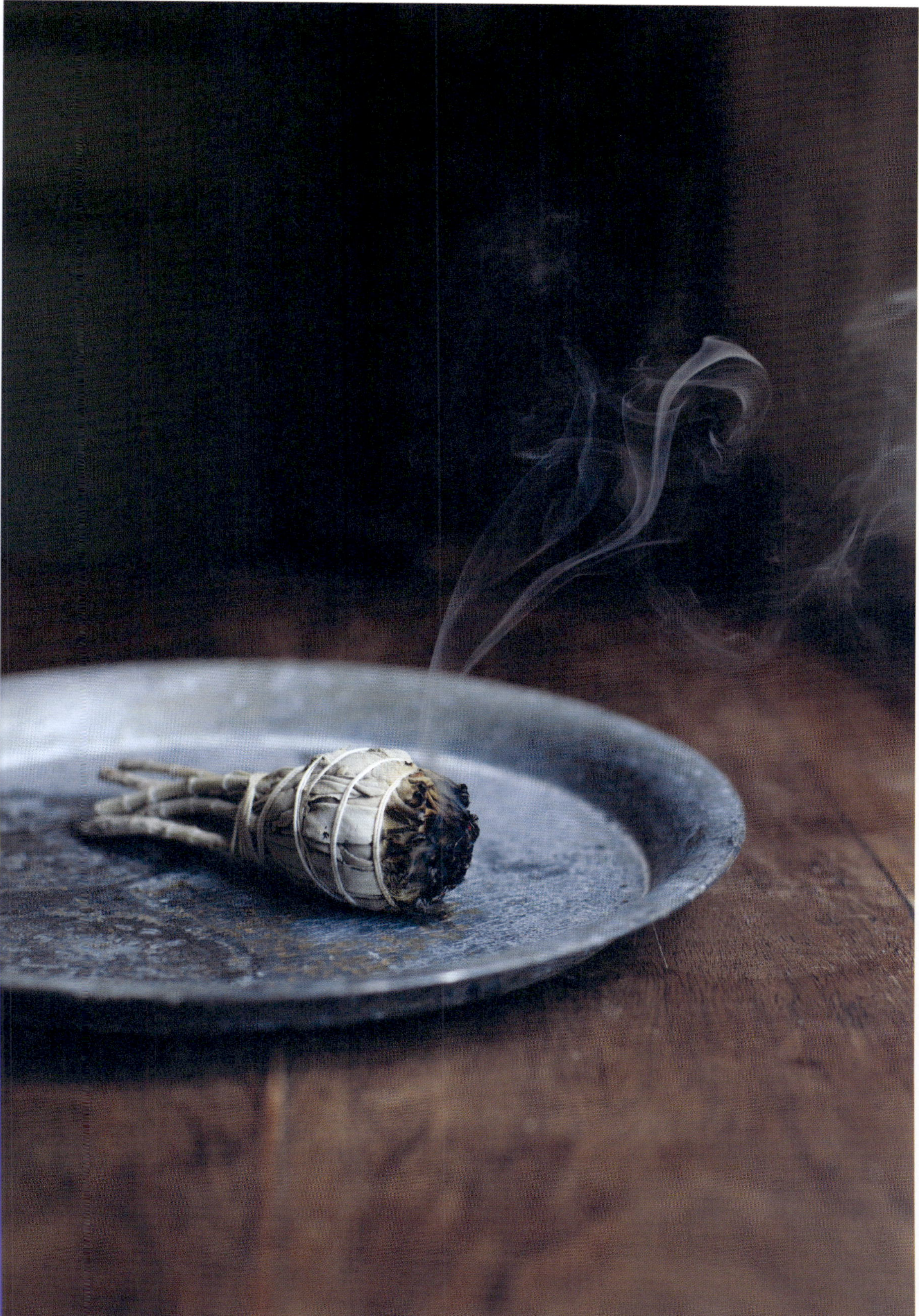

Bezugsquellen

baumann-creative.de
Hier finden Sie alles rund um Floristik und Dekoration mit einem breiten Sortiment an hochwertigen Materialien, z. B. Rebenkränze und andere Kranzunterlagen

blumigo.de
Führt unter anderem Floristikbedarf und Trockenblumen

alivina-onlineshop.ch
Trockenblumen, Vasen, Federn, Accessoires

vasenglueck.de
Trockenblumen und Gräser, fertige Gestecke, Vasen, auch Papier- und Seidenblumen

etsy.com
Online-Markplatz, auf dem zahlreiche Anbieter von Trockenblumen zu finden sind

floristik24.de / floristik24.ch / floristik24.at
Onlineshop für dekorative Naturprodukte sowie Bastel- und Floristikbedarf mit großer Auswahl an Naturmaterialien für floristische Kreationen aller Art

floristik-geschenke-bastel-shop.de
Alles rund ums Basteln mit ausgewähltem Floristikbereich (Bindereibedarf und Trockenmaterial)

gartenversandhaus.de
Ausgewähltes Sortiment an Samen

buttinette.com
Versandhandel für Bastel- und Handarbeitsartikel, darunter auch Floristikartikel

pranahaus.de
Kräuter- und Blumentrockner

samen-maier.at
Biologisches Saatgut

tauschgarten.de
Tauschbörse für Pflanzen, Samen und Gartenartikel

wilddaisyshop.de
Versandhandel für Trockenblumen

zollinger-samen.ch
Biologisches Saatgut

blossom-box.de
Versandhandel für Trockenblumen und Zubehör

Dank

Mein herzlicher Dank gilt Zara Larcombe und Jodi Simpson sowie allen Mitarbeitern von Laurence King Publishing, die an der Entstehung dieses Buches beteiligt waren. Namentlich erwähnen möchte ich Ida Riveros, deren Fotos auf wunderbare Weise die stille, oft verborgene Schönheit getrockneter Pflanzen einfangen. Ich hoffe, sie verzaubern die Leser ebenso wie mich und ermöglichen es, das Wunder der Jahreszeiten und die Schönheit von Blumen in all ihren Lebensphasen mit neuen Augen zu sehen.

Danken möchte ich auch meiner Familie, die mich geduldig durch dieses neue Buchabenteuer begleitet und ohne Murren akzeptiert hat, dass ich jeden verfügbaren Platz in unserem Haus für meine trocknenden Blumen in Beschlag genommen habe. Mein Dank geht auch an all die Menschen, die mich seit der Zeit vor zwanzig Jahren, als ich beschloss, meinem Instinkt zu folgen und Floristik und Gartenbau zu meinem Beruf zu machen, begleitet und unterstützt haben.

Ihnen und ihrem Zuspruch verdanke ich den Mut, meine Passion zu leben, und das Durchhaltevermögen, mich immer wieder aufs Neue spannenden Herausforderungen zu stellen. Heute kann ich mir eine andere Arbeit nicht mehr vorstellen. Blumen sind die Konstante in meinem Leben, egal ob frisch oder getrocknet, selbst angebaut oder im Laden gekauft, sie prägen meinen Alltag und sind mir Trost und Hoffnung in dieser unsicheren Welt.

Bildnachweis

Alle Fotos stammen von Ida Riveros, mit Ausnahme der folgenden:

Seite 9, 12 und 90: Fotos von Sarah Cuttle, die mich mehr als einmal besuchte, um Fotos von meinem Garten zu machen. Ganz lieben Dank für die Mühe – ich bin froh, dass wir sie verwenden konnten!

Seite 48: Foto von Graen Studios.

Seite 60: iStock.com/Mantonature.

Seite 61: Foto von Graen Studios, Keramikvase von Modern Potter.

Seite 86: Foto von Ida Riveros, Keramikvase von Karina Smagulova.

Seite 118: Foto von MR Studio London.

Seite 130 und 163: Fotos von Nicholas Hodgson.

Seite 132: Foto von Ida Riveros. Die umfunktionierte Zigarrenpresse ist eine freundliche Leihgabe der Firma JamJar Edit, Dank an Redwing PR.

Seite 135: Foto von Ida Riveros. Die handgefertigte, cremefarbene Keramikschale mit Zierlauchmotiv ist eine freundliche Leihgabe von Zuleika Melluish @ Thrown Contemporary Gallery.

Seite 142: Foto von Elise McLauchlan.

Seite 165: Foto von Colour & Whimsy.

Register